高职高专经济管理类精品规划教材

ECONOMIC LAW

经济法

刘春应　刘巧利 ◎ 主编

上海财经大学出版社
SHANGHAI UNIVERSITY OF FINANCE & ECONOMICS PRESS
上海学术·经济学出版中心

图书在版编目(CIP)数据

经济法/刘春应,刘巧利主编. —上海:上海财经大学出版社,2024.1
高职高专经济管理类精品规划教材
ISBN 978-7-5642-4256-5/F.4256

Ⅰ.①经… Ⅱ.①刘… ②刘… Ⅲ.①经济法—中国—高等职业教育—教材
Ⅳ.①D922.29

中国国家版本馆 CIP 数据核字(2023)第 190241 号

□ 策划编辑 陆迎东 陈 佶
□ 责任编辑 徐贝贝
□ 封面设计 贺加贝

经 济 法

刘春应 刘巧利 主编

上海财经大学出版社出版发行
(上海市中山北一路 369 号 邮编 200083)
网 址:http://www.sufep.com
电子邮箱:webmaster@sufep.com
全国新华书店经销
上海颛辉印刷厂有限公司印刷装订
2024 年 1 月第 1 版 2024 年 1 月第 1 次印刷

787mm×1092mm 1/16 18.25 印张 307 千字
定价:58.00 元

前　言

社会主义市场经济是法治经济，熟悉和掌握经济法的基本理论与基本制度十分重要。在此背景下，经济法已经成为高等职业院校财经商贸大类各专业不可或缺的专业课程。本书结合高等职业院校的教学特点和要求，系统地介绍了经济法的基础知识，如公司法律制度、企业法律制度、合同法律制度等，同时兼顾财经商贸大类各专业的特点，注重内容覆盖的全面性。

本书以“能力为导向，注重培养应用型、技能型人才”为原则，力图将更多实际案例融入教材，着重培养学生的知识应用和转化能力。在内容和编写体例上有以下特点：

(1)体现时效性。本书吸收了最新的经济法理论研究成果和实践经验，尤其是对近年来新制定、修改的经济法律以及与之相关的新内容进行了全面、系统的呈现，传递经济法的最新信息。

(2)突出实用性。本书力求将最新的经济法律、法规、法律解释以及民法常识性的知识融入教材之中，注重与实践的结合，目的在于方便实际情景中的运用。本书突出案例教学和可操作性，适合高等职业院校财经商贸大类各专业作为经济法课程教材，也可作为企业管理人员的培训教材和参考读物。

(3)注重简明性。本书从实际出发，秉承理论够用原则，将理论知识和案例教学有机结合，在体例编排及内容组织上力求做到层次清晰、内容新颖、简明实用、详略得当。

(4)融入党的二十大精神。依据国家教材委员会办公室《关于做好党的二十大精神进教材工作的通知》(国教材办〔2022〕3号)的要求，推动党的二十大精神进教材、进课堂、进头脑。

本书为河南测绘职业学院高职会计专业立体化教材项目成果，主编为刘春应、刘巧利，副主编为郭梦茜、李鸣、毛雨婷，参编人员为刘会娟、王雅楠、王照君(排名按姓氏)。书中二维码章节内容由张梦影、李琳、杜雅整理和编写，案例、练习题由刘瑞收集和整理。本书在编写过程中参考了众多专家、学者的著作和相关资料,在此谨向所有作者表示衷心感谢!

由于编者水平有限,书中不足及疏漏之处欢迎广大读者批评指正。

编　者
2024年1月

目　录

项目一
经济法基础知识

学习目标

素质目标

1. 坚定学生的理想信念,弘扬爱国情怀。

2. 加强学生的政治认同,培养法治意识。

3. 加强学生的诚信教育,增强道德修养。

知识目标

1. 了解经济法、经济法律关系等基本概念。

2. 熟悉经济法的调整对象。

3. 熟练掌握经济法律关系的构成要素。

4. 了解代理的基本规定。

技能目标

明确代理的法律后果。

项目导读

人类生存和社会发展，均依赖于经济活动。调整经济关系、维护经济秩序是法律的重要任务。因此，自从人类社会出现了国家，出现了法律现象，就有了对经济的法律调整。

我国目前已经形成了由多个部门法律组成的法律体系，其中，民商法和经济法两大部门法无疑是调整经济关系、维护市场经济秩序的重要角色。民法通过物权法、合同法、侵权责任法等法律制度，保护市场主体对财产的所有和利用，保障市场主体按照意思自治原则自主达成交易，并使合同得以履行，制裁侵害他人财产权和人身权的行为，维护主体的合法权益；商法以企业制度为核心，以保障交易安全、降低交易成本、促进交易效率为宗旨，重点调整企业设立、内部管理、对外经济交往中的有关经济关系；经济法则侧重于调整政府平衡协调经济生活中发生的政府与市场主体之间的关系，实现国家对社会经济活动的管理和调控。

任务一　经济法概述

【任务导入】

A外商与中国B公司合作创办一家中外合作经营企业，合作企业协议中有如下约定：企业要遵守中国的法律、法规的要求；企业生产用原材料由A外商在其本国的C公司提供。该合作企业在经营过程中合作双方因C公司提交的原材料不符合规定而发生争议，中国B公司按中国法律规定，向履行地的当地人民法院提起诉讼。但A外商以自己不是中国人，C公司不在中国为由，拒绝按中国的法律审理该案。

请思考：

1. 法律的含义是什么？
2. 如何理解法律的效力？
3. 能否依照中国法律审理本案中的A外商及C公司的行为？

【法律课堂】

法的概念

一、法律与经济法的产生

（一）法的概念和形式

法是由法律规范所组成的。可以说，法是法律规范的总称。法律规范是一种特殊的行为规则，不同于其他行为规则的基本特征有三个：第一，它是由国家制定或认可的。也就是说，法律规范是由国家机关依照法定权限和程序制定或赋予某些已经存在的行为规则以法律效力。第二，它是体现统治阶级意志的。在社会主义国家，法律规范是工人阶级领导下的广大人民意志的体现，反映了广大人民群众的根本利益。第三，它是以国家强制力保证实施的。因此，对于法这个概念，可以把其表述为：法是由国家制定或认可的，体现统治阶级意志的，以国家强制力保证实施的行为规则的总称。法律规范的表现形式，简称法的形式或法的渊源。在我国，法的形式主要由一些规范性文件构成。

【例 1－1】 属于国家的根本大法、具有最高法律效力的是（　　）。

A.《中华人民共和国全国人民代表大会组织法》

B.《中华人民共和国立法法》

C.《中华人民共和国宪法》

D.《中华人民共和国刑法》

（二）经济法的产生与发展

1. 国外经济法的产生

经济法的产生

早在 1755 年，法国空想主义者摩莱里所著的《自然法典》中就明确提出了经济法这一概念。1842 年，法国另一空想主义者德萨米所著的《公有法典》中不但两次使用“经济法”这一词，而且还提出了与现行经济法相类似的工业法、农业法等一系列部门经济法。虽然如此，但这一时期的经济立法还是比较缓慢，没有形成独立的法律部门。

19 世纪末、20 世纪初，随着自由资本主义向垄断资本主义过渡，主要的资本主义国家纷纷采用经济立法手段，对经济生活进行干预。具有代表性的是 1906 年德国学者雷特在《世界经济年鉴》中开始使用“经济法”这一名称，这被认为是现代经济法的开端。不久，德国以立法形式制定经济法律来规范国家的经济发展。

美国在 20 世纪 30 年代发生了严重的经济危机，时任总统罗斯福为了摆脱危机，加紧推行“新政”，搞了一系列的“社会立法”，全面干预社会经济，帮助垄断资本家摆脱经济危机，从而加速了经济立法。

日本在明治维新后，制定了一系列调整经济关系的法律，在现行的上万种法规中，大部分是与经济有关的条文。总之，资本主义国家经济法的产生与发展，标志着国家权力对经济生活开始实行直接干预，以达到规范国家经济发展、振兴本国经济的目的。

2. 我国经济法的产生

在我国，现代经济法的产生较晚，主要分为两个阶段。

(1)第一个阶段：中国经济法的产生

我国从新中国成立至20世纪70年代末期，一直实行的是计划经济体制，经济法的形成速度比较缓慢。但是政府从宏观调控、维护国家和公共利益等需要出发，也制定和颁布了不少经济法律、法规，如《土地改革法》《私营企业暂行条例》《矿业暂行条例》《工商企业管理登记试行办法》《商标管理条例》《基本建设工作暂行办法》《森林保护条例》等。

这些经济法规、法令的颁布和施行，虽然为我国公有制经济的建立和国民经济的发展积累了经验，但终因计划经济基本是由政府行政命令直接指挥经济活动，偏重于"人治"，使经济法律、法规流于形式。因此，将这个阶段称为中国经济法的产生时期。

(2)第二个阶段：中国经济法的发展

这个阶段可分为两个时期：

①从1979年到1992年是第一个时期。这个时期，中国开始改革过去高度集中的计划经济体制，实行与市场调节相结合的体制，国家经济模式也发生了明显变化，逐步重视价值规律和市场机制对国民经济的调节作用，重视以法律手段调控经济，颁布了大量的经济法律、法规，如《森林法》《个人所得税法》《外汇管理暂行条例》《标准化管理条例》《经济合同法》等。十多年间，全国人大及其常委会和国务院制定的有关经济管理的法律、法规达600多种。这些法律、法规的内容涉及企业管理、国有资产管理、计划、财政、金融、价格、自然资源、环境保护以及工业、农业、建筑、交通、运输、科技、邮电、服务等方面。这个时期的经济立法总的来说，是适应经济体制改革初期的要求而产生的，其特点：一是经济法与民商法、行政法不分；二是国家宏观调控主要依靠计划手段；三是法律、法规庞杂，作为经济法核心的重要法律缺位。

②从1993年至今是第二个时期。这是中国经济法迅速发展的时期。自1993年以来，国家围绕推进改革和建立社会主义市场经济法律体系框架，颁布了大量的经济法律、法规。在产业结构调整方面，国务院制定了《90年代国家产业政策纲要》，全国人大常委会制定了《农业法》《农业技术推广法》《科技进步法》等；在国有资产管理方面，颁布了有关国有资产管理、运营、评估、考核、监督等一系列法规；在财政税收方面，颁布了《预算法》《审计法》《会计法》；在金融方面，颁布了《中国人民银行法》《商业银行法》《票据法》《保险法》。

此外，还制定和实施了《反不正当竞争法》《消费者权益保护法》《产品质量法》《公司法》《担保法》《广告法》《价格法》《证券法》等大量的经济法律、法规，从而为建立完备的社会主义市场经济的经济法体系奠定了坚实的基础，确保了我国社会经济持续、稳定、健康发展。

二、经济法的概念、特征、基本原则

(一)经济法的概念

经济法是国家从整体经济发展的角度出发，对具有社会公共性的经济活动进行干预、管理和调控的法律规范的总称。

经济法的内涵应该包括以下三个层面：

第一，经济法是有特定调整对象的法律规范的总称，属于法的范畴，与其他法律存在着普遍联系。经济法与属于国内法体系的民法、行政法、刑法等法的部门是有根本性区别的，它的调整对象是特定的经济关系，不是一切经济关系，更不是经济关系以外的其他社会关系。财物赠与关系、财产继承关系等虽然是经济关系，但不属于经济法调整的范围；经济法律关系、人身关系等不是经济关系，更不属于经济法调整的范围。

第二，经济法属于国内法体系。经济法调整的经济关系是在本国经济运行过程中发生的。调整这种经济关系的法律规范是由一个国家制定或认可的，而不是两个以上的国家。经济法体现的是一个国家的意志，而不是两个以上国家的协调意志。

第三，经济法调整的经济关系是在本国经济运行过程中发生的，而且这种经济运行过程体现了国家协调。协调的主体是国家，客体是经济运行。为什么在实行市场经济的情况下经济运行也需要国家协调呢？因为市场对资源配置虽然起着基础性作用，但它并不是万能的，在经济运行中存在着“市场失效”或“市场失灵”的情况。市场调节具有自发性、滞后性和一定的盲目性，这就决定了国家协调运行的必要性。实践证明，只有既强化市场机制的作用，又进行必要的国家协调，才能保证国民经济高效正常运行。

(二)经济法的特征

经济法与其他法律法规不同，具有自身的特征，主要表现在以下几个方面。

1. 经济法以国家为主体，以经济为核心

经济法由国家来制定，是国家经济政策的法律化，属于法律法规。在执行方面，经济法也是由国家来执行，具有强制性。经济法的实施，为各企业的经营提供了优良的市场环境，确保了各行业之间竞争的公平性。同时,经济法适用于各种市场经济活动,所管理的是各种经济资源、经济主体与经济关系等经济活动,以经济为核心,使经济活动的开展更加顺利、高效,保障了市场经济的可持续发展。

2. 经济法内容具有综合性,且实施手段多样化

经济法所包含的内容多样,一般有四个方面的内容:第一,关于企业组织管理的法律规范;第二,关于市场管理的法律法规;第三,关于宏观调控方面的法律法规;第四,关于社会保障的法律法规等。由此可见,经济法所涉及的内容具有综合性。另外,经济法在实施手段上包括罚款、滞纳金、罚金、刑事责任、授予荣誉称号、物质奖励等多种手段,既包括奖励制度,又包括惩罚机制,将奖励与惩罚相结合,呈多样化形式,体现了经济法法律人性化的一面。

3. 经济法的政策性

经济法与经济政策的职能都是为了实现国家经济的管理,经济法是经济政策在法律上的表现,两者关系密切。经济法的任务是实现一定经济体制和经济政策的要求,因而,更加具有政策性。主要表现在,经济法律规范要随时根据国家意志需要来赋予政策以法的效力,并要根据政策的变化而变化,而经济法的执法力度,也要根据政策的变化而变化,具有灵活性。

(三)经济法的基本原则

经济法的基本原则是集中体现经济法的特性,由经济法宗旨和根本价值所指引,对经济立法、经济执法、经济司法和经济守法活动具有全局性的指导意义和普遍适用价值的基本准则。

1. 有效调制原则

《中共中央关于全面推进依法治国若干重大问题的决定》指出,社会主义市场经济本质上是法治经济。使市场在资源配置中起决定性作用和更好发挥政府作用,必须以保护产权、维护契约、统一市场、平等交换、公平竞争、有效监管为基本导向,完善社会主义市场经济法律制度。中共十九大报告指出,经济体制改革必须以完善产权制度和要素市场化配置为重点,实现产权有效激励、要素自由流动、价格反应灵活、竞争公平有序、企业优胜劣汰。这是对政府有形之手和市场无形之手在市场经济领域的高度概括,同时也对经济法有效调制原则提出了精准的要求。具体来说,经济法的有效调制原则包括市场决定性原则以及调制法定、调制适度和调制绩效三原则。这些原则之间的关系呈现为一种组合结构:市场决定性原则是有效调制原则得以落实的前提;而调制法定、调制适度与调制绩效三原则则是有效调制原则的具体内容。

2. 社会利益本位原则

社会利益本位原则要求对产业调节、固定资产投资、货币发行、价格水平、垄断和不正当竞争行为、产品质量控制以及消费者权益保护等关系进行调整时，都必须以社会公共利益为本位，一方面为国家公权力的行使设置栅栏，另一方面也为私权利的行使划定边界。国家在制定经济法规范时，以维护和实现社会公共利益为出发点和根本归宿；市场主体在进行市场交易行为时，不能一味地追求自身利益的最大化而忽视对社会公共利益的关注，否则，其行为就会受到经济法的否定和制裁。很显然，社会利益本位原则是对传统个人主义的法律体系的改进和超越，在后者语境下的利益观，其本质上是一种个人主义或自由主义的利益观，即对微观法律主体形式公正和纯粹效益的追寻。但在经济法视野下，尤其是基于社会利益本位原则下的公正和效益观，展现出了与传统私法体系完全不同的新内涵。这便是社会利益本位原则的两大子原则：综合效益原则和实质公正原则。

3. 经济安全原则

经济法上的经济安全原则的着眼点是国家整体经济安全。经济法通过设定国家宏观调控和市场规制的权限、条件、方式和内容，调适国家与国家之间、国家与个人之间、国家与经济投资者之间的诸多经济关系，实现国家经济主权的独立性、预防和处理危机的有效性、经济发展的可持续性、增强国民经济的国际竞争性、维护基本经济秩序的有序性及强化对经济主体利益的保障性。具体而言，经济法的经济安全原则由宏观经济安全原则和经济发展原则构成。

三、经济法的调整对象与经济法律关系

（一）经济法的调整对象

经济法的调整对象可以概括为以下四点：

（1）国家规范经济组织过程中发生的经济关系。规范组织的法律是为了防止垄断组织的出现，从组织上保证市场经济顺利发展。这方面的法律有公司法、外商投资企业法、合伙企业法、个人投资法等。

（2）国家干预市场经济运行过程中发生的经济关系。国家对市场经济运行进行干预是经济法的重要调整方式，这方面的法律有证券法、票据法、破产法、金融法、保险法、房地产法、环境法、自然资源法等。

（3）国家管理、规范经济秩序过程中发生的经济关系。日本学者丹宗昭信认为经济法是国家规制市场支配的法，现代经济法的核心是垄断禁止法。这方面的法律有反垄断法、反不正当竞争法、消费者权益保

护法和产品质量法等。

(4)国家在经济调控中发生的经济关系。此种经济关系的特点是国家对市场经济运行实行宏观调控,使经济各部门运行协调,使整个国家经济运行平稳。这方面的法律有财政法、税法、价格法、会计法和审计法等。

(二)经济法律关系

1.经济法律关系的概念

经济法律关系是指经济法在调整一定范围的经济关系过程中根据经济法的规定所发生的经济权利和经济义务关系。

对于经济法律关系,有的学者望文生义,硬说它是经济关系在法律上的反映。学术界所讲的经济法律关系是指作为经济法调整对象的经济关系在法律上的反映,即一定范围的经济关系在法律上的反映。

经济法律关系同经济法调整的一定范围的经济关系是不同范畴的概念:经济法律关系是通过人们的意识而发生的思想意志关系,属于上层建筑的范畴;经济法所调整的一定范围的经济关系是通过物而形成的物质利益关系,属于经济基础的范畴。

2.经济法律关系的构成要素

经济法律关系是由经济法律关系的主体、经济法律关系的内容和经济法律关系的客体三个要素构成的。缺少其中任何一个要素,都不能构成经济法律关系。因此,经济法律关系的构成要素是指构成经济法律关系不可缺少的组成部分。

(1)经济法律关系的主体

法律关系主体即法律关系的参加者,是指参加法律关系,依法享有权利和承担义务的当事人。享有权利的一方称为权利人,承担义务的一方称为义务人。

①法律关系主体的种类。一是自然人。作为民事主体的自然人,是指与法人相对的依自然规律产生的具有生命的人类个体,包括试管婴儿、利用精子库精子或者卵子等人工授精产生的具有生命的人类个体。《中华人民共和国民法典》(以下简称《民法典》)第13条和第14条规定,自然人具有以下法律特征:自然人从出生时起到死亡时止,具有民事权利能力,依法享有民事权利,承担民事义务;自然人的民事权利能力一律平等。

二是法人和非法人组织。《民法典》第57条规定:“法人是具有民事权利能力和民事行为能力,依法独立享有民事权利和承担民事义务的组织。”自然人、法人及非法人组织都是平等的民事主体。与自然人相比，法人不是依据自然规律产生的，而是依据法律规定设立的，法人一经设立就具有民事权利能力和民事行为能力。非法人组织包括个人独资企业、合伙企业、不具有法人资格的专业服务机构等。非法人组织不具有法人资格，其不能够独立享有民事权利和承担民事义务，也不能够独立承担民事责任，其投资人、设立人对其债务一般要承担连带责任或者无限责任。

三是国家。在特殊情况下，国家可以直接以自己的名义参与国内的法律关系（如发行国库券），但在多数情况下是由国家机关或授权的组织作为代表参加法律关系。

②法律关系主体的权利能力和行为能力。法律关系主体要自己参与法律活动，必须具备相应的行为能力。法人的行为能力通过法定代表人或其他代理人来实现。

(2)经济法律关系的客体

经济法律关系的客体是指经济法律关系的主体享有的经济权利和承担的经济义务所共同指向的对象或事物。经济法律关系的客体包括以下几类：

第一，物。物是指可以为人们所控制和支配的，有一定经济价值的，以物质形态表现出来的物体。

第二，经济行为。经济行为是指经济法主体为达到一定经济目的所进行的经济活动。它包括经济管理行为、完成工作的行为、提供劳务的行为。

第三，智力成果。智力成果是人们智力劳动所创造的非物质财富。它主要包括专利、商标、专有技术等。

【例 1—2】 公民王某与某医疗中心签订协议承诺死后将自己的眼角膜无偿捐赠给该医疗中心，用于帮助失明患者重见光明，王某与该医疗中心形成的法律关系的客体是(　　)。

A. 王某　　B. 眼角膜　　C. 医疗中心　　D. 失明患者

(3)经济法律关系的内容

经济法律关系的内容是指经济法律关系的主体享有的经济权利和承担的经济义务。经济法律关系的内容是经济法律关系的核心，直接体现了经济法主体的利益和要求，因此没有经济权利和经济义务的经济法律关系是不存在的。

①经济权利的含义。经济权利是指经济法主体在经济管理和经济协调关系中依法具有的自己为一定行为或不为一定行为和要求他人为

一定行为或不为一定行为的资格。它包括以下几个方面：第一，经济法主体可以依法作出一定行为；第二，经济法主体可以依法不作出一定行为；第三，经济法主体可以依法要求他人作出一定行为；第四，经济法主体可以依法要求他人不作出一定行为。

②经济义务的含义。经济义务是指经济法主体为了满足特定权利主体的权利，在法律规定的范围内必须为或不为一定经济行为的责任。它包含以下两层含义：第一，经济法主体必须依法作出一定行为；第二，经济法主体必须依法不作出一定行为。

③经济权利和经济义务的关系。经济权利和经济义务是构成经济法律关系内容的两个不可缺少的组成部分。它们各有不同含义，但又密切联系，相辅相成。任何经济法主体不能只享有经济权利，而不承担经济义务；反之，也不能只承担经济义务，而不享有经济权利。享有多大的权利，就意味着他必须承担与此相适应的义务；承担多大的义务，就意味着他可以享有与此相适应的权利。

3.法律关系的变动原因——法律事实

法律事实是指法律规范所规定的，能够引起法律后果即法律关系产生、变更和消灭的客观现象。民法上根据事实是否与人的意志有关，将其分为行为和事件两大类。

(1)行为

法律行为，即以行为人的意思表示为要素的行为。

事实行为，即与表达法律效果、特定精神内容无关的行为。例如，创作行为、从事发明创造的行为、侵权行为等。

(2)事件

事件是指与当事人意志无关，但能够引起法律关系发生、变更和消灭的客观情况。包含以下几个方面：

①人的出生与死亡。人的出生与死亡能够引起民事主体资格的产生和消灭，也能导致人格权的产生和继承的开始等。

②自然灾害与意外事件。事件可以是自然现象，如地震、台风等自然灾害；也可以是社会现象，如战争、重大政策的变化等；还可能是意外事件，如大风导致脚手架的突然倒塌等。

③时间的经过。时间的经过可以引起一些请求权的发生或消灭。

【课后检测】

课后习题

1.法律的相关概念。

2.经济法的相关概念、特征、原则。

3. 经济法律关系的概念。

4. 经济法律关系的内容。

【任务实训】

1. 比较法律与原始社会氏族规范的区别。

2. 实战演练：对任务导入进行分析。

任务二　经济纠纷与解决途径

【任务导入】

A与B系夫妻关系，其子C与被告D为同校同学，均就读于北京市房山区某中学。2000年5月29日下午3时许，C等5名同学一起到房山区长沟镇北泉河橡胶坝游泳，因D不习水性 故未下水，只是坐在橡胶坝上观望。后其从坝上站起时不慎滑入水中，其余4人急忙施救。最后D获救，但C不幸溺水身亡。2002年4月19日，中共北京市房山区委、北京市房山区人民政府做出了对C同学进行表彰的决定，并追认其为房山区“见义勇为好少年”。事后A和B夫妇因爱子身亡，自己在精神上遭受极大痛苦。向被告提出了经济补偿的要求，经房山区长沟镇人民政府综治办调解未达成协议，2003年6月26日，A和B夫妇向房山区人民法院提起了诉讼。

法院经审理认为：C的行为虽已获表彰与奖励，但被告D及其法定代理人E作为受益人，对C之死造成的损失，应对C的父母给予适当补偿，补偿标准应参照C的死亡赔偿金，并考虑被告家中的实际负担能力。其中，死亡赔偿金应参照C死亡的上一年本市在岗职工年平均工资计算。综上考虑，原告之请求显属过高，就其过高部分，法院不予支持，遂判决被告补偿原告经济损失50 000元。

请思考：

1. 经济纠纷的概念是什么？

2. 解决经济纠纷的方式都有哪些？分别有什么特征？

3. 本案例采用什么方式解决的经济纠纷？

【法律课堂】

经济纠纷与解决途径

一、经济纠纷的概念与解决途径

经济纠纷是指市场经济主体之间因经济权利和经济义务的矛盾而

引起的权益争议，包括平等主体之间涉及经济内容的纠纷和公民、法人或者其他组织作为行政管理相对人与行政机关之间因行政管理所发生的涉及经济内容的纠纷。

法律关系的主体在经济活动中不可避免地会产生争议。为了保护当事人的合法权益，维护社会经济秩序，必须利用有效的手段，及时处理这些争议。通常处理这些争议的方式有：当事人互相协商、第三方调解、提起诉讼或者提交仲裁机构裁决。在解决经济纠纷时，如果当事人无法通过协商或者调解解决争议的，当事人解决争议的主要方式就是诉讼和仲裁。

二、经济仲裁

(一)经济仲裁的概念

经济仲裁指经济纠纷当事人根据仲裁协议，将在经济活动中产生的经济权益争议，提交给选定的仲裁机构，依照法定程序和仲裁规则作出裁决的活动。仲裁是解决经济纠纷的一种重要方式，备受当事人的欢迎，其原因在于仲裁这种非诉讼的经济纠纷解决方式中包含有两个方面的因素：一是合同因素，选择仲裁是双方当事人一致的意思，享有充分的意志自主权，使仲裁与诉讼相比具有灵活、快捷、经济等优点；二是仲裁又蕴含着司法因素，仲裁决定书具有与法院判决书同等的法律效力。仲裁是一种准司法行为，由此获得法律认可成为不同于调解的经济争议解决方式。

(二)经济仲裁的原则

经济仲裁的基本原则是指在经济纠纷仲裁活动中，仲裁机构以及双方当事人及其参与人必须遵循的准则。主要包括以下几个原则：

1. 意思自治原则

意思自治原则不仅是我国经济纠纷仲裁的基本原则，也是世界各国和国际仲裁活动中普遍遵守的原则。根据《中华人民共和国仲裁法》(以下简称《仲裁法》)的有关规定，意思自治原则包括以下几方面的内容：

(1)经济纠纷发生后，是否选择仲裁作为解决纠纷的途径以双方当事人自愿为前提。仲裁机构对经济纠纷案件的管辖和裁决权，来自双方当事人协议授权。《仲裁法》第4条规定，当事人采用仲裁方式解决纠纷，应当双方自愿，达成仲裁协议。没有仲裁协议，一方申请仲裁的，仲裁委员会不予受理。

(2)选择哪家仲裁机构仲裁由当事人双方自愿决定。各个仲裁机构受理案件，只根据双方当事人的协议。对此，《仲裁法》第 6 条规定，仲裁委员会应当由当事人协议选定。仲裁不实行级别管辖和地域管辖。

(3)仲裁组织和仲裁员由双方当事人协议选择。

(4)仲裁事项由当事人双方自主决定。

(5)在开庭和裁决的程序中，当事人可以约定审理的方式、开庭形式、结案方式等有关事项。除此之外，仲裁时间、地点也可以由双方当事人自愿选择。

2. 以事实为根据，符合法律规定，公平合理解决纠纷的原则

仲裁庭在审理经济纠纷过程中，要全面、深入、客观地查清与案件有关的事实情况并掌握发生纠纷的原因、经过和双方当事人争议的焦点。在查清事实的基础上，在符合法律规定的前提下，公平合理地确定各方当事人的权利和义务。

3. 仲裁独立原则

仲裁独立是指从仲裁机构的设置到仲裁纠纷的整个过程，都具有法定的独立性，具体体现在：

(1)仲裁机构独立于行政机关，与行政机关没有隶属关系，依法独立仲裁，不受行政机关、社会团体和个人干涉。

(2)仲裁组织体系中的仲裁协会、仲裁委员会和仲裁庭三者之间相对独立。

(3)仲裁独立于审判。

(三)经济仲裁机构

仲裁机构主要是指仲裁委员会。仲裁委员会可以在直辖市和省、自治区人民政府所在地的市设立，也可以根据需要在其他设区的市设立，不按行政区划层层设立。仲裁委员会独立于行政机关，与行政机关没有隶属关系，仲裁委员会之间也没有隶属关系。(应注意：仲裁机构不是国家行政机关或司法机关。)

仲裁委员会由主任 1 人、副主任 2～4 人和委员 7～11 人组成，仲裁委员会的组成人员中法律、经济贸易专家不得少于 2/3。

【例 1—3】 根据《仲裁法》的规定，下列关于仲裁委员会的表述中，正确的有(　　)。

A. 仲裁委员会是司法机关

B. 仲裁委员会不按行政区划层层设立

C. 仲裁委员会独立于行政机关

D. 仲裁委员会之间没有隶属关系

(四)仲裁协议

仲裁协议是双方当事人就纠纷解决方式达成一致的意思表示。一旦仲裁协议有效成立,即对双方当事人产生法律效力,双方当事人就受他们签订的仲裁协议的约束。有效的仲裁协议可以排除法院对订立于仲裁协议中的争议事项的司法管辖权。《仲裁法》第5条规定,当事人达成仲裁协议,一方向人民法院起诉的,人民法院不予受理,但仲裁协议无效的除外。

当事人没有签订仲裁协议或者通过书面协议放弃原本有效的仲裁条款,一方当事人申请仲裁的,仲裁委员会不予受理。仲裁机构的管辖权受仲裁协议的严格限制,即仲裁庭只能对当事人在仲裁协议中约定的争议事项进行仲裁,而对仲裁协议约定范围以外的其他争议事项无权仲裁。对于仲裁条款效力的确认,由仲裁委员会和人民法院决定。当事人对仲裁协议的效力有异议的,可以请求仲裁委员会作出决定或者请求人民法院作出裁定。一方请求仲裁委员会作出决定,另一方请求人民法院作出裁定的,由人民法院裁定。当事人在仲裁庭首次开庭前没有对仲裁协议的效力提出异议,而后向人民法院申请确认仲裁协议无效的,人民法院不予受理。

仲裁条款具有独立性,作为主合同的一个条款,虽然仲裁条款依附于主合同,但是其效力与主合同的其他条款可以分离而独立,即仲裁条款不因主合同的无效、被撤销而失效,也不因主合同的未成立而影响效力,仲裁机构仍然可以依照该仲裁条款取得和行使仲裁管辖权,在该仲裁条款所确定的提交仲裁的争议事项范围内,解决当事人之间的纠纷。基于仲裁协议,仲裁庭作出的仲裁裁决被法院裁定撤销或者不予执行,该仲裁协议失效。

(五)经济仲裁的程序

1. 申请和受理

当事人申请仲裁应当符合下列条件:①有仲裁协议;②有具体的仲裁请求和事实、理由;③属于仲裁委员会的受理范围。

提出申请时,要向仲裁委员会递交仲裁协议和具有法定内容的仲裁申请书及副本。仲裁委员会收到仲裁申请书之日起5日内,应做出是否受理的决定并通知当事人。申请人可以放弃或者变更仲裁请求。被申请人可以承认或者反驳仲裁请求,有权提出反请求。

仲裁申请书应载明下列事项:①申请人和被申请人的名称和地址;②申请人的要求和所依据的事实和根据,包括合同书、仲裁协议等;③就仲裁委员会选定仲裁员或者委托仲裁委员会主席代为指定仲裁员的声明。提交申请书时，应附有关的证件原件或者经过证明的副本或者抄本。

2. 组成仲裁庭

当事人约定由3名仲裁员组成仲裁庭的，应当各自选定或者各自委托仲裁委员会主任指定1名仲裁员，第3名仲裁员由当事人共同选定或者共同委托仲裁委员会主任指定。第3名仲裁员是首席仲裁员。

仲裁员有下列情形之一的，必须回避，当事人也有权提出回避申请：一是本案当事人或者当事人、代理人的近亲属；二是与本案有利害关系的；三是与本案当事人、代理人有其他关系，可能影响公正仲裁的；四是私自会见当事人、代理人，或者接受当事人、代理人的请客送礼的。当事人的回避申请，应在首次开庭前提出并说明理由。仲裁员是否回避，由仲裁委员会主任决定，仲裁委员会主任担任仲裁员时，由仲裁委员会集体决定。

3. 进行仲裁裁决

仲裁应当开庭进行。当事人协议不开庭的，仲裁庭可以根据仲裁申请书、答辩书及其他材料做出裁决。仲裁不公开进行，当事人协议公开的可以公开进行，但涉及国家机密的除外。需要开庭时，申请人经书面通知，无正当理由不到庭或者未经仲裁庭许可中途退庭的，可以视为撤回仲裁申请；被申请人经书面通知无正当理由不到庭或者未经仲裁庭许可中途退庭的，可以缺席裁决。当事人应当对自己的主张提供证据，仲裁庭认为有必要收集的证据可以自行收集。

仲裁庭做出裁决前，可以先行调解，调解不成的，应当及时做出裁决。

仲裁庭对争议案件审理终结，应依多数仲裁员的意见制作裁决书（少数仲裁员的不同意见可以记入笔录）。裁决书自做出之日起发生法律效力，当事人应当履行，但当事人提出证据证明裁决有下列情形之一的，可以向仲裁委员会所在地的中级人民法院申请撤销裁决：①没有仲裁协议的；②裁决的事项不属于仲裁协议的范围或者仲裁委员会无权仲裁的；③仲裁庭的组成或者仲裁的程序违反法定程序的；④裁决所根据的证据是伪造的；⑤对方当事人隐瞒了足以影响公正裁决的证据的；⑥仲裁员在仲裁该案时有索贿受贿、徇私舞弊、枉法裁决行为的。

仲裁裁决一经做出，当事人应当依照裁决规定的期限和内容自动履行。如果一方当事人拖延或拒绝执行的，另一方当事人可以向被申请人住所地或者其财产所在地的中级人民法院申请强制执行。如果被执行的财产在外国的，则应当由人民法院根据我国缔结或者参加的国际条约或双边协定，委托外国法院协助执行。

被申请人提出证据证明仲裁裁决有下列情形之一的，经人民法院组成合议庭审查核实，裁定不予执行：①当事人在合同中没有订有仲裁条款或者事后没有达成书面仲裁协议的；②裁决的事项不属于仲裁协议的范围或者仲裁机构无权仲裁的；③仲裁庭的组成或者仲裁的程序违反法定程序的；④认定事实的主要证据不足的；⑤适用法律确有错误的；⑥仲裁员在仲裁该案时有贪污受贿、徇私舞弊、枉法裁决行为的；⑦人民法院认定执行该裁决违背社会公共利益的。

对于人民法院裁定不予执行的裁决，其争议仍然存在的，当事人可以根据双方达成的书面仲裁协议向仲裁机构重新申请仲裁，也可以向人民法院起诉。

4. 仲裁效力

仲裁协议一经依法成立，即具有法律约束力。仲裁协议独立存在，合同的变更、解除、终止或者无效，不影响仲裁协议的效力。仲裁庭有权确认合同的效力。当事人对仲裁协议的效力有异议的，可以请求仲裁委员会作出决定或者请求人民法院作出裁定。一方请求仲裁委员会作出决定，另一方请求人民法院作出裁定的，由人民法院裁定。当事人对仲裁协议的效力有异议，应当在仲裁庭首次开庭前提出。

当事人达成仲裁协议，一方向人民法院起诉未声明有仲裁协议，人民法院受理后，另一方在首次开庭前提交仲裁协议的，人民法院应当驳回起诉，但仲裁协议无效的除外；另一方在首次开庭前未对人民法院受理该案提出异议的，视为放弃仲裁协议，人民法院应当继续审理。

三、经济诉讼

（一）经济诉讼的概念

诉讼俗称"打官司"，是指司法机关和案件当事人在其他诉讼参与人的配合下，为了正确处理案件，依照法定程序所进行的全部活动。

经济纠纷诉讼就是发生经济纠纷的一方当事人，依法向有管辖权的人民法院提出诉讼，人民法院和案件当事人在其他诉讼参与人的配合下，按照法定程序，为解决经济权利义务争议所进行的全部活动。

（二）经济诉讼的特征

1. 强制性

强制性包含两层含义：一是指经济纠纷只要一方依法向有管辖权的人民法院起诉，另一方就必须应诉，否则法院就有权采取强制措施；二是指经济纠纷诉讼产生的结果，即法院主持下双方达成的调解协议或人民法院的判决、裁定，一旦生效，就具有强制执行的效力。

2. 最终性

是指一方当事人依法向人民法院起诉后，另一方当事人就无权再向其他部门要求解决；也指在经济纠纷诉讼中，法院作出的判决、裁定或在法院主持下达成的调解协议一旦生效，经济纠纷的解决便告终结。

3. 规范性

是指经济纠纷诉讼程序具有严格的规范性，也就是说，经济活动一旦发生纠纷需要通过诉讼解决时，就必须严格按照法定程序进行。在我国，发生在平等主体之间的经济纠纷引起的诉讼，适用《中华人民共和国民事诉讼法》（以下简称《民事诉讼法》）。自然人、法人和其他经济组织对经济管理机关具有经济性质的管理行为不服而发生的经济纠纷诉讼，如企业对国家税务机关作出的行政处罚决定不服，依据《中华人民共和国行政诉讼法》（以下简称《行政诉讼法》）等相关法律规定，可以向人民法院提起行政诉讼。

（三）经济诉讼的管辖

经济纠纷诉讼的管辖就是规定上下级法院之间、同级法院之间受理第一审经济纠纷案件的分工和权限，可分为级别管辖、地域管辖、移送管辖和指定管辖。

1. 级别管辖

级别管辖亦称审级管辖，是指各级人民法院之间受理第一审案件的分工和权限。具体分为：基层人民法院管辖除上级人民法院管辖外的所有第一审经济纠纷案件，法律另有规定的除外；中级人民法院管辖重大涉外案件，在本辖区内有重大影响的案件，确认专利权的案件和对海关处理不服的案件；高级人民法院管辖在本辖区内有重大影响的第一审经济纠纷案件；最高人民法院管辖在全国有重大影响的案件，以及它认为应当由其审理的第一审经济纠纷案件。最高人民法院的判决和裁定为最终审判和裁定。

2. 地域管辖

地域管辖是指同级人民法院之间受理第一审经济纠纷案件的分工和权限。它的特点是按照行政区域来划分法院管辖案件的权限。具体分为：

（1）一般地域管辖

即由被告住所地人民法院管辖，也就是我们通常所说的“原告就被告”的原则。如果被告是我国公民，其住所地与经常居住地不一致的，由经常居住地人民法院管辖。经济行政纠纷案件，由最初作出具体行政行为的行政机关所在地或复议机关所在地人民法院管辖。

(2)特殊地域管辖

即合同纠纷,由被告住所地或者合同履行地人民法院管辖;票据纠纷,由票据支付地或者被告住所地人民法院管辖;交通运输合同纠纷,由运输始发地、目的地或被告住所地人民法院管辖;共同海损纠纷,由船舶最先到达地、共同海损理算地或航程终止地的人民法院管辖等。

(3)协议地域管辖

即合同的双方当事人可以在书面合同中协议选择被告住所地、合同履行地、合同签订地、原告住所地、标的物所在地人民法院管辖,但不得违反有关级别管辖的规定。

(4)专属地域管辖

即不动产纠纷提起的诉讼,由不动产所在地人民法院管辖;港口作业中发生纠纷提起的诉讼,由港口所在地人民法院管辖;因登记(如商标、船舶、法人登记等)发生纠纷提起的诉讼,由登记机关所在地人民法院管辖。

(5)共同地域管辖

即同一诉讼的几个被告住所地、经常居住地在两个以上人民法院辖区的,各级人民法院都有管辖权。两个以上人民法院都有管辖权的诉讼,原告可以向其中一个人民法院起诉,原告向两个以上有管辖权的人民法院起诉的,由最先立案的人民法院管辖。

3. 移送管辖

移送管辖是指人民法院受理某一案件后,发现自己对此案无管辖权,便移送给有管辖权的人民法院审理,但如果受移送的人民法院认为受移送的案件依照规定不属于本院管辖的,应当报请上级人民法院指定管辖,不得再自行移送。

4. 指定管辖

指定管辖是指人民法院之间因管辖权发生争议,或者有管辖权的人民法院由于特殊原因不能行使审判权,由它们的共同上级人民法院指定某一人民法院管辖。

【例 1—4】 下列属于经济诉讼管辖范围的是(　　)。

A. 级别管辖　　B. 地域管辖　　C. 移送管辖　　D. 指定管辖

(四)经济诉讼的参加人

经济诉讼参加人是指作为经济诉讼主体参加诉讼的当事人和类似

当事人诉讼地位的诉讼代理人。

1. 当事人

当事人是指因民事权益受到侵害或者发生争议，而以自己名义进行诉讼，并受人民法院裁定或判决约束，与案件审理结果有直接利害关系的人。包括单一诉讼中的当事人、共同诉讼中的共同诉讼人以及参加诉讼的第三人。

(1)共同诉讼人

当事人一方或者双方为二人以上，其诉讼标的是共同的，或者诉讼标的是同一种类，人民法院认为可以合并审理并经当事人同意的，为共同诉讼。原告为二人以上的，称为共同原告；被告为二人以上的，称为共同被告，这就是共同诉讼人。当事人一方人数众多的共同诉讼，可以由当事人推选代表人进行诉讼。

(2)第三人

经济诉讼一般是在原告和被告两方当事人之间进行的。但在有些情况下，原告和被告之间的诉讼也可能涉及第三人的利益，需要有第三人参加。第三人是指对他人之间的诉讼标的有独立的请求权，或者虽无独立的请求权，但案件的处理结果与其有法律上的利害关系，因而参加到他人之间已经开始的经济诉讼中，以维护自己合法权益的人。

2. 诉讼代理人

当事人可由他人作为诉讼代理人代为诉讼。

①无诉讼行为能力人由其监护人作为法定代理人代为诉讼。

②法定代理人之间相互推诿代理人责任的，由人民法院指定其中一人代为诉讼。当事人、法定代理人可以委托1～2人作为诉讼代理人。

③律师、当事人的近亲属、有关的社会团体或者所在单位推荐的人、经人民法院许可的其他公民，都可以被委托为诉讼代理人。

(五)经济起诉状

1. 经济起诉状的概念

经济起诉状是指经济案件的原告人为维护自己的合法经济权益，就经济纠纷向人民法院提起诉讼的书状。任何经济法主体认为自己的权益被侵犯或与他人发生纠纷时，都依法享有起诉的权利。要行使这种权利就要制作经济起诉状，并提交给有管辖权的人民法院。它是整个诉讼活动的开始。

2. 经济起诉状的结构和内容

经济起诉状一般由开头、诉讼请求、事实和理由、结尾、附项五个部分组成。

(1)开头

首先要写明起诉状的名称,标明“经济起诉状”。其次,要分别写明原告、被告的基本情况,包括单位名称,法定代表人姓名、职务,企业经济性质、经营范围,单位所在地址、开户银行、账号。如果对被告有些情况不清楚,可注上“不详”;如果原告、被告一方是个人的,就写明姓名、性别、年龄、民族、籍贯、职业、工作单位、住址等内容。

(2)诉讼请求

直接、简要地写明原告人的起诉目的、要求解决哪些问题。诉讼请求中提出的主张和要求应做到合情、合理,更要合法。要与后面的事实与理由部分相吻合,并互为因果,给人以简练、清晰的感觉,切不可含糊不清。

(3)事实和理由

这部分要重点写出与诉讼目的有关的重要事实、主要事实和具体法律依据,做到陈述事实清楚、阐明理由充分、适用法律依据。重要事实要把发生纠纷的时间、地点、人物、原因和前后经过叙述清楚,要说明目前的状况,当事人之间相互的权利、义务关系如何。理由要以具体的法律、法规、双方的协议、合同作为依据,注意做到合情、合理和合法。

事实和理由要以证据作为后盾。事实要用证据加以证实,理由要以证据和有关法律加以说明。有无确凿、充分、有效的证据提供给人民法院作为定案、处理纠纷的依据,直接关系到诉讼请求能否成立和诉讼的胜败。陈述案情要建立在可靠的人证、物证、书证的基础之上,凡能证明案件真实情况的一切证据,都应列举出来,说明证据的来源、证人的姓名,并把它附在后面。引用法律规定作为依据,必须弄清该纠纷适用什么具体的法律、法规。引用时要具体提出什么法律、第几条第几款第几项,切不可含糊不清,更不能断章取义。

(4)结尾

写明提交的法院、起诉的单位(或姓名)、书写诉状的时间,并加盖单位或起诉人的印章。

(5)附项

应注明本状副本份数,物证、书证件数。

3.经济起诉状书写要求

(1)诉讼内容要具备真实性。

(2)证据要具备确凿性。

(3)表述方法要有条理性。

(六)诉讼时效

1. 诉讼时效的概念

诉讼时效

诉讼时效是指权利人在法定期间内不行使权利，即丧失请求人民法院依法保护其民事权利的法律制度。也就是说，法律只保护民事主体在诉讼时效的有效期间内的胜诉权，超过诉讼时效有可能带来败诉的风险。换言之，权利人在法定期间内不行使权利，持续到一定期间而致使其请求权丧失胜诉权的法律事实，可称为诉讼时效期间。

《民法典》中有关诉讼时效的规定的意义在于：

(1)稳定财产关系。免得财产关系长久处于不肯定状态。

(2)有利于促使权利人及时行使权利。在规定期限内不行使权利而又无正当理由，说明权利人不关心自己权利的实现。

(3)有利于法院更好地收集证据，解决纠纷。如果没有时效限制，年代久远会造成纠纷难以解决。

2. 诉讼时效期间

普通诉讼时效期间自权利人知道或者应当知道权利受到损害之日起计算，向人民法院请求保护民事权利的诉讼时效期间为 3 年。因国际货物买卖合同和技术进出口合同争议提起诉讼或者申请仲裁的时效期间为 4 年。

自权利受到损害之日起超过 20 年的，人民法院不予保护，有特殊情况的，人民法院可以根据权利人的申请决定延长。

【课后检测】

课后习题

1. 经济诉讼与经济仲裁的概念是什么？
2. 经济诉讼与经济仲裁的特征有哪些？
3. 经济仲裁的原则是什么？
4. 经济诉讼的管辖有哪些？

【任务实训】

1. 某市甲副食品商店与某县乙副食品供应公司签订供销合同，由乙公司向甲商店供应鲜菇 5 吨，乙公司按合同约定的时间向甲商店提供了鲜菇 5 吨，甲商店收到鲜菇后，以鲜菇质量不符合合同的质量为由拒绝支付货款，双方发生争议。

请问：

(1)如果双方经协商未达成协议，乙公司单方面向某仲裁委员会申请仲裁，该仲裁委员会该不该受理？为什么？

（2）如果甲商店和乙公司在合同中订有仲裁条款，甲商店对仲裁委员会的裁决不服，遂向法院起诉，法院可否受理此案？为什么？

项目二

公司法律制度

学习目标

素质目标

1. 认识到公司设立是一个法律行为。
2. 树立依法设立和管理公司的意识。
3. 获得依法设立和管理公司的能力。

知识目标

1. 了解、理解公司的概念、特征及类型。
2. 掌握有限责任公司、股份有限公司的设立条件和组织机构、议事规则等法律基本规定。
3. 了解有限责任公司和股份有限公司的不同点和相同之处。
4. 掌握公司的财务会计法律规定以及公司的设立、变更、终止与清算的相关法律责任。

技能目标

1. 能够运用公司法的法律知识分析和解决有限责任公司和股份有限公司的基本法律实务问题。
2. 通过列举实例讨论，能够运用所学的法律知识和方法分析实际案例。
3. 能依法经营，并能应用法律保护公司的合法权益。

项目导读

随着时代的不断发展，我国的社会经济水平正在不断提升，市场环境日益改善，为企业经济活动的顺利开展奠定了良好的基础。但与此同时，企业也要面临更加复杂的市场环境，有效应对市场中存在的各种未知风险，在开展经济活动时也需要完善的法律制度来提供保障和指引。

我国也进一步加强了对《中华人民共和国公司法》(以下简称《公司法》)修订的力度，促进《公司法》不断完善，从细节层面上使《公司法》能够与时代发展的需求和市场经济发展的客观规律相适应，为企业经济活动的顺利开展保驾护航，让企业能够在公平公正的市场环境中做出正确的决策，促进我国整体经济实力不断提升。

任务一　公司法概述

【任务导入】

甲、乙、丙三人决定强强联手，合资组建一家汽车租赁公司。三个股东经过初步协商，达成如下协议：该公司注册资金为300万元，每个股东出资100万元，风险共担，利润共享，每个人的出资份额可自由转让，负责公司组建和注册事宜。公司成立后，丙担任该汽车租赁公司董事长，同时丙原来一人独资的汽车租赁公司继续由其经营。

请思考：

1. 公司的概念与特征分别是什么？
2. 我国《公司法》的内容都有哪些？

【法律课堂】

一、公司概述

(一)公司的概念与特征

1. 公司的概念

公司是指依照公司法的规定设立，并以营利为目的的企业法人。公司是企业的一种组织形式，具有企业所共有的属性。

2. 公司的特征

公司的主要特征是：

(1)公司是依照公司法设立的经济组织,公司要依照公司法设立,符合公司法规定的设立条件。公司法对公司的股东人数和公司的组织机构的地位、性质、职权等,都作了明确规定。公司的外部关系和内部关系,都必须严格依照公司法等有关法律规定进行运作。

(2)公司是以营利为目的的经济组织,以营利为目的是指公司从事的是经营活动,而经营活动的目的是获取利润,并将其分配给公司的股东。

(3)公司是具有法人资格的经济组织,按照公司法规定条件设立的公司,自成立之日起具有法人资格。公司具有民事权利能力和民事行为能力,依法独立享有民事权利和承担民事义务。

(4)公司是由法定数额的股东共同或单独出资形成的经济组织,公司股东以其出资额形成对公司的股权,在法律上体现为一种股份式的联合。公司股东以其出资额或者所持股份为限,对公司承担责任;公司以其全部财产对公司债务承担责任。

(二)公司的分类

按照不同的划分标准,公司可分为不同种类。

(1)依据股东对公司债务承担的责任形式为划分标准,可分为无限公司、有限责任公司、两合公司和股份有限公司四类。

①无限公司是指全体股东就公司债务负连带无限责任的公司。

②有限责任公司是指全体股东对于公司的债务,仅以各自的出资额为限承担责任的公司。

③两合公司是指一部分股东对公司债务负无限责任,另一部分股东负有限责任的公司。

④股份有限公司是指公司资本划分为若干金额相等的股份,全体股东仅以自己认购的股份为限对公司债务承担责任的公司。我国法律只规定两种公司形式,即有限责任公司和股份有限公司。

(2)依据一个公司对另一个公司的控制与依附关系为划分标准,可分为母公司与子公司两类。

①母公司是指通过持有其他公司一定比例以上的股份或者通过协议的方式,能够实际上控制其他公司营业活动的公司。

②子公司是指虽然在法律上具有法人资格,但其经营活动受母公司实际控制的公司。在法律上母公司与子公司仍应互相独立,各自具有独立法人资格。

(3)依据公司内部管辖系统为划分标准,可分为总公司和分公司两类。

①总公司是指依法设立并管辖分公司的总机构。

②分公司是指总公司管辖之下的法人分支机构。分公司不具有独立的法人资格，不具有独立的财产，其权利和义务由总公司承担。但分公司可以在总公司授权的范围内以自己的名义进行业务活动。

(4)依据公司的国籍为划分标准，可分为本国公司与外国公司两类。

①本国公司是指依照我国《公司法》在我国境内登记设立的公司。

②外国公司是指依据外国法律在我国境外登记设立的公司。

【例 2—1】 中外合资经营企业的组织形式是(　　)。

A. 股份有限公司　　B. 有限责任公司

C. 无限责任公司　　D. 股份两合公司

二、公司法概述

公司法是规定公司法律地位，调整公司组织关系，规范公司在设立、变更与终止过程中发生的各种社会关系的法律规范的总称。狭义上的公司法就是指《公司法》；从广义上讲，公司法除了包括《公司法》外，还包括其他有关公司的法律、法规、行政规章、司法解释以及其他各法之中的调整公司组织关系、规范公司组织行为的法律规范，如《中华人民共和国公司登记管理条例》(以下简称《公司登记管理条例》)等。公司法既是组织法，也是行为法，但主要是组织法。作为组织法，公司法对公司的设立、变更、终止，公司内部机构的设置及其职权等作出了规定。作为行为法，公司法对公司的财务、会计管理，股票的发行、交易，公司债券的发行等作出了规定。公司法是企业法的重要组成部分。《公司法》中所称公司有其特定适用范围：其一，根据属地主义原则，依照《公司法》在中国境内设立的公司；其二，组织形式仅限于有限责任公司和股份有限公司，立法未对其他公司组织形式作规定，在实践中则不允许设立。

课后习题

【课后检测】

1. 什么是公司？公司有哪些特征？
2. 公司有哪些种类？其划分依据是什么？
3. 什么是公司法？

【任务实训】

1. 以班级为单位，分为两组，学习与交流公司法的狭义概念与广义概念，从而加深对公司法的了解。

2. 以班级为单位，分为若干小组，学习与交流公司的不同类型，注意区分不同类型的公司的差异。

任务二　有限责任公司

【任务导入】

甲、乙共同成立A有限责任公司(简称“A公司”)，注册资本200万元，其中，甲持有60%股权，乙持有40%股权。2011年8月25日，A公司聘请李某担任公司总经理，负责公司日常经营管理。双方约定，除基本工资外，李某可从公司每年税后利润中提取1%作为奖金。同时，A公司股东会决议：同意李某向A公司增资20万元，其中，李某以其姓名作价10万元出资，其余10万元出资以李某未来从A公司应分配的奖金中分期缴纳。2012年1月初，乙要求退资。经股东会同意，1月20日，A公司与乙签订退资协议，约定A公司向乙返还80万元出资款。1月28日，A公司向乙支付80万元后，在股东名册上将乙除名，之后公司宣布减资80万元，并向债权人发出了通知和公告。债权人丙接到通知后，当即提出异议，认为股东出资后不得撤回，并要求A公司立即清偿债务。A公司则以丙的债权尚未到期为由拒绝清偿。

请思考：

1. 什么是有限责任公司？

2. 有限责任公司有哪些机构，职能分别是什么？

3. 丙是否有权要求A公司清偿未到期债务？

【法律课堂】

一、有限责任公司概述

(一)有限责任公司的概念与特征

1. 有限责任公司的概念

有限责任公司是指依照公司法在中国境内设立的，由50个以下的股东共同出资，股东以其认缴的出资额对公司承担有限责任，公司以其全部资产对公司的债务承担责任的企业法人。

2. 有限责任公司的特征

(1)公司资本的不等额性

有限责任公司的全部资本不必划分为等额股份，股东按协议确定出资比例，按出资比例享有权利、承担义务和风险，股东的股权表现形式是公司签发的出资证明书。

(2)股东人数的相对稳定性

有限责任公司股东人数的最高限额均由法律严格规定，使得股东人数相对稳定，而不像股份有限公司股东人数是无上限的。股东人数的相对稳定性，决定了股东间的关系较为密切，股东出资的转让也受到严格限制。

(3)股权转让的限制性

根据《公司法》规定，股东向股东以外的人转让股权，应当经其他股东过半数同意。股东应就其股权转让事项书面通知其他股东征求同意，其他股东自接到书面通知之日起满30日未答复的，视为同意转让。其他股东半数以上不同意转让的，不同意的股东应当购买该转让的股权；不购买的，视为同意转让。经股东同意转让的股权，在同等条件下，其他股东有优先购买权。

(4)设立程序的简便性

由于有限责任公司不发行股票，不向社会公开募集资本，这决定了它的设立方式只有发起设立，即由股东共同制定章程，缴纳出资，经验资机构验资，最后由指定的代表或委托的代理人向公司登记机关申请设立登记，公司即告成立。

【例2—2】 下列描述中属于有限责任公司特征的是(　　)。

A. 有限责任公司股东的股权表现形式是公司签发的出资证明书

B. 有限责任公司股东人数没有限制

C. 有限责任公司股权转让存在限制

D. 有限责任公司的设立程序具有简便性

有限责任公司的设立条件

(二)有限责任公司设立条件

按照《公司法》的规定，设立有限责任公司，应当具备以下条件。

1. 股东符合法定人数

股东符合法定人数，即有限责任公司由50个以下的股东共同出资设立，股东可以是自然人也可以是法人。国家授权投资的机构或者国家授权的部门可以单独投资设立国有独资的有限责任公司。

2. 有符合公司章程规定的全体股东认缴的出资额

《公司法》修改后，取消了对有限责任公司最低注册资本的要求，也取消了对于缴纳出资的法定期限要求。有限责任公司的注册资本为在公司登记机关登记的全体股东认缴的出资额。除了法律、行政法规以及国务院决定对有限责任公司注册资本实缴、注册资本最低限额另有规定外，公司法没有规定有限责任公司的最低注册资本限额和出资期限。《公司法》对有限责任公司出资形式和缴纳方式的要求与股份有限公司相同。有限责任公司股东不按照规定缴纳出资的，其应当承担的法律责任与股份公司类似。有限责任公司设立时的股东相当于股份公司的发起人，承担发起人的责任。

3. 股东共同制定公司章程

(1)公司章程的制定和修改

根据《公司法》的规定，设立有限责任公司必须由股东共同依法制定公司章程，一人有限责任公司章程由股东制定。但是国有独资公司章程由国有资产监督管理机构制定，或者由董事会制定报国有资产监督管理机构批准。公司章程制定之后，股东应当在公司章程上签名、盖章。根据《公司法》的规定，公司章程的修改必须经过股东会，并且应当经代表 2/3 以上表决权的股东通过。

(2)公司章程的内容

根据《公司法》的规定，有限责任公司章程应当载明下列事项：①公司名称和住所；②公司经营范围；③公司注册资本；④股东的姓名或者名称；⑤股东的出资方式、出资额和出资时间；⑥公司的机构及其产生办法、职权、议事规则；⑦公司法定代表人；⑧股东会会议认为需要规定的其他事项。

4. 有公司名称、建立符合有限责任公司要求的组织机构

公司组织机构是公司的法人机关，是形成公司独立意志，代表法人进行各种活动的机构。公司股东的组织机构参与对公司的决策和管理。有限责任公司的组织机构一般包括股东会、董事会、监事会等。

5. 有公司住所

公司住所的确定便于公司与其客户进行业务往来，也便于政府实施监管、征收税款、确定诉讼管辖、确定法律文书送达地址等。公司可以有多个经营场所，但是作为公司主要办事机构所在地住所的只有一个，在章程中载明并予以登记。

【例 2—3】 下列属于公司章程应载明的内容的是(　　)。

A. 公司名称和住所

B. 公司经营范围

C. 公司注册资本

D. 股东的姓名或者名称

E. 股东的出资方式、出资额和出资时间

(三)有限责任公司设立的程序

1.发起人签订发起人协议

有限责任公司只能由发起人发起设立。发起人首先要对设立有限责任公司进行可行性分析,确定设立公司的意向。发起人有数人时,应签订发起人协议或作成发起人会议决议。协议或决议是明确发起人各自在公司设立过程中权利义务的书面文件。

发起人协议(或决议)在法律上被视为合作协议,发起人在公司未成立前,应对他人承担连带的无限责任。

2.制定公司章程

有限责任公司公司章程由公司全体股东共同订立,并经全体股东同意后,所有股东应当在公司章程上签名、盖章。公司章程对公司、股东、董事、监事、高级管理人员具有约束力。国有独资公司章程由国有资产监督管理机构制定,或者由董事会制定并报国有资产监督管理机构批准。

3.公司名称的预先核准

《公司登记管理条例》第17条规定:“设立公司应当申请名称预先核准。法律、行政法规或者国务院决定规定设立公司必须报经批准,或者公司经营范围中属于法律、行政法规或者国务院决定规定在登记前须经批准的项目的,应当在报送批准前办理公司名称预先核准,并以公司登记机关核准的公司名称报送批准。”

4.股东缴纳出资并验资

股东可以用货币出资,也可以用实物、知识产权、土地使用权等可以用货币估价并可以依法转让的非货币财产作价出资;但是,法律、行政法规规定不得作为出资的财产除外。

对作为出资的非货币财产应当评估作价,核实财产,不得高估或者低估作价。法律、行政法规对评估作价有规定的,从其规定。全体股东的货币出资金额不得低于有限责任公司注册资本的30%,股东应当按期足额缴纳公司章程中规定的各自所认缴的出资额。股东以货币出资的,应当将货币出资足额存入有限责任公司在银行开设的账户;以非货币财产出资的,应当依法办理其财产权的转移手续。股东不按照规定缴纳出资的,除应当向公司足额缴纳外,还应当向已按期足额缴纳出资的股东承担违约责任。股东缴纳出资后,必须经依法设立的验资机构验资并出具证明。

5.成立有限责任公司组织机构

公司组织机构又称公司机关,是代表公司活动、行使相应职权的自然人或者自然人组成的集合体。

6. 报送公司相关材料，申请设立登记

股东的首次出资经依法设立的验资机构验资后，由全体股东指定的代表或者共同委托的代理人向公司登记机关报送公司登记申请书、公司章程、验资证明等文件，申请设立登记。

有限责任公司成立后，发现作为设立公司出资的非货币财产的实际价额显著低于公司章程所定价额的，应当由交付该出资的股东补足其差额；公司设立时的其他股东承担连带责任。

7. 登记发证

公司登记机关对符合公司法规定条件的，予以登记，发给公司营业执照。公司营业执照签发日期，为有限责任公司成立日期。公司成立后，股东不得抽逃出资。

【例 2－4】　下列关于有限责任公司设立程序的描述正确的有(　　)。

A. 有限责任公司公司章程由公司全体股东共同订立，并经全体股东同意

B. 股东只能用货币出资

C. 有限责任公司登记注册后，应当向股东签发出资证明书

D. 公司成立后，股东不得抽逃出资

二、有限责任公司的组织机构

有限责任公司的组织机构包括：股东会、董事会、监事会三部分；它们是公司的法人机关和议事机关。

有限责任公司组织机构

(一)股东会

有限责任公司股东会由全体股东组成。股东会是公司的权力机构，行使下列职权：①决定公司的经营方针和投资计划；②选举和更换非由职工代表担任的董事、监事，决定有关董事、监事的报酬事项；③审议批准董事会的报告；④审议批准监事会或者监事的报告；⑤审议批准公司的年度财务预算方案、决算方案；⑥审议批准公司的利润分配方案和弥补亏损方案；⑦对公司增加或者减少注册资本作出决议；⑧对发行公司债券作出决议；⑨对公司合并、分立、解散、清算或者变更公司形式作出决议；⑩修改公司章程；⑪公司章程规定的其他职权。

【例 2—5】 召开股东会会议，应当于会议召开(　　)日以前通知全体股东。

A. 5　　B. 7　　C. 15　　D. 20

(二)董事会

有限责任公司设董事会(依法不设董事会者除外)，其成员为 3～13 人。两个以上的国有企业或者两个以上的其他国有投资主体投资设立的有限责任公司，其董事会成员中应当有公司职工代表；其他有限责任公司董事会成员中可以有公司职工代表。董事会中的职工代表由公司职工通过职工代表大会、职工大会或者其他形式民主选举产生。董事会设董事长 1 人，可以设副董事长，董事长、副董事长的产生办法由公司章程规定。董事任期由公司章程规定，但每届任期不得超过 3 年。董事任期届满，连选可以连任；董事任期届满未及时改选，或者董事在任期内辞职导致董事会成员低于法定人数的，在改选出的董事就任前，原董事仍应当依照法律、行政法规和公司章程的规定，履行董事职务。

董事会对股东会负责，行使下列职权：①召集股东会会议，并向股东会报告工作；②执行股东会的决议；③决定公司的经营计划和投资方案；④制订公司的年度财务预算方案、决算方案；⑤制订公司的利润分配方案和弥补亏损方案；⑥制订公司增加或者减少注册资本以及发行公司债券的方案；⑦制订公司合并、分立、变更公司形式、解散的方案；⑧决定公司内部管理机构的设置；⑨决定聘任或者解聘公司经理及其报酬事项，并根据经理的提名决定聘任或者解聘公司副经理、财务负责人及其报酬事项；⑩制定公司的基本管理制度；⑪公司章程规定的其他职权。

董事会会议应有过半数的董事出席才能举行，董事会会议由董事长召集和主持；董事长不能或者不履行职务的，由副董事长召集和主持；副董事长不能或者不履行职务的，由半数以上董事共同推举一名董事召集和主持。董事会的议事方式和表决程序，除《公司法》有规定的外，由公司章程规定，董事会决议的表决实行一人一票。董事会应当对所议事项的决定作成会议记录，出席会议的董事应当在会议记录上签名。股东人数较少或者规模较小的有限责任公司，可以设一名执行董事，不设立董事会，执行董事可以兼任公司经理，执行董事的职权由公司章程规定。

【例 2—6】　下列属于董事会职权的是（　　）。

A. 召集股东会会议，并向股东会报告工作

B. 决定公司的经营方针和投资计划

C. 对发行公司债券作出决议

D. 制订公司的年度财务预算方案、决算方案

（三）监事会

有限责任公司设立监事会，其成员不得少于 3 人，股东人数较少或者规模较小的有限责任公司，可以设 1～2 名监事，不设立监事会。监事会应当包括股东代表和适当比例的公司职工代表，其中职工代表的比例不得低于 1/3，具体比例由公司章程规定。监事会中的职工代表由公司职工通过职工代表大会、职工大会或者其他形式民主选举产生。监事会设主席一人，由全体监事过半数选举产生。监事会主席召集和主持监事会会议；监事会主席不能或者不履行职务的，由半数以上监事共同推举一名监事召集和主持监事会会议。董事、高级管理人员不得兼任监事。

监事的任期每届为 3 年。监事任期届满，连选可以连任；监事任期届满未及时改选，或者监事在任期内辞职导致监事会成员低于法定人数的，在改选出的监事就任前，原监事仍应当依照法律、行政法规和公司章程的规定，履行监事职务。监事会、不设监事会的公司的监事行使下列职权：①检查公司财务；②对董事、高级管理人员执行公司职务的行为进行监督，对违反法律、行政法规、公司章程或者股东会决议的董事、高级管理人员提出罢免的建议；③当董事、高级管理人员的行为损害公司的利益时，要求董事、高级管理人员予以纠正；④提议召开临时股东会会议，在董事会不履行法律规定的召集和主持股东会会议职责时召集和主持股东会会议；⑤向股东会会议提出提案；⑥依照《公司法》的规定，对董事、高级管理人员提起诉讼；⑦公司章程规定的其他职权。

三、有限责任公司的股权转让

（一）一般转让

有限责任公司作为资合兼人合的公司，其股东转让股权受到一定法律限制。对于公司股东间内部转让，《公司法》规定：有限责任公司的股东之间可以相互转让其全部或者部分股权（实施自由转让原则）。对于公司股东外部股权转让，《公司法》规定：股东向股东以外的人转让股权，应当经其他股东过半数同意；股东应就其股权转让事项书面通知其

有限责任公司的股权转让

他股东征求同意,其他股东自接到书面通知之日起满 30 日未答复的,视为同意转让;其他股东半数以上不同意转让的,不同意的股东应该购买该转让的股权,不购买的,视为同意转让。经股东同意转让的股权,在同等条件下,其他股东有优先购买权。两个以上股东主张行使优先购买权的,协商确定各自的购买比例;协商不成的,按照转让时各自的出资比例行使优先购买权。

1. 股东股权转让遵循合同自由原则

股权转让形式有很多种分类,我国《公司法》规定,股权转让形式可分为股权协议转让与非协议转让。股权转让形式不同,法律对股权转让行为的规范要求也不同。《公司法》规定股权转让形式是基于股权转让合同与其他事由的股权转让。

合同自由原则是当事人有根据自己的意思决定是否订立合同、决定合同内容等自由。在市场交易活跃的背景下,合同自由是鼓励交易的,合同自由原则表现了正确的法律措施。股权转让合同以股权为标的合同,股权转让合同应遵循相近有名合同法规与合同法中买卖合同的规定。股权转让合同具有自身的特殊性,较其他买卖合同更复杂。《公司法》规定,有限责任公司股东可转让持有股权,对股东签订股权转让合同无特别规定。

2. 股东与第三人股权转让合同自由限制

股东与第三人股权转让合同应遵循合同法规定,有限责任公司人合性特点决定股东转让股权必须受到限制。股权转让遵循自由原则,合同签订同样遵循自由原则,但股东转让股权行为受到限制时,必须履行必要程序才能成功将股权转让给第三人。

股东因个人因素将自己的股权转让给第三人,转让人与受让人签订股权转让合同,转让人有权决定股权转让人,转让人与受让人可协定转让股权对价、解决纠纷方式等。转让股东股权最终是为了降低公司承担的经济风险,确认股权转让合同自由,确保撤资的意义。有限责任公司兼具人合性,具有高度自治性,由于股东转让股权改变了股东成员格局,对有限责任公司成员结构稳定需求造成冲击,而公司股东信赖合作是公司稳定发展的基础,因此股权应具有所有权类似权能。

(二)特殊转让

1. 强制执行股权转让

《公司法》规定:人民法院依照法律规定的强制执行程序转让股东的股权时,应当通知公司及全体股东,其他股东在同等条件下有优先购买权。其他股东自人民法院通知之日起满 20 日不行使优先购买权的,视为放弃优先购买权。

人民法院依照法律规定的强制执行程序转让股东的股权，是指人民法院依照民事诉讼法等法律规定的执行程序，强制执行生效的法律文书时，以拍卖、变卖或者其他方式转让有限责任公司的股权。

2. 异议股东股权回购

《公司法》规定有下列情形之一的，对股东会该项决议投反对票的股东可以请求公司按照合理的价格收购其股权：

（1）公司连续5年不向股东分配利润，而公司该5年连续盈利，并且符合本法规定的分配利润条件的；

（2）公司合并、分立、转让主要财产的；

（3）公司章程规定的营业期限届满或者章程规定的其他解散事由出现，股东会会议通过决议修改章程使公司存续的。

自股东会会议决议通过之日起60日内，股东与公司不能达成股权收购协议的，股东可以自股东会会议决议通过之日起90日内向人民法院提起诉讼。

行使异议股东股权回购请求权导致股权流转，有异议的股东可请求公司购买持有股权，异议股东回购请求权具有行使主体是异议股东，行使对象是公司，行使原因是法定，异议股东股权回购请求行使期限是90日等特点，公司转让股权是否适用新《公司法》对股权转让的一般规定，应对相关问题进行具体分析。虽然股权转让合同是公司与股东签订，但股东最终源头是异议股东，股权转让本质上是股东间股权流转，没有新股东加入，不会破坏公司人合性特征。

公司将回购股权转让第三人，可能导致第三人加入对公司人合性特征造成威胁。应参照《公司法》对外转让的规定，转让股权必须征得其他股东同意，通过表明决议经持有股权比例的股东同意。

3. 股权继承

《公司法》规定：自然人股东死亡后，其合法继承人可以继承股东资格；但是，公司章程另有规定的除外。

公司法规定股东死亡的，继承人可对公司享有股东权利，章程无限制下，继承人不受公司人合性限制。继承人的加入不存在其他股东优先购买权限制。股权由继承人继承，但有限责任公司股权不同于房屋等财产，股权继承导致有限责任公司股权结构变更，继承人能否与公司其他股东形成信赖关系将影响公司的经营管理。

制定章程时可协议股东合法继承人作为被继承人取得股东资格。可规定继承股东资格取得需经其他股东同意，如其他股东同意加入，继承人享受股东权利，股权是死亡股东合法财产的可由继承人继承。

协议转让程序中，继承人应将自己的基本情况书面告知其他股东，其他股东决定其是否继承股权。

【例 2—7】 下列关于有限责任公司股权转让描述正确的是(　　)。

A. 一般转让遵循合同自由原则

B.《公司法》规定股东死亡的，继承人可对公司享有股东权利

C. 异议股东股权回购请求行使期限是 100 日

D. 如某股东在公司存续期间丧失行为能力可让其法定监护人以股东利益为基本点代为行使股权

【课后检测】

课后习题

1. 什么是有限责任公司？其特征是什么？
2. 有限责任公司设立的条件与程序是什么？
3. 有限责任公司有哪些组织机构？
4. 有限责任公司的股权转让有哪些类型，其内容分别是什么？

【任务实训】

以班级为单位，分成若干小组，分角色模拟成立有限责任公司，建立公司的组织机构。

任务三　股份有限公司

【任务导入】

A 股份有限公司董事会成员为 15 人，在召开年度会议时，本人出席会议的 5 人。有 3 人因故不能出席而委托他人参加会议，其中甲委托董事长代为出席，乙委托某监事代为出席，丙委托其出任董事的本法人股东单位的一位负责人出席。董事会会议日程包括：①决定公司投资方案；②发行公司债券做出决议；③决定公司内部管理机构的设置调整；④修改司章程。以上各事项均经出席会议董事的过半数通过。

请思考：

该会议及其议题有无与《公司法》冲突之处？

【法律课堂】

一、股份有限公司概述

(一)股份有限公司的概念与特征

1. 股份有限公司的概念

股份有限公司是指由一定人数的股东组成,公司资本划分为若干金额相等的股份,股东仅以自己认购的股份为限对公司债务承担责任,公司以全部资产对公司债务承担责任的公司。

2. 股份有限公司的特征

(1)股东责任的有限性。股份有限公司的股东仅以自己持有的股份为限对公司债务承担责任。公司的债务完全以公司独立的资产清偿。

(2)股东人数的广泛性。股份有限公司股东的人数只有下限没有上限,且公司可以公开向社会募集资本,股份可以自由转让,这就决定了股份有限公司股东人数的广泛性和不确定性。

(3)股份的等额性。股份有限公司的全部资本划分为若干股份,每股金额相等。公司的股份体现为股票形式,股票可以向社会公开发行,持有公司股票即为公司股东。

(4)股份转让的自由性。这与有限责任公司不同,股份有限公司的股票在法定的条件下股东可以自由转让股票。

(5)股份有限公司设立程序的复杂性。与有限责任公司相比,股份有限公司的设立程序较为复杂。

【例 2—8】 下列对股份有限公司特征的描述中正确的是(　　)。

A. 股份有限公司的股东仅以自己持有的股份为限对公司债务承担责任

B. 股份有限公司股东的人数没有下限

C. 股份有限公司股东的人数只有上限

D. 股份有限公司的股票不能自由转让

(二)股份有限公司的设立方式

股份有限公司的设立可以采取发起设立或者募集设立的方式。

发起设立是指由发起人认购公司应发行的全部股份而设立公司。以发起设立的方式设立股份有限公司的,在设立时其股份全部由该公司的发起人认购,而不向发起人之外的任何社会公众发行股份。因此,

股份有限公司的设立

以发起设立方式设立的股份有限公司，在其发行新股之前，其全部股份都由发起人持有，公司的全部股东都是设立公司的发起人。

募集设立是指由发起人认购公司应发行股份的一部分，其余股份向社会公开募集或者向特定对象募集而设立公司。以募集设立方式设立股份有限公司的，在公司设立时，认购公司应发行股份的人不仅有发起人，还有发起人以外的人。因此，法律对采用募集设立方式设立公司规定了较为严格的程序，以保护广大投资者的利益，保证正常的经济秩序。《公司法》规定，以募集方式设立股份公司的，发起人认购的股份不得少于股份总数的35%；但是，法律、行政法规另有规定的，从其规定。

（三）股份有限公司的设立条件

（1）发起人符合法定人数。设立股份有限公司，应当有2人以上200人以下为发起人，其中须有半数以上的发起人在中国境内有住所。

（2）股本达到法定资本最低限额。股份有限公司注册资本的最低限额为人民币500万元，法律、行政法规对股份有限公司注册资本的最低限额有较高规定的，从其规定。

（3）股份发行、筹办事项符合法律规定。股份有限公司的资本划分为股份，每一股的金额相等。公司的股份采取股票的形式。股票是公司签发的证明股东所持股份的凭证。股份的发行，实行公平、公正的原则，同种类的每一股份应当具有同等权利。同次发行的同种类股票，每股的发行条件和价格应当相同；任何单位或者个人所认购的股份，每股应当支付相同价额。

（4）发起人制定公司章程，采用募集方式设立的经创立大会通过。

（5）有公司名称，建立符合股份有限公司要求的组织机构。依照《公司法》设立的股份有限公司，必须在公司名称中标明股份有限公司或者股份公司字样。同时，股份有限公司还必须建立与法律规定相一致的组织机构，即设立股东大会、董事会、监事会。

（6）有公司住所。公司要有固定的住所，公司的住所是公司主要办事机构所在地。一方面是进行正常生产经营活动的需要；另一方面也便于国家有关部门对其生产经营活动进行必要的监督管理。

【例2—9】 下列关于股份有限公司的论述中正确的是（　）。

A. 股份有限公司发起人必须2人以上250人以下

B. 股份有限公司发起人必须2/3以上在中国境内有住所

C. 股份有限公司还必须建立与法律规定相一致的组织机构

D. 股份有限公司注册资本的最低限额为人民币1 000万元

(四)股份有限公司的设立程序

1. 发起人制定公司章程

发起人在确立了设立公司的共同意向，并订立了发起人协议后，开始进行公司的筹建工作。首先由全体发起人制定公司章程。股份有限公司章程应当载明下列事项：①公司名称和住所；②公司经营范围；③公司设立方式；④公司股份总数、每股金额和注册资本；⑤发起人的姓名或者名称、认购的股份数、出资方式和出资时间；⑥董事会的组成、职权和议事规则；⑦公司法定代表人；⑧监事会的组成、职权和议事规则；⑨公司利润分配办法；⑩公司的解散事由与清算办法；⑪公司的通知和公告办法；⑫股东大会会议认为需要规定的其他事项。

2. 设立审批

董事会应于创立大会结束后30日内，向公司登记机关报送下列文件，申请设立登记：①公司登记申请书；②创立大会的会议记录；③公司章程；④验资证明；⑤法定代表人、董事、监事的任职文件及其身份证明；⑥发起人的法人资格证明或者自然人身份证明；⑦公司住所证明。以募集方式设立股份有限公司公开发行股票的，还应当向公司登记机关报送国务院证券监督管理机构的核准文件。

3. 出资和募股

股份有限公司的设立，可以采取发起设立或者募集设立的方式。发起设立是指由发起人认购公司应发行的全部股份而设立公司。募集设立是指由发起人认购公司应发行股份的一部分，其余部分向社会公开募集而设立公司。以募集设立方式设立股份有限公司的，发起人认购的股份不得少于公司股份总数的35%，但是，法律、行政法规另有规定的，从其规定。

股东可以用货币出资，也可以用实物、知识产权、土地使用权等可以用货币估价并可以依法转让的非货币财产作价出资；但是，法律、行政法规规定不得作为出资的财产除外。对作为出资的非货币财产应当评估作价，核实财产，不得高估或者低估作价。法律、行政法规对评估作价有规定的，从其规定。

4. 建立公司组织机构

采取发起方式设立的，发起人交付全部出资后，应当选举董事会和监事会，由董事会向公司登记机关申请设立登记。

采取募集方式设立的，发行股份的股款缴足后，发起人应当在30日内主持召开公司创立大会。

创立大会对事项作出决议，必须经出席会议的认股人所持表决权的半数以上通过。公司登记机关自接到股份有限公司设立登记申请之日起30日内作出是否予以登记的决定。对符合《公司法》规定条件的，予以登记，发给公司营业执照。公司营业执照签发日期，为公司成立日期。

【例2—10】 股份有限公司董事会应于创立大会结束后（　　）日内，向公司登记机关报送文件，申请设立登记。

A. 30　　B. 45　　C. 60　　D. 75

二、股份有限公司的组织机构

股份有限公司的组织机构由股东大会、董事会、监事会等组成。

（一）股东大会

1. 股东大会的性质和组成

股份有限公司的股东大会是公司的权力机构，依法行使职权。股东大会作为公司的权力机构，虽然对外并不直接代表公司，对内也不直接从事经营活动，但有权决定公司的重大事项，股东大会作出的决定，公司的其他机构，如董事会、监事会都必须执行。股份有限公司的股东大会由全体股东组成，公司的任何一个股东，无论其所持股份有多少，都是股东大会的成员。

2. 股东大会的职权

股份有限公司股东大会的职权与有限责任公司股东会的职权的规定基本相同。此外，根据中国证券监督管理委员会发布的《上市公司章程指引》的规定，上市公司的股东大会还有权对公司聘用、解聘会计师事务所作出决议；审议代表公司发行在外有表决权股份总数的5%以上的股东的提案；审议法律法规和公司章程规定应当由股东大会决定的其他事项。

3. 股东大会决议

《公司法》规定：股东出席股东大会会议，所持每一股份有一表决权。股东大会作出决议，必须经出席会议的股东所持表决权过半数通过。但是，股东大会作出修改公司章程、增加或者减少注册资本的决议，以及公司合并、分立、解散或者变更公司形式的决议，必须经出席会议的股东所持表决权的2/3以上通过。

《公司法》和公司章程规定公司转让、受让重大资产或者对外提供担保等事项必须经股东大会作出决议的，董事会应当及时召集股东大会会议，由股东大会就上述事项进行表决。所谓重大资产，通常是指公司转让、受让的资产总额、资产净额、主营业务收入三项指标中的任意一项指标，占公司最近一个会计年度经审计的合并报表的相对应指标的 50％以上的资产。公司转让、受让重大资产是指股份有限公司与他人之间按照重大资产转让、受让协议出售、购买重大资产的行为。重大资产的重组往往对公司的生存和发展具有重大的影响，因此公司章程可以规定公司重大资产的转让和受让须由股东大会作出决议。为他人提供担保是指股份有限公司作为担保人为他人的债务关系提供担保。

【例 2－11】 召开股东大会会议，应当将会议召开的时间、地点和审议的事项于会议召开(　　)日前通知各股东。

A. 15　　B. 20　　C. 25　　D. 30

(二)董事会

股份有限公司设董事会，其成员为 5～19 人。董事应根据公司和全体股东的最大利益，忠实、诚信、勤勉地履行职责。董事由股东大会选举产生，董事会成员中可以有公司职工代表。董事会中的职工代表由公司职工通过职工代表大会、职工大会或者其他形式民主选举产生。上市公司应在其公司章程中规定规范、透明的董事选聘程序，保证董事选聘公开、公平、公正、独立。上市公司应和董事签订聘任合同，明确公司和董事之间的权利义务、董事的任期、董事违反法律法规和公司章程的责任以及公司因故提前解除合同的补偿等内容。股份有限公司董事的任期、董事会的职权与有限责任公司相同。

(三)监事会

股份有限公司依法应当设立监事会，监事会为公司的监督机构。

1. 监事会的组成

股份有限公司监事会成员不得少于 3 人，应当包括股东代表和适当比例的公司职工代表，其中职工代表的比例不得低于 1/3，具体比例由公司章程规定。监事会中的职工代表由公司职工通过职工代表大会、职工大会或者其他形式民主选举产生。

董事、高级管理人员不得兼任监事，监事的任期每届为 3 年。监事任期届满，连选可以连任；监事任期届满未及时改选，或者监事在任期内辞职导致监事会成员低于法定人数的，在改选出的监事就任前，原监事仍应当依照法律、行政法规和公司章程的规定，履行监事职务。

2. 监事会的职权

股份有限公司监事会的职权与有限责任公司监事会的职权的规定基本相同。监事可以列席董事会会议，并对董事会决议事项提出质询或者建议。监事会发现公司经营情况异常，可以进行调查；必要时，可以聘请会计师事务所等协助其工作，费用由公司承担。监事会行使职权所必需的费用，由公司承担。

3. 监事会的召开

监事会设主席1人，可以设副主席。监事会主席和副主席由全体监事过半数选举产生。监事会主席召集和主持监事会会议；监事会主席不能履行职务或者不履行职务的，由监事会副主席召集和主持监事会会议；监事会副主席不能履行职务或者不履行职务的，由半数以上监事共同推举1名监事召集和主持监事会会议。

监事会每6个月至少召开1次会议。监事可以提议召开临时监事会会议。监事会的议事方式和表决程序，除《公司法》有规定的外，由公司章程规定。监事会应当对所议事项的决定作成会议记录，出席会议的监事应当在会议记录上签名。

【例2—12】 下列关于股份有限公司的描述中正确的有(　　)。

A. 股份有限公司监事会的职权与有限责任公司监事会的职权的规定基本相同

B. 股份有限公司监事会成员不得少于3人

C. 董事由股东大会选举产生

D. 董事会会议应有过半数的董事出席方可举行

三、股份有限公司的股份转让

(一)股份的概念与特征

《公司法》对股份有限公司的股份发行做了规定，依照《公司法》的规定，股份有限公司的股份是公司资本所划分的等值份额，每股的金额相等，股份的表现形式就是股票。股份的概念具有以下两层含义：一是股份是公司资本的组成部分及公司全部资本划分为均等股份，全部均等股份金额的总和即为公司资本总额；二是股份是计算股东权利义务的单位，股东在公司中的法律地位决定于其所拥有的股份，股东权利义务的大小也取决于其所拥有的股份数额。

根据概念可以知道，股份具有以下几个特征：

(1) 股份的金额性，股份有限公司的资本划分为股份，每一股的金额相等，即股份是一定价值的反映，并可以用货币加以度量；

(2)股份的平等性，即同种类的每一股份应当具有同等权利；

(3)股份的不可分性，即股份是公司资本基本的构成单位，每个股份不可再分；

（4）股份的可转让性，即股东持有的股份可以依法转让。

（二）股票

股份有限公司最大的特征就是公司的资本被划分为股份，每一股的金额相等。同时，公司的股份采取股票的形式。股票是公司签发的证明股东所持股份的凭证。股票依据不同的分类方法，可分为以下不同的种类。

（1）按股东的权利、义务不同，股份可分为普通股和优先股。普通股就是代表一般股权的股份，每一股有一个投票权，按持股比例分享收益；优先股则是相对普通股而言享有优先权的股份。

（2）按投资主体的性质不同，股份分为国有股份和非国有股份。在股权分置改革完成之后，将不再存在流通股与非流通股的区别，但国有股份的转让必须遵守国有资产管理方面的特别规定。

（3）按投资者是以人民币认购和买卖还是以外币认购和买卖股票划分，股份可分为内资股和外资股。内资股一般是由境内人士或机构以人民币认购和买卖的股票；外资股一般是以外币认购和买卖的股票。

（4）按票面上是否记载股东的姓名或者名称，股票可分为记名股票和无记名股票。根据《公司法》以及有关规定，公司向发起人、国家授权投资的机构、法人发行的股票，应当为记名股票，并应当记载该发起人、机构或者法人的名称，不得另立户名或者以代表人姓名记名；境外上市的外资股也应采取记名股票的形式；公司向社会公众发行的股票可以记名，也可以不记名。

（5）按照股票票面是否记载一定金额，股票可分为面额股和无面额股。面额股是指在股票票面表示一定金额的股票；无面额股是指股票票面不表示一定金额，只表示其占公司资本总额一定比例的股份。

（三）股份发行

股份有限公司的基本特征之一，便是注册资本划分为金额相等的股份。公司的股份采取股票的表现形式，股票是公司签发的证明股东所持股份的凭证。股份的发行，实行公平、公正的原则，同类的每一股份应当具有同等权利。同次发行的同种类股票，每股的发行条件和价格应当相同；任何单位或者个人所认购的股份，每股应当支付相同价额。股票发行价格可以按票面金额，也可以超过票面金额，但不得低于票面金额，因为低于票面金额发行股票，违背资本充实原则，使股票发行募集的资金低于公司相应的注册资本数额，出现资本虚增，会影响交易安全，危及债权人的利益。

(四)股份转让

股份有限公司的股份以自由转让为原则,以法律限制为例外。《公司法》修订之后,从各方面放宽了对股份转让的法律限制。根据《公司法》规定,股东持有的股份可以依法转让。股东转让其股份,应当在依法设立的证券交易场所进行或者按照国务院规定的其他方式进行。上市公司的股票,依照有关法律、行政法规及证券交易所交易规则上市交易。记名股票,由股东以背书方式或者法律、行政法规规定的其他方式转让;转让后由公司将受让人的姓名或者名称及住所记载于股东名册。股东大会召开前20日内或者公司决定分配股利的基准日前5日内,不得进行股东名册的变更登记,但法律对上市公司股东名册变更登记另有规定的,从其规定。无记名股票的转让,由股东将该股票交付给受让人后即发生转让的效力。

【例2-13】 关于股份有限公司的股权转让,正确的是( )。

A. 股份有限公司的股份以自由转让为原则,不受法律限制

B. 发起人持有的本公司股份,自公司成立之日起1年内不得转让

C. 公司无论什么情况下都不得收购本公司股份

D. 公司公开发行股份前已发行的股份,自公司股票在证券交易所上市交易之日起2年内不得转让

课后习题

【课后检测】

1. 股份有限公司的概念与特征是什么?
2. 股份有限公司的设立条件是什么,有哪些设立程序?
3. 股份有限公司的组织机构及其职能分别是什么?

【任务实训】

任务四

公司的其他规定

1. 以班级为单位,分成若干小组,分角色模拟成立股份有限公司,建立公司的组织机构。

2. 以班级为单位,分为两个小组,了解有限责任公司与股份有限公司的相关内容,然后在课堂上进行交流,比较二者的不同之处。

项目三

其他企业法律制度

学习目标

素质目标

1. 认识到企业设立是一种法律行为。
2. 树立依法设立和管理企业的意识。
3. 获得依法设立和管理企业的能力。

知识目标

1. 了解、理解个人独资企业与合伙企业的概念、特征。
2. 掌握个人独资企业、合伙企业的设立条件、设立程序及其相应的解散与清算事宜。
3. 了解个人独资企业和合伙企业的事务管理的相关内容。

技能目标

1. 能够依法设立个人独资企业的申请文件。
2. 能起草合伙协议,会依法设定合伙人的权利与义务。
3. 能正确运用法律规则参与合伙企业的管理。

项目导读

个人独资企业作为一种最简单的企业组织形式,其特点在于一人出资,盈亏自负,其范围覆盖农、林、渔等与社会生活息息相关的各方面,在各个国家都占据着重要地位,故国家也非常重视对该种企业组织形式的法律规范。而合伙企业是指依照合伙企业法设立的由两个以上的合伙人订立合伙协议,共同出资、合伙经营、共享收益、共担风险,普通合伙人对合伙企业债务承担无限连带责任,有限合伙人对合伙企业债务承担有限连带责任的营利性组织。设立合伙企业是一种法律行为,《中华人民共和国合伙企业法》(以下简称《合伙企业法》)等法律法规对合伙企业的设立和管理行为做出了规定,是依法设立和管理合伙企业的法律依据。

任务一　个人独资企业法律制度

【任务导入】

甲想创建一家独资企业,基本想法如下:企业名称为“洁又惠”面点制作有限责任公司,自己为该企业董事长,注册资本暂定为4万元,外加一些碗筷、几把桌椅;借用一处将拆迁的街面房作为经营场所;雇用3名(左右)职工,但支付的工资中不包含社会养老金、失业保险金、医疗保险金等内容,不设置账簿和配备专门的财会人员,聘用一名经理来管理企业,独资企业无法人资格故无须登记,自己做一块企业的招牌挂在经营场所即可开业。

请思考:

甲的想法是否符合法律规定?

【法律课堂】

一、个人独资企业法概述

(一)个人独资企业概念

个人独资企业是指依照《中华人民共和国个人独资企业法》(以下简称《个人独资企业法》)的规定,在中国境内设立,由一个自然人投资,财产为投资人个人所有,投资人以其个人财产对企业债务承担无限责任的经营实体。

(二)个人独资企业的特征

1. 由一个自然人(中国籍公民)投资设立

根据《个人独资企业法》的规定,设立个人独资企业只能是一个自然人,国家机关、国家授权投资的机构或者国家授权的部门、企业、事业单位等都不能作为个人独资企业的设立人。同时,《个人独资企业法》第 47 条规定:"外商独资企业不适用本法。"因此,这里的自然人只能是中国籍公民。

2. 个人独资企业的投资人对企业债务承担无限责任

由于个人独资企业的投资人对企业事务拥有绝对的控制权和支配权,企业的全部财产包括以企业名义获得的利润归投资者个人所有。因此,投资人对企业的债务承担无限责任,即当企业的资产不足以清偿到期债务时,投资人应该以自己的全部财产予以清偿。这也是在责任形态方面独资企业与公司的本质区别。

3. 个人独资企业是非法人企业

个人独资企业可以以自己的名义从事民事活动,但是由于投资人需要对企业的债务承担无限责任,因此,个人独资企业无独立承担民事责任的能力。

【例 3—1】 下列对个人独资企业的描述中,正确的有(　　)。

A. 个人独资企业投资人以其个人财产对企业债务承担无限责任

B. 由一个自然人(中国籍公民)投资设立

C. 个人独资企业是法人企业

D. 设立个人独资企业的只能是一个自然人

(三)个人独资企业法的概念

我国于 1999 年 8 月 30 日颁布了《个人独资企业法》,并于 2000 年 1 月 1 日起开始施行。该法用于规范个人独资企业的行为,保护个人独资企业投资人和债权人的合法权益,维护社会经济秩序,促进社会主义市场经济的发展。

该法共六章四十八条,其内容结构如下:

第一章　总则

第二章　个人独资企业的设立

第三章　个人独资企业的投资人及事务管理

第四章　个人独资企业的解散和清算

第五章　法律责任

第六章　附则

《个人独资企业法》只适用于一个自然人依法设立的个人独资企业，不适用于具有独资特点的全民所有制企业、国有独资公司和外商独资企业。其立法宗旨在于：①规范个人独资企业的行为；②保护个人独资企业投资人和债权人的合法权益；③维护社会经济秩序，促进社会主义市场经济的发展。

二、个人独资企业的设立

(一)个人独资企业的设立条件

1. 投资人为一个自然人

个人独资企业的投资人应是具有完全民事行为能力的中国公民。法律、行政法规规定禁止从事营利性活动的人，不得作为投资人申请设立个人独资企业。

2. 有合法的企业名称

个人独资企业的名称应当符合名称登记管理有关规定，并与其责任形式及从事的营业相符合，不得使用“有限”“有限责任”或者“公司”字样。

3. 有投资人申报的出资

投资人可以用货币出资，也可以用实物、土地使用权、知识产权或者其他财产权利出资；投资人可以用个人财产出资，也可以用家庭共有财产作为个人出资，但应当在设立申请书中予以明确。

4. 有固定的生产经营场所和必要的生产经营条件

生产经营场所指厂房、店堂等企业进行生产、经营、服务的基本条件。生产经营场所既可以是企业自有，也可以合法租赁。必要条件是指根据企业的业务性质、规模等因素而需具备设施、设备、人员等方面的条件。

5. 有必要的从业人员

从业人员的数量和职业能力应能相对满足个人独资企业经营业务开展的需要。

(二)个人独资企业的设立程序

1. 申请

申请设立个人独资企业，应当由投资人或者其委托的代理人向企业所在地登记管理机关提出设立申请，并提交下列文件：①投资人签署的个人独资企业设立申请书；②投资人身份证明；③企业住所证明和生产经营场所使用证明等文件；④委托代理人申请设立的，应当提交投资人的委托书和代理人的身份证明或者资格证明；⑤国家市场监督管理总局规定提交的其他文件。

2. 工商登记

登记管理机关应当在收到设立申请文件之日起15日内，对符合法定条件的予以登记，发给营业执照。个人独资企业的营业执照签发日期，为个人独资企业成立日期。

【例3—2】 有关个人独资企业的设立的论述，正确的是（　　）。

A. 个人独资企业的名称可以使用“有限”“有限责任”或者“公司”字样

B. 个人独资企业投资人只能用货币出资

C. 申请设立个人独资企业，应当由投资人或者其委托的代理人向企业所在地登记管理机关提出设立申请

D. 登记管理机关应当在收到设立申请文件之日起20日内，对符合法定条件的予以登记，发给营业执照

三、个人独资企业的投资人与事务管理

（一）个人独资企业投资人

1. 个人独资企业投资人的概念

个人独资企业投资人是指以其财产投资设立独资企业的自然人。投资人只能是一个自然人，而不能是其他组织、法人。

2. 个人独资企业投资人的限制

商事主体资格的限制归纳起来有以下几种情况：职务或权利能力的限制、营业性质的限制、竞业禁止的限制、人身的限制。

关于个人独资企业投资人的限制，《个人独资企业法》第16条规定：法律、行政法规禁止从事营利性活动的人，不得作为投资人申请设立个人独资企业。这一规定表明，除法律、行政法规禁止从事营利性活动的自然人以外，其余自然人均可以作为个人独资企业的投资人。我国现行法律、行政法规所禁止从事营利性活动的人包括：法官、检察官、人民警察、国家公务员。

（二）个人独资企业的事务管理

个人独资企业的投资人可以自行管理企业事务，也可以委托或者聘用其他具有民事行为能力的人负责企业的事务管理。投资人委托或者聘用他人管理个人独资企业事务，应当与委托人或者被聘用的人签订书面合同，明确委托的具体内容和授予的权利范围等。投资人对受托人或者被聘用的人员职权的限制，不得对抗善意第三人。

个人独资企业事务管理

受托人或者被聘用的人员应当履行诚信、勤勉义务，按照与投资人

签订的合同负责个人独资企业事务管理,并不得有下列行为:①利用职务上的便利,索取或者收受贿赂;②利用职务或者工作上的便利侵占企业财产;③挪用企业的资金归个人使用或者借贷给他人;④擅自将企业资金以个人名义或者以他人名义开立账户储存;⑤擅自以企业财产提供担保;⑥未经投资人同意,从事与本企业相竞争的业务;⑦未经投资人同意,同本企业订立合同或者进行交易;⑧未经投资人同意,擅自将企业商标或者其他知识产权转让给他人使用;⑨泄露本企业的商业秘密以及法律、行政法规禁止的其他行为。

【例 3—3】 关于个人独资企业论述正确的有(　　)。

A. 投资人可以是一个自然人,也可以是其他组织、法人

B. 个人独资企业的投资人对于企业的财产享有所有权

C. 个人独资企业的投资人可以自行管理企业事务,也可以委托或者聘用其他具有民事行为能力的人负责企业的事务管理

D. 投资人对受托人或者被聘用的人员职权的限制,不得对抗善意第三人

四、个人独资企业的解散与清算

(一)个人独资企业的解散

个人独资企业的解散是指个人独资企业终止活动,使其民事主体资格消灭的行为。《个人独资企业法》规定个人独资企业有下列情形之一时应当解散:①投资人决定解散;②投资人死亡或者被宣告死亡,无继承人或者继承人放弃继承;③被依法吊销营业执照;④法律、行政法规规定的其他解散情形。

(二)个人独资企业的清算

清算是指终结现存的法律关系,处理其剩余财产,使之归于消灭的程序。个人独资企业解散时,应当进行清算,企业未经清算就自行终止的行为是没有法律效力的,不受法律保护。

1. 清算程序

(1)确定清算人。个人独资企业解散时,可以由投资人自行清算或者由债权人向人民法院申请指定清算人进行清算。

(2)通知与公告债权人。投资人自行清算的,应当在清算前 15 日内书面通知债权人;无法通知的,应当予以公告。债权人应该自接到通知 30 日内,未接到通知的,应当在公告之日起 60 日内,向投资人申报其债权。

(3)进行财产清偿。个人独资企业解散时,财产清偿的顺序为:①所欠职工工资和社会保险费用;②所欠税款;③其他债务。个人独资企业财产不足以清偿债务的,应以投资人的其他个人财产予以清偿。

(4)注销登记。清算结束后,清算人应编制清算报告,并于 15 日内到登记机关办理注销登记,交回营业执照。经登记机关注销后,个人独资企业终止。

2. 清算过程中投资人的责任

《个人独资企业法》第 42 条规定,个人独资企业及其投资人在清算前或清算期间隐匿或转移财产,逃避债务的,依法追回其财产,并按照有关规定予以处罚;构成犯罪的,依法追究刑事责任。

《个人独资企业法》第 28 条规定,个人独资企业解散后,原投资人对个人独资企业存续期间的债务仍应承担偿还责任,但债权人在 5 年内未向债务人提出偿债请求的,该责任消灭。

【例 3—4】 对个人独资企业的解散与清算,论述正确的有(　　)。

A. 投资人决定解散时,个人独资企业应当解散

B. 投资人自行清算的,应当在清算前 15 日内书面通知债权人

C. 个人独资企业解散时,可以由投资人自行清算或者由债权人向人民法院申请指定清算人进行清算

D. 清算结束后,清算人应编制清算报告

【课后检测】

课后习题

1. 什么是个人独资企业? 其特征是什么?
2. 个人独资企业的设立条件是什么?
3. 个人独资企业的设立程序有哪些?
4. 个人独资企业的事务管理有哪些内容?
5. 个人独资企业清算程序有哪些?

【任务实训】

1. 调查五家以上个人独资企业设立过程,并据此撰写调研报告,列举设立个人独资企业时的注意事项。

2. 班级分小组调查个人独资企业解散与清算时的相关事宜,然后在课堂上交流。

任务二　合伙企业法律制度

【任务导入】

甲与B有限责任公司经协商后，决定设立一家合伙企业A有限责任公司。合伙协议中规定：B公司向合伙企业投资30万元，甲负责经营管理，但不投资，B公司每年从合伙企业取得60%的经营收益，亏损时，责任及其他一切风险均由甲承担。随后，双方共同向合伙企业登记机关申请登记，并开始使用A公司的名义对外进行经营活动。

请思考：

该合伙企业登记申请能被核准吗？

【法律课堂】

一、合伙企业法概述

（一）合伙企业的概念

合伙企业是指自然人、法人和其他组织依照《合伙企业法》在中国境内设立的普通合伙企业和有限合伙企业。

（二）合伙企业的特征

1. 合伙人共同出资

合伙企业应有两个或两个以上的合伙人共同投资，收益共享，风险共担。

2. 合伙协议为设立基础

合伙企业以合伙协议为设立基础，合伙协议需由全体合伙人平等自愿、协商一致签订。

3. 无限连带责任

合伙企业中的普通合伙人对合伙企业的债务承担无限连带责任。

（三）合伙企业法的概念

合伙企业法有广义和狭义之分。广义的合伙企业法指的是国家有关法律、行政法规和规章中关于合伙企业的法律规范；狭义的合伙企业法是指由国家最高立法机关依法制定的、规范合伙企业合伙关系的专门法律，即《合伙企业法》，该法由全国人民代表大会常务委员会于1997年2月23日通过，后于2006年8月27日修订。

《合伙企业法》共六章一百零九条，其内容结构如下：

第一章　总则
第二章　普通合伙企业
第三章　有限合伙企业
第四章　解散、清算
第五章　法律责任
第六章　附则

二、普通合伙企业

(一)普通合伙企业的设立条件

1.有两个以上合伙人

设立合伙企业应当有两个以上的合伙人。合伙人为自然人的,应具有完全民事行为能力。国有独资公司、国有企业、上市公司以及公益性的事业单位、社会团体不得成为普通合伙人。

2.有书面合伙协议

合伙协议是约定合伙人之间的权利义务和合伙企业运作的基本文件,是合伙企业设立的必备文件。合伙协议应当经全体合伙人协商一致,以书面形式订立,并载明下列事项:①合伙企业的名称和主要经营场所的地点;②合伙目的和合伙企业经营范围;③合伙人的姓名及其住所;④合伙人出资方式、数额和缴付出资的期限;⑤利润分配和亏损分担办法;⑥合伙企业事务的执行;⑦入伙与退伙;⑧争议解决办法;⑨合伙企业的解散与清算;⑩违约责任。合伙协议经全体合伙人签名、盖章后生效。

3.有合伙人认缴或者实际缴付的出资

合伙人除了可以以现金、实物、土地使用权和知识产权等出资外,还可以以劳务及其他财产权利出资。除货币出资外,非货币财产出资和劳务出资通常需要评估作价。非货币财产出资需要评估作价的,或者由合伙人协商确定,或者由全体合伙人委托法定评估机构评估。劳务出资的评估办法由全体合伙人协商确定,并在合伙协议中载明。

合伙人应当按照合伙协议约定的出资方式、数额和缴付期限,履行出资义务。以非货币财产出资,依照法律、行政法规需要办理财产权转移手续的,应当依法办理。

4.有合伙企业的名称和生产营业场所

合伙企业的名称应当符合企业名称登记管理规定的要求,在其名称中不得使用“有限”或者“有限责任”字样。

5. 法律、行政法规规定的其他条件

【例3—5】 有关合伙企业的论述，错误的有（　　）。

A. 合伙企业应有两个或两个以上的合伙人共同投资，收益共享，风险共担

B. 合伙企业中的普通合伙人对合伙企业的债务承担无限连带责任

C. 普通合伙企业的合伙人只能以现金出资

D. 合伙企业其名称中不得使用“有限”或者“有限责任”字样

（二）普通合伙企业的设立程序

1. 提出申请

设立合伙企业，应由全体合伙人履行出资义务后，指定代表或者共同委托代理人向企业登记机关申请设立登记。提出设立申请时，应提交全体合伙人签署的合伙申请书、全体合伙人的身份证明、合伙协议、出资权属证明、经营场所证明以及其他文件。法律、行政法规规定设立合伙企业须报经有关部门审批的，还应当提交有关批准文件。

2. 审核登记

企业登记机关应当自收到申请登记文件之日起30日内，做出是否登记的决定。对符合法律规定条件的，应予登记，发给营业执照。合伙企业营业执照的签发日期，为合伙企业成立日期。

（三）合伙企业的财产

1. 合伙企业财产的构成

按照《合伙企业法》的规定，合伙企业的财产包括三部分：合伙人的出资、以合伙企业名义取得的收益以及依法取得的其他财产。

（1）合伙人的出资

本部分财产是指合伙企业设立时，合伙人以货币或非货币形式认缴出资形成的原始财产。

（2）以合伙企业名义取得的收益

以合伙企业名义取得的收益主要包括公共积累资金、未分配的盈余、合伙企业的债权等。

（3）依法取得的其他财产

依法取得的其他财产，如合法接受赠与的财产。

2. 合伙企业财产的性质

合伙企业的财产应当在法律许可的范围内，依据全体合伙人的共同意志共同管理和使用。合伙企业的财产权主体是合伙企业，合伙人出资后，除非法律另有规定，在合伙企业清算前，不得请求分割合伙企

业的财产。合伙人在合伙企业清算前私自转移或处分合伙企业财产的，合伙企业不得以此对抗善意第三人。在确认善意取得的情况下，合伙企业的损失只能向合伙人追索，合伙企业也不能以合伙人无权处分其财产而主张其与善意第三人订立的合同无效。

（四）普通合伙企业与第三人的关系

合伙企业在从事生产经营的过程中，会因为与其他市场主体发生联系而形成其对外关系，即合伙企业与其合伙人之外的第三人形成的关系。合伙企业与第三人的关系，主要涉及合伙企业对外代表权的效力、合伙企业和合伙人的债务清偿等问题。

1. 合伙企业对外代表权的效力

根据《合伙企业法》的规定，执行合伙事务的合伙人，拥有合伙企业的对外代表权，可以对外代表合伙企业，以合伙企业的名义进行经营活动，在其授权范围内实施法律行为。合伙人的对外代表权主要包括下述三种情况：①由全体合伙人共同执行合伙企业事务的，每一个合伙人都有对外代表权；②由部分合伙人执行合伙事务的，受委托执行合伙事务的那部分合伙人拥有合伙企业的对外代表权，其他合伙人没有权利对外代表合伙企业；③被特别授权执行某项合伙事务的合伙人，在其特定授权范围内可以对外代表合伙企业。

拥有对外代表权的合伙人，对外代表合伙企业，可以以合伙企业的名义对外从事经营活动，由此形成的法律后果，对合伙企业具有法律效力，需由合伙企业承担。合伙企业不得以其对合伙人执行合伙事务及其对外代表权的内部限制，对抗不知情的善意第三人。也就是说，如果获得对外代表权的合伙人在执行合伙事务时给善意第三人造成了损失，合伙企业不能因为事先对合伙人执行合伙事务及其对外代表权作了限制，就不承担对善意第三方的相关责任。

2. 合伙企业和合伙人的债务清偿

《合伙企业法》关于合伙企业与合伙人的债务清偿问题主要涉及两个方面：一是对于合伙企业的债务，在清偿过程中，对合伙人会产生什么样的影响所作的规定；二是就合伙人个人产生的，与合伙企业无关的债务，在清偿过程中，应该如何处理。

（五）入伙与退伙

1. 入伙

入伙是指在合伙企业存续期间，合伙人以外的第三人加入合伙，从而取得合伙人资格。《合伙企业法》规定，新合伙人入伙，除合伙协议另有约定外，应当经全体合伙人一致同意，并依法订立书面协议。按照

《合伙企业法》的规定,新合伙人对入伙前合伙企业的债务承担无限连带责任。因此,在订立入伙协议时,原合伙人应当本着公平、诚实、守信的原则,如实告知新合伙人有关企业的经营状况和财务状况。

一般而言,新入伙的合伙人应当与原合伙人享有同等权利,承担同等责任,但也可事先在协议中约定不同的待遇。关于新入伙者不承担连带责任的约定,只是对合伙人内部具有效力,不得对抗第三人。

2. 退伙

退伙是指合伙人退出合伙企业,从而丧失合伙人资格。

(1)退伙的原因

合伙人退伙的原因一般分为两类:一是自愿退伙,是指合伙人基于自愿的意思表示而退伙;二是法定退伙,是指合伙人因出现法律规定的事由而退伙。

(2)退伙的效果

退伙的效果,是指退伙时退伙人在合伙企业中的财产份额和民事责任的归属变动。主要分为两类情况:一是财产继承,二是退伙结算。

三、有限合伙企业

(一)有限合伙企业的概念

普通合伙企业和有限合伙企业的区别

有限合伙企业是指由有限合伙人和普通合伙人共同组成,普通合伙人对合伙企业债务承担无限连带责任,有限合伙人以其认缴的出资额为限对合伙企业的债务承担责任的合伙组织。

由于《合伙企业法》规定的企业类型包括普通合伙企业和有限合伙企业两类,因此关于有限合伙企业的设立、权利与义务、责任形式等,除一些特殊规定外,其余均可参照普通合伙企业的一般规定。上文已就普通合伙企业的一般问题进行了讨论,本部分主要介绍有限合伙企业的有关特殊规定。

(二)有限合伙企业设立的特殊规定

1. 有限合伙企业人数

除法律另有规定外,有限合伙企业的合伙人人数一般为 2 人以上,50 人以下,其中至少应当有 1 名普通合伙人。自然人、法人和其他组织可以依据法律规定设立有限合伙企业,但国有独资公司、国有企业、上市公司以及公益性的事业单位、社会团体不得成为有限合伙企业的普通合伙人。

《合伙企业法》规定,有限合伙企业仅剩有限合伙人的,应当解散;仅剩普通合伙人的,应当转为普通合伙企业。

2. 有限合伙企业的名称

有限合伙企业的名称中须标明“有限合伙”字样，不能标注“普通合伙”“有限公司”“股份公司”等字样，以便于社会公众及交易相对人对企业的了解。

3. 有限合伙企业协议

有限合伙企业协议除符合普通合伙企业合伙协议的规定外，还应当载明以下事项：普通合伙人和有限合伙人的姓名或名称、住所；对执行事务合伙人所作的相关规定，如应具备的条件、选择程序、权限、违约处理办法、除名条件和更换程序等；有限合伙人入伙、退伙的条件、程序、责任；有限合伙人与普通合伙人相互转变的程序。

4. 有限合伙人的出资

《合伙企业法》规定，有限合伙人可以用货币、实物、知识产权、土地使用权或其他财产权利作价出资，但不得以劳务出资。有限合伙人应按合伙协议的约定按期足额缴纳出资。否则，应承担补缴义务，并对其他合伙人承担违约责任。

5. 有限合伙企业登记事项

有限合伙企业登记事项中应载明有限合伙人的姓名或名称，以及认缴的出资额。

四、合伙企业的解散与清算

（一）合伙企业的解散

合伙企业的解散是指各合伙人解除合伙协议，合伙企业终止活动。《合伙企业法》规定，合伙企业有下列情形之一的，应当解散：①合伙期限届满，合伙人决定不再经营；②合伙协议约定的解散事由出现；③全体合伙人决定解散；④合伙人已不具备法定人数满 30 天；⑤合伙协议约定的合伙目的已经实现或者无法实现；⑥依法被吊销营业执照、责令关闭或者被撤销；⑦法律、行政法规规定的其他原因。

【例 3－6】 合伙企业依法解散后，原合伙人对企业存续期间的债务仍应承担连带责任，但是债权人在（　　）年内未向债务人提出偿债请求的，该责任消灭。

A. 1　　　　B. 2

C. 3　　　　D. 5

（二）合伙企业的清算

合伙企业解散，应当进行清算。合伙企业清算的基本程序如下：

1.清算人的确定

(1)清算人的确定方式

合伙企业的清算人可以通过以下三种方式产生:①由全体合伙人担任。②由合伙人指定或者委托。前提条件是经全体合伙人过半数同意,自合伙企业解散事由出现后15日内指定一个或者数个合伙人或者委托第三人担任清算人。③由人民法院指定。自合伙企业解散事由出现后超过15日未确定清算人的,合伙人或者其他利害关系人可以申请人民法院指定清算人。

(2)清算人的职责

清算人的职责主要包括以下几个方面:①清理合伙企业财产,并编制资产负债表和财产清单;②处理与清算有关的合伙企业未了结事务;③缴纳拖欠的税款;④清理债权、债务;⑤处理清偿债务后的财产;⑥代表合伙企业参加诉讼或仲裁。

2.通知和公告债权人

清算人应该在确定之日起10日内将合伙企业解散事项通知债权人,并于60日内在报纸上公告。债权人应当自接到通知书之日起30日内,未接到通知书的自公告之日起45日内,向清算人申报债权,并提供有关证明材料。清算期间,合伙企业存续,但不得开展与清算无关的经营活动。

3.财产清偿顺序

合伙企业财产的支付、清偿顺序如下:①支付合伙企业的清算费用,包括管理合伙企业财产的费用、处分合伙企业财产的费用、清算过程中的其他费用等;②支付合伙企业职工工资、社会保险费用和法定补偿金;③缴纳所欠税款;④清偿债务;⑤分配剩余财产。

如果合伙企业的财产在依法清偿债务后仍有剩余,则剩余财产可依照《合伙企业法》的规定进行分配,即合伙协议有约定的按约定,没约定的合伙人协商,协商不成的按实缴出资比例,无法确定出资比例的则由合伙人平均分配。

4.注销登记

清算结束后,清算人须编制清算报告,经合伙人全体签名、盖章后,15日内向企业登记机关提出注销登记申请。经企业登记机关注销登记,合伙企业终止。合伙企业注销后,原普通合伙人对合伙企业存续期间的债务承担无限连带责任。

5.合伙企业不能清偿到期债务的处理

合伙企业不能清偿到期债务的,债权人可以向人民法院提出破产清算申请，也可以要求普通合伙人清偿。企业破产后，普通合伙人对合伙企业的债务仍承担无限连带责任。

【例3—7】 合伙企业清算时，所欠税款、工资、企业债务、清算费用的清偿顺序正确的是(　　)。

A. 企业债务、税款、清算费用、工资

B. 工资、清算费用、税款、企业债务

C. 清算费用、工资、税款、企业债务

D. 清算费用、税款、工资、企业债务

【课后检测】

课后习题

1. 什么是合伙企业？它有什么特征？

2. 普通合伙企业的设立条件与设立程序分别是什么？

3. 合伙企业清算的程序是什么？

【任务实训】

1. 调查五家以上合伙企业设立过程，并据此撰写调研报告，列举设立合伙企业时的注意事项。

2. 班级分小组调查合伙企业解散与清算时的相关事宜，然后在课堂上交流。

项目四

合同法律制度

学习目标

素质目标

1. 能正确把握合同订立、履行以及管理中的各种法律要素。
2. 树立依法办理合同事务的观念并能够选择适当规则以有助于合同目的实现。

知识目标

1. 理解合同的概念、特征以及合同的分类。
2. 掌握合同的订立、履行、变更、转让和终止的法律制度。
3. 掌握合同生效的要件,能判断合同的效力。
4. 理解和掌握合同的违约责任的基本制度。

技能目标

1. 能应用所学的合同法有关规定,独立起草常用的合同文本。
2. 能根据合同法知识分析具体的合同法案例。
3. 能应用所学的合同法有关规定和知识,分析和解决经济活动中遇到的简单法律问题。

项目导读

合同是市场交易基本的法律形式，是满足市场主体需要、获得最佳经济效益的重要工具。《中华人民共和国民法典》已由中华人民共和国第十三届全国人民代表大会第三次会议于2020年5月28日通过，自2021年1月1日起施行。《民法典》中“合同编”内容丰富，对原来《合同法》内容修改较多，本项目主要依据新颁布的《民法典》，对合同制度进行系统介绍。本项目主要学习合同法总论部分，主要讲解合同法学的一般基础性知识，包括合同法的基本原理、基本制度、合同的订立和效力、合同的履行、合同的变更和转让、合同权利义务的终止、违约责任等内容。

任务一　合同法律制度概述

【任务导入】

新年将至，赵某到甲百货大楼为小孩购买旱冰鞋两双，一双留给自己8岁大的儿子，另一双送给了侄子。考虑到小孩子调皮，为防止万一，赵某又到乙保险公司为儿子购买了意外伤害保险一份。

请思考：

赵某共形成了几份合同？这些合同属于什么类型？

【法律课堂】

合同的概念与类型

一、合同的概念

《民法典》合同编中规定的合同是指平等主体的自然人、法人、其他组织之间设立、变更、终止民事权利义务的协议。其中，法人是指依法成立，能够独立享有民事权利和承担民事义务的组织，包括机关、团体、企业、事业单位等。其他组织是指不具备法人资格的组织以及分支机构等，民事权利义务关系是指财产关系。

二、合同的法律特征与分类

（一）合同的法律特征

（1）合同是两个或者两个以上的当事人之间的协议。两个或者两个以上的自然人、法人、其他组织要就合同内容进行协商，意见取得一致才能达成协议，单方行为构不成协议，合同行为是双方或者多方法律行为。

(2)合同当事人的法律地位平等。合同当事人无论是自然人还是法人或其他组织，在法律上具有独立、平等的地位，任何一方都不得对他方加以限制或强迫。合同当事人只有法律地位平等，才能保证他们在订立合同时，真正做到自愿协商、平等互利。

(3)合同依法成立，即具有法律效力，依法成立的合同对当事人具有法律约束，受法律保护。当事人依法享有合同权利，同时也应当按照约定履行自己的义务，不得擅自变更或解除合同。

(二)合同的分类

1.有名合同和无名合同

根据合同法或者其他法律是否对合同规定有确定的名称与调整规则为标准，可将合同分为有名合同与无名合同。有名合同是立法上规定有确定名称与规则的合同，又称典型合同，如《民法典》合同编在分则中规定的买卖合同、赠与合同、借款合同、租赁合同等各类合同。无名合同是立法上尚未规定有确定名称与规则的合同，又称非典型合同。

2.诺成合同和实践合同

根据合同成立除当事人的意思表示以外，是否还要其他现实给付为标准，可以将合同分为诺成合同与实践合同。诺成合同是指当事人意思表示一致即可认定合同成立的合同。实践合同是指在当事人意思表示一致以外，尚须有实际交付标的物或者有其他现实给付行为才能成立的合同。确认某种合同属于实践合同必须法律有规定或者当事人之间有约定。常见的实践合同有保管合同、自然人之间的借贷合同、定金合同等。但赠与合同、质押合同不再是实践合同。

3.要式合同和不要式合同

根据合同的成立是否必须符合一定的形式为标准，可将合同分为要式合同与不要式合同。要式合同是按照法律规定或者当事人约定必须采用特定形式订立方能成立的合同。不要式合同是对合同成立的形式没有特别要求的合同。确认某种合同属于要式合同必须法律有规定或者当事人之间有约定。

4.有偿合同和无偿合同

根据合同当事人是否因给付取得对价为标准，可将合同分为有偿合同与无偿合同。有偿合同是指合同当事人为从合同中得到利益要支付相应对价给付(此给付并不局限于财产的给付，也包含劳务、事务等)的合同。买卖、租赁、雇佣、承揽、行纪等都是有偿合同。无偿合同是指只有一方当事人作出给付，或者虽然是双方作出给付但双方的给付间不具有对价意义的合同。赠与合同是典型的无偿合同，另外，委托、保管合同如果没有约定利息和报酬的，也属于无偿合同。

【例4—1】 按照法律法规是否特别要求具备特定形式和手续为标准，合同可分为(　　)。

A. 要式合同　　B. 不要式合同　　C. 有名合同　　D. 无名合同

课后习题

【课后检测】

1. 什么是合同？
2. 合同有哪些特征？
3. 合同有哪些类型？

【任务实训】

自主选择几份合同文本，与同学交流属于哪种类型的合同。

任务二　合同的订立

【任务导入】

赵某为某个体饭店老板。一次，赵某到朋友孙某家做客，见其门市房地点不错，就与孙某商量，能否将此房出租给他开分店，孙某知其饭店生意兴隆，就表示同意。双方约定，由孙某代为装修，装修后双方再签订合同。后来，赵某多次找到孙某，要求加快装修进度。门市房即将装修完工时，赵某再次找到孙某，称自己的饭店因发生食物中毒事件而无力再开分店，所以不能签订租房合同。孙某要求赵某支付装修费用并赔偿损失，赵某认为自己未签合同，没有赔偿责任。孙某一气之下将其告上法庭。

请思考：

1. 赵某认为自己未与孙某签订合同，所以不应赔偿责任的说法对吗？
2. 此案应如何处理？

【法律课堂】

一、合同的内容与形式

(一)合同的内容

根据《民法典》合同编的规定，合同的内容由当事人约定，一般应当包括以下条款：

1. 当事人的名称或者姓名和住所

当事人的名称或者姓名和住所是每份合同都必须具备的条款。当事人是合同法律关系的主体，合同中如果不写明当事人，就无法确定权利的享受者和义务的承担者，发生纠纷也无法解决。因此，订立合同时，要把各方当事人的名称或者姓名和住所都记载准确、清楚。

2. 标的

标的是合同当事人双方权利和义务所共同指向的对象。标的是合同成立的必要条件，是一切合同的必备条款。没有标的，合同不成立，合同关系无法建立。合同标的多种多样，归纳起来有以下四类：

①有形财产，指具有价值和使用价值并且法律允许流通的有形物，如生产资料与生活资料、货币与有价证券等。

②无形财产，指具有价值和使用价值并且法律允许流通的不以实物形态存在的智力成果，如商标、专利、著作权、技术秘密等。

③劳务，指不以有形财产体现其成果的劳动与服务，如运输合同中的运输行为，保管与仓储合同中的保管行为，接受委托进行代理、行纪、居间行为等。

④工作成果，指在合同履行过程中产生的、体现履约行为的有形物质或者无形物质，如合同中承揽人完成的工作成果、建设工程合同中承包人完成的建设项目、技术开发合同中研究开发人员完成的研究开发成果等。

3. 数量

数量是对标的的量的规定，也是对标的的计量。在大多数合同中，数量是必备条款，没有数量，合同不能成立。对于有形财产，数量是对单位个数、体积、面积、长度、容积、重量等的计量；对于无形财产，数量是个数、件数、字数以及使用范围等多种量度方法；对于劳务，数量为劳动量；对于工作成果，数量是工作量及成果数量。合同的数量要准确，应选择使用双方当事人共同接受的计量单位、计量方法和计量工具。

4. 质量

质量是标的的内在素质和外观形态的综合，一般以品种、型号、规格、等级和工程项目的标准等体现出来。对有形财产来说，质量是物理、化学、机械、生物等性质与外观形态的综合；对无形财产、服务、工作成果来说，也有其内在素质的衡量方法。合同中必须对质量明确加以规定，国家有强制性标准规定的，必须按照规定的标准执行。如有多种质量标准的，应尽可能约定其适用的标准。当事人可以约定质量检验的方法、质量责任的期限和条件、对质量提出异议的条件与期限等。

5. 价款或者报酬

价款或者报酬是一方当事人向对方当事人所付代价的货币支付。价款一般指对提供财产的当事人支付的货币，如买卖合同的货款、租赁合同的租金、借款合同中借款人向贷款人支付的本金和利息等。报酬一般是指对提供劳务或者工作成果的当事人支付的货币，如保管合同中的保管费、仓储合同中的仓储费、运输合同中的票款或者运费等。作为主要条款，在合同中应当明确规定其数额、计算标准、结算方式和程序。

6. 履行期限、地点和方式

履行期限是指合同中规定的一方当事人向对方当事人履行义务的时间界限，如交付标的物、价款或者报酬，履行劳务、完成工作的时间界限。它直接关系到合同义务完成的时间，是确定合同能否按时履行的依据。

履行地点是指合同规定的当事人履行合同义务和对方当事人接受履行的地方。不同的合同，履行地点也不同，如买卖合同中，买方提货的，履行地为提货地；卖方送货的，履行地为买方收货地。履行地点关系到履行合同的费用、风险由谁承担，以及确定所有权是否转移、何时转移、发生纠纷后应由何地法院管辖的依据。

履行方式是指合同当事人履行合同义务的具体做法。不同种类的合同，有着不同的履行方式。有的需要以转移一定财产的方式履行，如买卖合同；有的需要以提供某种劳务的方式履行，如运输合同；有的需要以交付一定工作成果的方式履行，如承揽合同等。履行方式还包括价款或者报酬的支付方式和结算方式等。

7. 违约责任

违约责任是指合同当事人一方或者双方不履行合同或者不适当履行合同时，按照法律规定或者合同的约定应当承担的法律责任。违约责任是合同具有法律约束力的重要体现，也是保证合同履行的主要条款，它可以促使当事人履行合同义务，使对方免受或者少受损失。一般有关合同的法律对于违约责任都尽量作出较为详尽的规定。因此，当事人为了保证合同义务严格按照约定履行，为了及时解决合同纠纷，可以在合同中明确规定违约责任条款，如约定定金或者违约金，约定赔偿金额以及赔偿金的计算方法等。

8. 解决争议的方法

解决争议的方法指合同当事人对合同的履行发生争议时解决的途

径和方式。可以选择的解决争议的方法主要有:当事人协商和解、第三人调解、仲裁、诉讼。当事人意图通过诉讼解决争议,可以不进行约定;如果想通过其他途径解决则要经过事先或者事后约定。若当事人选择仲裁解决方式,则还要明确选择具体的仲裁机构。涉外合同的当事人可以选择解决他们的争议所适用的法律,可以选择中国法律、其他国家或者地区的法律。当他们选择用仲裁方式解决纠纷时,可以选择中国的仲裁机构,也可以选择其他国家的仲裁机构。

(二)合同的形式

1.书面形式

书面形式是指合同书、信件和数据电文(包括电报、电传、传真、电子数据交换和电子邮件)等可以有形地表现所载内容的形式。法律、行政法规规定采用书面形式的,应当采用书面形式。当事人约定采用书面形式的,应当采用书面形式。

2.口头形式

口头形式是指双方当事人通过交谈达成协议。因其发生纠纷后取证较难,所以仅适用于即时清结和不重要的合同。

3.其他形式

合同除了书面和口头形式外,还可以采取公证、鉴证、批准、登记、行为默示等形式。行为默示形式,指当事人以某种表明法律意图的行为间接地表示合同内容的合同形式。

二、合同的订立方式

根据《民法典》合同编的规定,当事人采取要约、承诺方式订立合同。合同是当事人之间设立、变更、终止民事权利义务关系的协议,当事人对合同的内容经过协商、达成一致意见的过程,就是通过要约、承诺完成的。要约与承诺制度的规定,使合同的成立有了一个较为具体的标准,可以更好地分清各方当事人的责任,正确而恰当地确定合同的成立,充分保障当事人的权益,鼓励交易,减少与解决纠纷,使用合同当事人和司法机关都有所遵循。

(一)要约

要约是希望和他人订立合同的意思表示。当一方当事人向对方提出合同条件作出签订合同的意思表示时,称为要约。发出要约的当事人称为要约人,要约所指向的对方当事人则称为受要约人。要约在不同情况下称为发盘、出盘、发价、出价或者报价等。

1.要约应具备的条件

（1）内容具体确定

发出要约的目的在于订立合同，要约人必须是能够确定的；受要约人一般也是特定的，但在一些场合，要约人也可以向不特定人发出要约。要约的内容必须具有足以使合同成立的主要条件，包括主要条款，如标的、数量、质量、价款或者报酬、履行期限、地点和方式等，一经受要约人承诺，合同即可成立。如果要约内容含混不清，内容不具备一份合同的最根本的要素，即使受要约人承诺，也会因缺乏合同的主要条件而使合同无法成立。

要约与承诺

（2）表明受要约人一旦承诺，要约人即受该要约约束

要约是一种法律行为，要约人受到要约的约束，整个要约的内容必须能够表明：如果对方接受要约，合同即告成立。

2.要约邀请

要约邀请是希望他人向自己发出要约的意思表示。要约邀请与要约不同，要约是一个一经承诺就成立合同的意思表示；而要约邀请的目的则是邀请他人向自己发出要约，自己如果承诺才成立合同。要约邀请处于合同的准备阶段，没有法律约束力。实践中要约与要约邀请往往很难区别。《民法典》合同编规定，寄送的价目表、拍卖公告、招标公告等都属于要约邀请；商业广告的内容符合要约条件的，构成要约。

3.要约生效时间

要约在到达受要约人时生效。采用数据电文形式订立合同，收件人指定特定系统接收数据电文的，该数据电文进入该特定系统的时间，视为到达时间；未指定特定系统的，该数据电文进入收件人的任何系统的首次时间，视为到达时间。要约到达受要约人，并不是指要约一定实际送达受要约人或者其代理人手中，要约只要送达受要约人通常的地址、住所或者能够控制的地方（如信箱等）即为送达。反之，即使在要约送达前受要约人已经知道其内容，要约也不生效。

【例 4—2】 招标行为的意思表示是一种（　　）。

A. 要约　　B. 要约邀请　　C. 承诺　　D. 要约磋商

【例 4—3】 根据《民法典》合同编的规定，要约的生效时间是（　　）。

A. 要约到达受要约人的时间　　B. 要约上注明的日期

C. 要约寄出的时间　　D. 要约人发出要约的日期

（二）承诺

承诺是受要约人同意要约的意思表示。承诺应当具备以下条件：

①承诺必须由受要约人作出，如由代理人作出承诺，则代理人须有合法的委托手续；②承诺必须向要约人作出；③承诺的内容必须与要约的内容一致；④承诺必须在有效期限内作出。

1. 承诺的方式

承诺方式是指受要约人将其承诺的意思表示传达给要约人所采用的方式。承诺应当以通知的方式作出，通知的方式可以是口头的，也可以是书面的。一般来说，如果法律或者要约中没有规定必须以书面方式表示承诺的，当事人就可以口头方式表示承诺。根据交易习惯或者当事人之间的约定，承诺也可不以通知的方式，而以通过实施一定的行为或者其他方式作出。如果要约人在要约中规定承诺需用特定方式的，只要该种方式不为法律所禁止或者不属于在客观上根本不可能，承诺人在作出承诺时，就必须符合要约人规定的承诺方式。

2. 承诺的期限

承诺应当在要约确定的期限内到达要约人。要约以信件或者电报作出的，承诺期限自信件载明的日期或者电报交发之日开始计算。信件未载明日期的，自投寄该信件的邮戳日期开始计算。要约以电话、传真等快速通信方式作出的，承诺期限自要约到达受要约人时开始计算。

要约没有确定承诺期限的，承诺应当依照下列规定到达：①要约以对话方式作出的，应当即时作出承诺，但当事人另有约定的除外；②要约以非对话方式作出的，承诺应当在合理期限内到达。

受要约人超过承诺期限发出承诺的，除要约人及时通知受要约人该承诺有效的以外，为新要约。受要约人在承诺期限内发出承诺，按照通常情形能够及时到达要约人，但因其他原因承诺到达要约人时超过承诺期限的，除要约人及时通知受要约人因承诺超过期限不接受该承诺的以外，该承诺有效。

3. 承诺的生效

承诺通知到达要约人时生效。承诺不需要通知，根据交易习惯或者要约的要求作出承诺的行为时生效。采用数据电文形式订立合同的，承诺到达的时间同上述要约到达时间的规定相同。

承诺也可以撤回，承诺的撤回是指受要约人阻止承诺发生法律效力的意思表示。撤回承诺的通知应当在承诺通知到达要约人之前或者与承诺通知同时到达要约人。受要约人对要约的内容作出实质性变更的，为新要约。承诺对要约的内容作出非实质性变更，除要约人及时表示反对或者要约表明承诺不得对要约的内容作出任何变更的以外，该承诺有效，合同的内容以承诺的内容为准。

三、合同的成立

(一)合同成立的时间

我国《民法典》合同编规定，承诺生效时合同成立。针对当事人订立合同的不同形式，《民法典》合同编规定了确认合同成立的不同时间标准，根据当事人约定采用合同书形式订立合同的，自双方当事人签字或者盖章时合同成立；当事人采用信件、数据电文等形式订立合同的，可以在合同成立之前要求签订确认书，签订确认书时合同成立。

(二)合同成立的地点

承诺生效的地点为合同成立的地点。针对当事人订立合同的不同形式，我国《民法典》合同编规定了确认合同成立的不同地点标准：当事人采用合同书形式订立合同的，双方当事人签字或者盖章的地点为合同成立的地点；采用数据电文形式订立合同的，收件人的主营业地为合同成立的地点；没有主营业地的，其经常居住地为合同成立的地点。当事人另有约定的，按照其约定。

课后习题

【课后检测】

1. 什么是合同，合同有哪些内容与形式？
2. 合同的订立方式有哪些？
3. 合同成立的时间与地点有哪些规定？

【任务实训】

班级分组，分别搜集不同形式的合同，然后在课堂上交流。

任务三　合同的效力

【任务导入】

某市一家知名品牌的纯净水A公司，授权B公司代理业务，因B公司用空桶装自来水代替纯净水给客户送水，被A公司查出，于是A公司取消了其代理权。但A公司没有通知客户，B公司仍以A公司的名义给客户送水，因水质较差客户纷纷向A公司投诉，要求退货。A公司称已撤销了B公司的代理权，故B公司与客户订立的送水合同与本公司无关，责任应由B公司和客户自己承担。于是客户诉至法院。

请思考：

A公司称B公司与客户订立的送水合同与本公司无关的说法对吗？为什么？

【法律课堂】

一、合同的生效

（一）合同效力的概念

合同的效力是指已成立的合同在当事人之间产生的法律约束力。合同的成立与合同的生效不同，合同的成立是指当事人就合同的主要条款达成合意，只是表明当事人之间存在合意的事实；合同的生效则反映了法律对已成立的合同的评价。只有依法成立的合同，即具备合同生效要件，这样的合同才是一个有效的合同。有效合同在当事人之间产生法律约束力，国家法律予以保护。如果已成立的合同不具备法律规定的生效要件，就不是一个有效的合同，不能产生当事人预期的法律后果。这类合同依其效力状态的不同，可分为无效合同、可撤销合同、效力待定合同三种类型。

合同的效力

（二）合同生效的条件

1.当事人缔约时有相应的缔约能力

所谓相应的缔约能力包括三个方面的含义：一是缔约人缔约时要有相应的行为能力；二是缔约人缔约时要有相应的缔约资格，如果是代理人代理订立合同，要有代理权；三是缔约人缔约时要有对其所处分的财产权利的相应的处分能力，如买卖合同的出卖人对其出卖的财产要有处分权。

2.意思表示真实

意思表示是指行为人将其设立、变更、终止民事权利义务的内在意思通过某种形式表示于外部的行为。只有当当事人内在的意愿与外在的表示一致时，才能产生当事人所预期的法律效果，达到当事人所追求的经济目的。因此，法律要求缔约当事人的意思表示必须是真实的。

3.不违反法律和社会公共利益

法律保护的是当事人的合法行为。只有当事人缔结的合同的内容符合法律的规定，不损害社会公共利益，法律才会对其做出肯定性评价，才会赋予其法律效力。需要指出的是：第一，所谓合同不违反法律是指合同不得违反法律法规的强制性规定。第二，合同不违反法律，也包括当事人应当遵守法律对合同形式的强制性要求，法律、行政法规规定应当办理批准、登记等手续生效的，依照其规定。

无效合同

二、无效合同

无效合同是不具有法律约束力和不发生履行效力的合同。无效合同自始没有法律约束力，国家不予承认和保护。有下列情形之一的，合同无效。

1. 一方以欺诈、胁迫的手段订立合同，损害国家利益

所谓欺诈就是故意隐瞒真实情况或者故意告知对方虚假的情况，欺骗对方，诱使对方做出错误的意思表示而与之订立合同。胁迫是指行为人以将要发生的损害或者以直接实施损害相威胁，使对方当事人产生恐惧而与之订立合同。

2. 恶意串通，损害国家、集体或者第三人利益

所谓恶意串通的合同，就是合同的双方当事人非法勾结，为牟取私利而共同订立的损害国家、集体或者第三人利益的合同。

3. 以合法形式掩盖非法目的

以合法形式掩盖非法目的，即行为人为达到非法目的以迂回的方法避开了法律或者行政法规的强制性规定，所以又称伪装合同。

4. 损害社会公共利益

在法律、行政法规无明确规定，但合同又明显损害了社会公共利益时，可以适用“损害社会公共利益”条款确认合同无效。

5. 违反法律、行政法规的强制性规定

违反法律、行政法规的强制性规定的合同是指当事人在订约目的、订约内容上都违反法律、行政法规强制性规定的合同。

【例 4—4】 根据《民法典》合同编的规定，下列合同中，属于无效合同的有(　　)。

A. 一方以欺诈手段使对方在违背真实意思情况下订立的合同

B. 损害社会公共利益的合同

C. 以合法形式掩盖非法目的的合同

D. 显失公平的合同

可撤销合同

三、可变更可撤销合同

(一)可撤销合同的概念

可撤销合同又称为相对无效合同，是指欠缺合同生效要件，存在法

定撤销事由，合同一方当事人可请求人民法院或者仲裁机构撤销或者变更的合同。

（二）可撤销合同的特征

（1）可撤销合同在未被撤销前是有效的合同；

（2）可撤销合同一般是意思表示有缺陷的合同；

（3）可撤销合同的撤销或变更要由有撤销权的当事人通过行使撤销权来实现；

（4）可撤销合同的撤销或变更须由人民法院或仲裁机构作出。

（三）可撤销合同的类型

1. 因重大误解订立的合同

所谓重大误解，是指当事人对合同的性质、对方当事人、标的物的种类、质量、数量等涉及合同后果的重要事项存在错误认识，违背其真实意思表示订立合同，并因此受到较大损失的情形。

2. 显失公平的合同

所谓显失公平是指一方当事人利用优势或者对方没有经验，在订立合同时致使双方的权利与义务明显违反公平、等价有偿原则的情形。

3. 一方以欺诈、胁迫的手段或者乘人之危，使对方在违背真实意思的情况下订立的合同

与上述因欺诈、胁迫订立的无效合同相比较，二者的区别在于是否损害了国家利益。损害国家利益的为无效合同；未损害国家利益的为可撤销合同。

四、效力待定合同

效力待定合同

（一）效力待定合同的概念

效力待定合同是指虽已成立，但因缔约一方当事人欠缺相应的缔约能力，其是否发生效力尚不能确定，有待于其他行为使之确定的合同。效力待定合同虽然欠缺合同生效的要件，但并不属于无效合同或可撤销合同，法律允许根据情况对这类合同予以补救。

（二）效力待定合同的情形

1. 限制民事行为能力人订立的合同

这种合同经限制民事行为能力人的法定代理人追认，合同有效，但纯获利益的合同或者与其年龄、智力、精神健康状况相适应而订立的合同，不必经法定代理人追认。为避免因限制民事行为能力人订立的合同效力长期处于不确定状态而影响相对人的权益，《民法典》合同编规定了相对人的催告权。相对人可以催告法定代理人自收到通知之日起

30日内予以追认。法定代理人未作表示的，视为拒绝追认。民事法律行为被追认前，善意相对人有撤销的权利。撤销应当以通知的方式作出。

2. 行为人没有代理权、超越代理权或者代理权终止后以被代理人的名义订立的合同

这种合同又被称为无权代理合同，该合同经被代理人追认，代理行为有效，合同对被代理人发生效力。该合同未经被代理人追认，对被代理人不发生效力，由行为人承担责任。相对人可以催告被代理人自收到通知之日起30日内予以追认。被代理人未作表示的，视为拒绝追认。行为人实施的行为被追认前，善意相对人有撤销的权利。撤销应当以通知的方式作出。

3. 无处分权的人处分他人财产的合同

这种合同经权利人追认或者无处分权的人订立合同后取得处分权的，该合同有效。如果无处分权的人订立合同后未能取得处分权并且权利人拒绝追认的，该合同无效，但权利人拒绝追认不得对抗善意的第三人。

【例4—5】 下列情形下，合同效力待定的是（　　）。

A. 限制民事行为能力人订立的合同

B. 无处分权的人处分他人财产的合同

C. 因重大误解订立的合同

D. 显失公平的合同

课后习题

【课后检测】

1. 合同生效的条件有哪些？
2. 什么情形下，合同无效？
3. 什么情形下，合同可撤销？
4. 什么情形下，合同效力待定？

【任务实训】

班级分组，分别搜集关于无效合同、可撤销合同、效力待定合同的案例，在课堂上交流。

任务四　合同的履行

【任务导入】

甲企业与乙商场订立了一份买卖合同，合同约定由甲企业向乙商场提供一批棉纺织品，货到后分期付款。后甲企业得知乙商场已拖欠职工 10 个月工资，并拖欠银行大量贷款未还，故甲企业未按时交货，并通知了乙商场，乙商场多次催货均被拒绝。乙商场将甲企业告上法庭，声称由于甲企业不履行合同的交货义务，使乙商场错过了销售旺季，要求甲企业赔偿经济损失。

请思考：

乙商场将甲企业告上法庭能否胜诉？为什么？

【法律课堂】

合同的履行

一、合同履行的概念、原则和规则

（一）合同履行的概念

合同的履行指合同生效后，双方当事人完成合同中规定的各项义务的行为。在合同的履行中，当事人应当遵循诚实信用原则完成合同中规定的各项义务，同时还要根据合同的性质、目的和交易习惯履行通知、协助、保密等义务。

（二）合同履行原则

对于合同履行的原则，首先，合同履行是合同效力最基本的体现。其次，合同有效履行的前提为合同的合法性，包括合同制定过程以及后续履约过程均需遵守法律法规。最后，合同作为一种能够约束单方或者多方的法律关系，在一定程度上具有限制当事人双方权力的能力，故如何保障具体合同履行能够合法、合规实施便显得至关重要。

1. 适当履行原则

适当履行原则中的适当可以理解为正确且全面履行，是合同履行的质量标准，即合同当事人应按照合同约定的内容在合适的履约地、履约期以适当的履约方式保质保量完成合同义务的履约要求。

2. 协作履行原则

合同履行依托于合同当事人双方相互配合协作完成，协作履行原则的基础是诚实信用原则，协作履行原则约束了合同当事人双方的义务，其不仅要求一方当事人需要适当履行合同，还要求另一方当事人予以配合，提供适当的履约环境及履约条件，保证合同履行完成。同时合同当事人的合法权利保护也是履行该原则的前提，债权人和债务人之间协作义务有限，若超出协作义务，履行债务一方仍以该原则为由拒绝履行时，不能得到支持。

协作履行的前提是合法权利保护，那么当行政命令对合同构成履行障碍时，一方当事人合法权利已受损害，是否继续履行合同，就需要根据该原则来判定。

3. 经济合理原则

经济合理原则是要求当事人在履约过程中应保证利益最大化，即用最低的成本收获最优的合同结果。该原则要求合同当事人在履行合同时应考虑经济效益，保护对方的经济利益不受损失。此条原则运用于合同履行阶段，但该原则应拆分为“经济”和“合理”两部分来进行考虑，不仅要考虑经济效益最大化的情况，还应保证合同履行是否合理化，即在降低成本的同时应符合合同适当履行原则且不可违背法律法规的规定，避免为双方当事人带来潜在法律风险。

4. 情势变更原则

情势变更原则，即已完成签订的合同，在合同双方签订基础上，因客观原因变化时所适用的原则。签订基础的变化，一般是指因客观原因不能归责于合同主体一方，导致合同内容与签订基础发生变化的情形。该情形下，若按原合同履行必然导致合同签订主体一方或当事人双方出现显失公平，故合同主体一方或双方能够申请变更或解除合同。具体而言，不可归责的情形包括自然因素导致、社会因素导致等多种异常变动，双方可以就该不可归责情形导致的损失进行协商或解除原合同，如若无法达成协议也可向司法机关请求变更或解除原合同。

（三）合同履行的规则

1. 合同内容约定不明确时的履行规则

合同生效后，当事人就质量、价款或者报酬、履行地点等内容没有约定或者约定不明确的，可以协议补充；不能达成补充协议的，按照合同有关条款或者交易习惯确定。若仍不能确定的，适用《民法典》合同编的下列规定：

（1）质量要求不明确的，按照国家标准、行业标准履行；没有国家标准、行业标准的，按照通常标准或者符合合同目的的特定标准履行。

（2）价款或者报酬不明确的，按照订立合同时履行地的市场价格履行；依法应当执行政府定价或者政府指导价的，按照规定履行。合同约定执行政府定价或者政府指导价的，在合同约定的交付期限内政府价格调整时，按照交付时的价格计价。逾期交付标的物的，遇价格上涨时，按照原价格执行；价格下降时，按照新价格执行。逾期提取标的物或者逾期付款的，遇价格上涨时，按照新价格执行；价格下降时，按照原价格执行。

(3)履行地点不明确，给付货币的，在接受货币一方所在地履行；交付不动产的，在不动产所在地履行；其他标的，在履行义务一方所在地履行。

(4)履行期限不明确的，债务人可以随时履行，债权人也可以随时要求履行，但是应当给对方必要的准备时间。

(5)履行方式不明确的，按照有利于实现合同目的的方式履行。

(6)履行费用的负担不明确的，由履行义务一方负担。

2. 合同主体变化时的履行规则

合同生效后，当事人不得因姓名、名称的变更或者法定代表人、负责人、承办人的变动而不履行合同义务。

二、合同履行的抗辩权

合同履行中的抗辩权

抗辩权是指在双务合同中，一方当事人在对方不履行或者履行不符合约定时，依法对抗对方要求或者否认对方权利主张的权利。《民法典》合同编规定了同时履行抗辩权、先履行抗辩权和不安抗辩权三种。

（一）同时履行抗辩权

1. 同时履行抗辩权的概念

同时履行抗辩权是指在双务合同中应当同时履行的一方当事人有证据证明另一方当事人在同时履行的时间不能履行或者不能适当履行，到履行期时其享有不履行或者部分履行的权利。

《民法典》合同编规定，当事人互负债务，没有先后履行顺序的，应当同时履行。一方在对方履行之前有权拒绝其履行请求；一方在对方履行债务不符合约定时，有权拒绝其相应的履行请求。

2. 同时履行抗辩权行使的条件

同时履行抗辩权的行使，需具备以下条件：

(1)需基于同一双务合同。双方当事人因同一合同互负债务，在履行上存在关联性，形成对价关系。这是同时履行抗辩权成立的前提条件。单务合同因只有一方有履行义务，无法发生抗辩权。

(2)根据合同约定或者合同性质要求当事人同时履行合同义务。

(3)双方债务已届清偿期。当事人行使抗辩权必须双方债务都已到清偿期，否则不存在同时履行抗辩权的问题。

(4)一方当事人有证据证明应同时履行义务的对方当事人未履行或者未适当履行合同。

(5)对方有履行的可能性。

(二)先履行抗辩权

1.先履行抗辩权的概念

先履行抗辩权是指合同当事人互负债务，有先后履行顺序，应当先履行债务一方未履行的，后履行一方有权拒绝其履行要求。先履行一方履行债务不符合约定的，后履行一方有权拒绝其相应的履行要求。

2.先履行抗辩权行使的条件

先履行抗辩权的行使有三个条件：①当事人基于同一双务合同，互负债务；②当事人的履行有先后顺序；③先履行抗辩权的行使人是履行义务顺序在先的一方当事人。

(三)不安抗辩权

1.不安抗辩权的概念

不安抗辩权是指当事人互负债务，有先后履行顺序的，先履行的一方有确切证据证明另一方丧失履行债务能力时，在对方没有履行或者没有提供担保之前，有权中止合同履行的权利。规定不安抗辩权是为了切实保护当事人的合法权益，防止借合同进行欺诈，促使对方履行义务。《民法典》合同编规定，应当先履行债务的当事人，有确切证据证明对方有下列情形之一的，可以中止履行：①经营状况严重恶化；②转移财产、抽逃资金，以逃避债务；③丧失商业信誉；④有丧失或者有可能丧失履行债务能力的其他情形。

2.不安抗辩权的适用

不安抗辩权的适用情形有以下两类。

(1)当事人基于同一双务合同，由应先履行债务的一方当事人行使。

(2)后履行合同的一方当事人有丧失或者可能丧失履行债务能力的情形。先履行合同义务的当事人应当有证据证明对方不能履行合同或者有不能履行合同的可能性。行使不安抗辩权造成对方损失的，应当承担违约责任。

【例 4—6】 甲、乙双方订立买卖合同，甲为出卖人，乙为买受人，约定收货后 10 日内付款。甲在交货前有确切证据证明乙经营状况严重恶化。根据《民法典》合同编的规定，甲可采取的措施是(　　)。

A. 行使同时履行抗辩权　　B. 行使先履行抗辩权

C. 行使不安抗辩权　　D. 行使撤销权

三、合同保全制度

合同的保全是指合同在履行过程中，由于债务人的财产状况会直接影响债权人的债权实现，为保护债权人的债权免受债务人财产不当减少带来的危害，允许债权人对债务人的不当行为作出积极反映的法律制度。合同的保全主要包括代位权与撤销权两种形式。

(一)代位权

代位权是指因债务人怠于行使其到期债权，对债权人造成损害的，债权人可以向人民法院请求以自己的名义代位行使债务人的债权。但该债权专属于债务人自身的除外。代位权的行使范围以债权人的债权为限。债权人行使代位权的必要费用，由债务人负担。

代位权的行使应同时符合下列条件：

(1)债权人对债务人的债权合法；

(2)债务人怠于行使其到期债权，对债权人造成损害；

(3)债务人的债权已到期；

(4)债务人的债权不是专属于债务人自身的债权。专属于债务人自身的债权，是指基于扶养关系、抚养关系、赡养关系、继承关系产生的给付请求权和劳动报酬、退休金、养老金、抚恤金、安置费、人寿保险、人身伤害赔偿请求权等权利。

【例 4—7】 代位权是指因债务人怠于行使到期债权，对债权人造成损害的，债权人可以向人民法院请求以自己的名义代位行使债务人的债权。根据《民法典》合同编规定，下列属于代位权行使所必备的条件是(　　)。

A. 债权人必须通知债务人

B. 债权人行使代位权的必要费用由债务人承担

C. 债务人对第三人享有非专属于债务人自身的到期债权

D. 代位权的行使范围以债权人的权限为限

(二)撤销权

撤销权是指因债务人放弃其到期债权或者无偿转让财产，对债权人造成损害的，债权人可以请求人民法院撤销债务人的行为。债务人以明显不合理的低价转让财产，对债权人造成损害，并且受让人知道该情形的，债权人也可以请求人民法院撤销债务人的行为。撤销权的行使范围以债权人的债权为限。债权人行使撤销权的必要费用，由债务人负担。

根据我国《民法典》合同编的规定，撤销权自债权人知道或者应当知道撤销事由之日起1年内行使。自债务人的行为发生之日起5年内没有行使撤销权的，该撤销权消灭。

【例4—8】 根据《民法典》合同编规定，自债务人的行为发生之日起一定期间内，没有行使撤销权的，该撤销权消灭，该期间为（　　）。

A. 1年　　B. 2年　　C. 3年　　D. 5年

课后习题

【课后检测】

1. 合同履行的规则有哪些？
2. 合同履行的原则是什么？
3. 合同履行的抗辩权都有哪些？

【任务实训】

查找有关行使合同履行抗辩权的例子，然后分析行使的是哪种抗辩权，在课堂上交流。

任务五　合同的变更、转让与终止

【任务导入】

刘某向某财务公司借款购买了一辆平头大货车，偿还借款后，又以该车为抵押向该财务公司贷款15万元，约定2年还清。2年后，刘某未偿还贷款本息，财务公司将其诉至法院。法院判决刘某败诉，应偿还贷款本息，财务公司享有货车的抵押权。由于刘某在外地搞运输无法实现抵押权，财务公司与某运输公司签订了转让该债权和抵押权的合同，运输公司支付给财务公司16万元转让费。随后，财务公司通知刘某家人转告其债权转让一事。刘某得知后，以财务公司事先未和他协商为由不同意转让，拒绝向运输公司履行债务。运输公司只好向法院起诉，要求刘某偿还债务。

请思考：

刘某以财务公司事先未和他协商为由不同意转让对吗？

【法律课堂】

一、合同的变更

(一)合同变更的概念

合同的变更指生效的合同在未履行或未履行完毕之前,由于主、客观情况的变化而使合同的内容发生变化。

(二)合同变更的方式

1. 当事人协议变更

合同是由当事人协商一致而订立的,经当事人协商一致,可以变更合同。但法律、行政法规规定变更合同应当办理批准、登记等手续的,应依照其规定办理批准、登记等手续方可变更。为防止发生纠纷,当事人对合同变更的内容应作明确约定,变更内容约定不明确的,《民法典》合同编规定,推定为合同未变更。

2. 法院或仲裁机关裁决变更

如因重大误解或显失公平而订立的合同,当事人一方可以向人民法院或仲裁机关申请裁决变更或撤销合同。

3. 法定事由出现变更

如遭遇不可抗力导致债务人不能按期履行债务的,债务人可以减少债务数额或延期履行债务。合同变更后,当事人应当按照变更后的合同履行。原合同未变更部分仍然有效,合同变更的部分仅对未履行的部分发生法律效力,对已履行的部分无溯及力。因合同的变更而使一方当事人受到经济损失的,受损一方可向另一方当事人要求损失赔偿。

二、合同的转让

(一)合同转让的概念

合同的转让是指合同当事人一方将其合同的权利和义务全部或者部分转让给第三人。合同的转让,一般由当事人自主决定。合同的转让有三种情况:合同权利转让、合同义务转移、合同权利义务一并转让。

(二)合同权利转让

合同权利转让是指不改变合同权利的内容,由债权人将合同权利的全部或者部分转让给第三人。这里转让权利的人称为让与人,受让权利的人称为受让人。合同权利全部转让的,原合同关系消灭,受让人取代原债权人的地位,成为新的债权人,原债权人脱离合同关系。合同权利部分转让的,受让人作为第三人加入合同关系中,与原债权人共同享有债权。债权人转让主权利时，附属于主权利的从权利也一并转让，受让人在取得债权时，也取得与债权有关的从权利，但该从权利专属于债权人自身的除外。

有下列三种情形时，债权人不得转让合同权利。

1. 根据合同性质不得转让

根据合同性质不得转让的权利，主要是指合同是基于特定当事人的身份关系订立的，合同权利转让给第三人，会使合同的内容发生变化，动摇合同订立的基础，违反了当事人订立合同的目的，使当事人的合法利益得不到保护。当事人基于信任关系订立的委托合同、赠与合同都属于合同权利不得转让的合同。

2. 根据当事人约定不得转让

当事人在订立合同时，可以对权利的转让作出特别的约定，禁止债权人将权利转让给第三人。这种约定只要是当事人真实的意思表示，并且不违反法律规定，那么对当事人就有法律约束力。

3. 依照法律规定不得转让

我国一些法律中对某些权利的转让作出了禁止性规定，对于这些规定，当事人应严格遵守，不得违反法律规定，擅自转让法律禁止转让的权利。

债权人转让权利，不需要经债务人同意，但应当通知债务人。未经通知，该转让对债务人不发生效力。债务人接到债权转让通知后，债权让与行为就生效，如果债务人对让与人享有债权，并且债务人的债权先于转让的债权到期或者同时到期的，债务人可以向受让人主张抵销。债务人对让与人的抗辩，可以向受让人主张。债权人转让权利的通知不得撤销，但经受让人同意的除外。

（三）合同义务转移

合同义务转移是指经债权人同意，债务人将合同的义务全部或者部分转移给第三人。债务人将合同的义务全部或者部分转移给第三人，应当经债权人同意；否则债务人转移合同义务的行为对债权人不发生效力，债权人有权拒绝第三人向其履行，同时有权要求债务人履行义务并承担不履行或者迟延履行合同的法律责任。

债务人全部转移合同义务时，新的债务人完全取代了旧的债务人的地位，承担全面履行合同义务的责任，享有债务人所应享有的抗辩权，可以主张原债务人对债权人的抗辩。同时，与所转移的主债务有关的从债务，也应当由新债务人承担，但该从债务专属于原债务人自身的除外。债务人部分转移合同义务时，新的债务人加入原债务中，和原债务人一起向债权人履行义务。

合同义务的转移，可以产生如下法律后果：新债务人成为合同一方当事人，如不履行或者不适当履行合同义务，债权人可以向其请求履行债务或者承担违约责任。新债务人享有基于原合同关系的对抗债权人的抗辩权。《民法典》合同编规定，债务人转移债务的，新债务人可以主张原债务人对债权人的抗辩。从属于主债务的从债务，随主债务的转移而转移。原第三人向债权人提供的担保，若担保人未明确表示继续承担担保责任，则担保责任因债务转移而消灭。

三、合同的解除与终止

（一）合同的解除

合同的解除指合同成立生效后，因发生了法定、约定情况或当事人协商一致，而使合同关系消灭的行为。合同的解除分为约定解除和法定解除两种情况。

1. 约定解除

约定解除是指当事人通过行使约定解除权或者当事人协商一致而解除合同。在订立合同时，可以约定当事人一方或双方拥有合同解除权。约定合同解除权必须符合合同生效的条件，即不得违反法律、损害国家利益和社会公共利益。法律规定或者当事人可以约定解除权行使期限，期限届满时当事人不行使的，该权利消灭；法律未规定或者当事人未约定解除权行使期限的，经对方催告后在合理期限内不行使的，该权利消灭。合同生效后，未履行或未完全履行前，当事人也可以协议解除合同，但解除合同协议也必须符合合同生效的条件。

2. 法定解除

法定解除是指合同成立生效后，当事人根据法律规定解除合同。我国《民法典》合同编规定，有下列情形之一的，当事人可以解除合同：

（1）因不可抗力致使不能实现合同目的。

（2）在履行期限届满之前，当事人一方明确表示或者以自己的行为表明不履行主要债务。

（3）当事人一方迟延履行主要债务，经催告后在合理期限内仍未履行。

（4）当事人一方迟延履行债务或者有其他违约行为致使不能实现合同目的。

（5）法律规定的其他情形。

此外，《民法典》合同编还规定，当事人一方依法主张解除合同的，应当通知对方。合同自通知到达对方时解除。对方有异议的,可以请求人民法院或者仲裁机构确认解除合同的效力。当事人解除合同,法律、行政法规规定应当办理批准、登记等手续的,应依照其规定办理。合同解除后,尚未履行的,终止履行;已经履行的,根据履行情况和合同性质,当事人可以要求恢复原状、采取其他补救措施,并有权要求赔偿损失。合同的权利义务关系终止,不影响合同中结算和清理条款的效力。

(二)合同的终止

合同终止指由于某种法律事实的发生,使当事人之间的权利义务关系消灭,即合同关系消灭。

根据我国《民法典》合同编的相关规定,有下列情形之一的,合同的权利义务终止:

(1)债务已经履行;

(2)合同解除;

(3)债务相互抵销;

(4)债务人依法将标的物提存;

(5)债权人免除债务;

(6)债权债务同归于一人;

(7)法律规定或者当事人约定终止的其他情形。

根据我国《民法典》合同编的相关规定,有下列情形之一的,债务人可以将标的物提存:债权人无正当理由拒绝受领;债权人下落不明;债权人死亡未确定继承人、遗产管理人,或者丧失民事行为能力未确定监护人;法律规定的其他情形。

合同的权利义务终止后,当事人有时还负有后合同义务,即合同终止后,当事人应当遵循诚实信用原则,根据交易习惯履行通知、协助、保密等义务。

【例 4—9】 下列各项中,属于合同权利义务终止的情形有(　　)。

A. 债务已按约定履行

B. 合同的权利义务已一并转让

C. 合同双方当事人的债务相互抵销

D. 合同债权债务同归一人

【课后检测】

课后习题

1. 合同变更的方式有哪些?

2. 合同转让都有哪些情况?

3. 合同解除有哪两种情况？

4. 什么情况下合同终止？

【任务实训】

班级分组，分别找出有关合同变更、转让、解除、终止的例子，然后整理资料做成 PPT，在课堂与老师和同学交流。

任务六　合同的担保

【任务导入】

甲、乙两企业签订了一份租赁合同，约定由甲厂为乙厂提供先进生产线一条，租期 3 年，租金为 150 万元。丙厂为乙厂提供了担保，合同未约定担保是一般保证还是连带责任保证。合同期满后，乙厂未按规定支付 150 万元租金，仅支付了 80 万元租金。

请思考：

甲厂应当向谁要求支付其余的 70 万元租金？

【法律课堂】

一、合同担保概述

合同的担保是指依照法律规定，或者由当事人双方经过协商一致而约定的，为保障合同债权实现的法律措施。设定合同担保的根本目的是保证合同的切实履行，既保障合同债权人实现其债权，也促使合同债务人履行其债务。根据《民法典》的规定，合同担保的方式主要有五种：抵押、质押、保证、定金和留置。

二、合同担保的方式

（一）抵押

抵押是指债务人或者第三人不转移对财产的占有，将该财产作为债权的担保。债务人在履行期限内未履行债务，债权人有权依法以该财产折价或者以拍卖、变卖该财产的价款优先受偿。抵押财产担保的债务人或者第三人为抵押人，债权人为抵押权人，提供担保的财产为抵押物。

1. 抵押和抵押物

抵押人只能以法律规定可以抵押的财产提供担保；法律规定不可

以抵押的财产，抵押人不得用于提供担保。

作为抵押物的财产必须是能够转让的财产，并必须具备下列条件：

(1)抵押人对抵押物必须有处分权，抵押人如果对财产没有处分权，不仅抵押合同难以成立，而且即使成立了抵押合同，抵押权人的抵押权也难以保证充分实现。

(2)所有权、使用权不明或者有争议的财产依法被查封、扣押或者采取其他强制措施的财产不得抵押。

(3)抵押物必须是法律允许转让的，法律禁止转让的财产，如土地、国防设施等不得转让。

(4)抵押物的价值应与所担保的债权金额一致。用作抵押物的财产原则上应便于管理和实施，原则上应是不动产，也包括生产设备、日用生活品、交通运输工具等一切有价值的动产。

2. 抵押合同和抵押物登记

设立抵押权，当事人应当采取书面形式订立抵押合同。抵押合同一般包括下列条款：①被担保债权的种类和数额；②债务人履行债务的期限；③抵押财产的名称、数量、质量、状况、所在地、所有权归属或者使用权归属；④担保的范围，包括主债权及利息、违约金、损害赔偿金和实现抵押权的费用；⑤当事人认为需要约定的其他事项。抵押合同不完全具备以上规定内容的，可以补正。

抵押权人在债务履行期届满前，不得与抵押人约定债务人不履行到期债务时抵押财产归债权人所有。

当事人以法律规定的需要办理抵押物登记的财产作抵押的，应当向有关部门办理抵押物登记，抵押合同自登记之日起生效。

以其他财产抵押的，可以自愿办理抵押物登记，抵押合同自签订之日起生效。当事人未办理抵押物登记的，不得对抗第三人。当事人办理抵押物登记的，登记部门为抵押人所在地的公证部门。

抵押物登记记载的内容与抵押合同约定的内容不一致的，以登记记载的内容为准。

(二)质押

质押包括动产质押和权利质押。动产质押是指债务人或者第三人将其动产移交债权人占有，将该动产作为债权的担保，当债务人不履行债务时，债权人有权依照法律规定，以该动产折价或者以拍卖、变卖该动产的价款优先受偿。该债务人或者第三人为出质人，债权人为质权人，移交的动产为质物。权利质押是指债务人或者第三人以其财产权利交付债权人作为债权的担保，当债务人不履行债务时，债权人有权依照法律规定，以该财产权利折价或者以拍卖、变卖该财产权利的价款优先受偿。

1. 质押合同的内容

当事人应当采取书面形式订立质押合同，质押合同一般包括以下条款：①被担保债权的种类和数额；②债务人履行债务的期限；③质押财产的名称、数量、质量、状况；④担保的范围；⑤质押财产交付的时间；⑥当事人认为需要约定的其他事项。质押合同不完全具备以上规定内容的，可以补正。

质押合同自成立时生效，质权自出质人交付质押财产时设立。

质权人在债务履行期届满前，不得与出质人约定债务人不履行到期债务时质押财产归债权人所有。

债务人或者第三人未按质押合同约定的时间移交质物，因此给质权人造成损失的，出质人应当根据其过错承担赔偿责任。

2. 质押权的实现

债务人履行债务或者出质人提前清偿所担保的债权的，质权人应当返还质押财产。债务人不履行到期债务或者发生当事人约定的实现质权的情形，质权人可以与出质人协议以质押财产折价，也可以就拍卖、变卖质押财产所得的价款优先受偿。质押财产折价或者变卖的，应当参照市场价格。出质人可以请求质权人在债务履行期届满后及时行使质权；质权人不行使的，出质人可以请求人民法院拍卖、变卖质押财产。出质人请求质权人及时行使质权，因质权人怠于行使权利造成损害的，由质权人承担赔偿责任。质押财产折价或者拍卖、变卖后，其价款超过债权数额的部分归出质人所有，不足部分由债务人清偿。为债务人质押担保的第三人，在质权人实现质权后，有权向债务人追偿。出质人与质权人可以协议设立最高额质权。

【例 4—10】 下列不属于权利质押客体的是(　　)。

A. 汇票　　B. 公司债券　　C. 著作权中的署名权　　D. 商标权

(三)保证

保证是指第三人和债权人约定，当债务人不履行其债务时，该第三人按照约定履行债务或者承担责任的担保方式。“第三人”被称为保证人；“债权人”既是主债的债权人，也是保证合同中的债权人。保证是保证人与债权人之间的合同关系。

1. 保证和保证人

具有代为清偿债务能力的法人、其他组织或者公民，可以作保证人。

国家机关、学校、幼儿园、医院等以公益为目的的事业单位、社会团体，企业法人的分支机构、职能部门，不得作保证人。但是，在经国务院批准为使用外国政府或者国际经济组织贷款进行转贷的情况下，国家机关可以作保证人；企业法人的分支机构有法人书面授权的，可以在授权范围内提供保证。保证人必须有代为清偿债务的能力，但不具有完全代偿能力的主体，只要以保证人身份订立保证合同后，就应当承担保证责任。

【例 4－11】 下列各项通常情况下不能作为保证人的是（　　）。

A. 未成年人　　B. 学校　　C. 财政局　　D. 中国人民银行

2. 保证内容和保证方式

保证的内容，应当由保证人与债权人在以书面形式订立的保证合同中加以确定，具体包括被保证的主债权（即主合同债权，下同）种类、数额，债务人履行债务的期限，保证的方式，保证担保的范围，保证的期间以及双方认为需要约定的其他事项。保证合同不完全具备以上规定内容的，可以补正。保证担保的范围包括主债务、主债务的利息、损害赔偿金、违约金以及实现债权的费用等。

保证的方式，有一般保证和连带责任保证两种。当事人在保证合同中约定，在债务人不能履行债务时，由保证人承担保证责任的，为一般保证。一般保证的保证人在主合同纠纷未经审判或者仲裁，并就债务人财产依法强制执行仍不能履行债务前，对债权人可以拒绝承担保证责任。当事人在保证合同中约定保证人与债务人对债务承担连带责任的，为连带责任保证。连带责任保证的债务人在主合同规定的债务履行期届满没有履行债务的，债权人可以要求债务人履行债务，也可以要求保证人在其保证范围内承担保证责任。当事人对保证方式没有约定或者约定不明确的，按照连带责任保证承担保证责任。

（四）定金

1. 定金的概念

定金是指合同当事人约定一方向对方给付一定数额的货币（即定金）作为债权的担保。债务人履行债务后，定金抵作价款或者收回。给付定金的一方不履行约定的债务的，无权要求返还定金；收受定金的一方不履行约定的债务的，应当双倍返还定金。

2. 定金的数额

定金的数额由当事人约定，但不得超过主合同标的额的 20%。当事人约定的定金数额超过主合同标的额 20%的，超过的部分人民法院不予支持。实际交付的定金数额多于或者少于约定数额，视为变更定金合同;收受定金一方提出异议并拒绝接受定金的,定金合同不生效。

(五)留置

1. 留置与留置权

留置是指债权人按照合同约定占有债务人的动产,是一种合同的担保方式。

留置权是指债务人不履行到期债务,债权人可以留置已经合法占有的债务人的动产,并有权就该动产优先受偿。其中债权人为留置权人,占有的动产为留置财产。

留置担保的范围包括主债权及利息、违约金、损害赔偿金、留置物保管费用和实现留置权的费用。

留置权适用的范围包括:因保管合同、运输合同、承揽合同以及法律规定可以留置的其他合同发生的债权,债务人不履行债务的,债权人有留置权。

当事人可以在合同中约定不得留置的物。债权人留置的动产,应当与债权属于同一法律关系,但企业之间留置的除外。法律规定或者当事人约定不得留置的动产,不得留置。留置财产为可分物的,留置财产的价值应当相当于债务的金额。法律规定或者当事人约定不得留置的动产,不得留置。

2. 留置权的实现

留置权人负有妥善保管留置财产的义务;因保管不善致使留置财产毁损、灭失的,应当承担赔偿责任。留置权人有权收取留置财产的孳息。孳息应当先充抵收取孳息的费用。

留置权人与债务人应当约定留置财产后的债务履行期限;没有约定或者约定不明确的,留置权人应当给债务人60日以上履行债务的期限,但鲜活易腐等不易保管的动产除外。债务人逾期未履行的,留置权人可以与债务人协议以留置财产折价,也可以就拍卖、变卖留置财产所得的价款优先受偿。留置财产折价或者变卖的,应当参照市场价格。

债务人可以请求留置权人在债务履行期限届满后行使留置权;留置权人不行使的,债务人可以请求人民法院拍卖、变卖留置财产。留置财产折价或者拍卖、变卖后,其价款超过债权数额的部分归债务人所有,不足部分由债务人清偿。

留置权人在债权未受全部清偿前,留置物为不可分物的,留置权人可以就其留置物的全部行使留置权。留置财产为可分物的,留置财产的价值应当相当于债务的金额。

同一动产上已设立抵押权或者质权,该动产又被留置的,留置权人优先受偿。

留置权因下列原因而消灭：①留置权人放弃留置权；②留置物灭失、损毁而无代替物；③与留置物有牵连关系的债权消灭；④债务人另行提供价值相当的担保并被债权人接受；⑤实现留置权；⑥丧失对留置财产的占有。

【例4—12】 下列可以发生留置权的合同类型是(　　)。

A. 保管合同　　B. 运输合同

C. 租赁合同　　D. 加工承揽合同

课后习题

【课后检测】

1. 什么是合同的担保？
2. 什么是抵押，哪些财产可以抵押，哪些财产不可以抵押？
3. 什么是质押，质押合同一般包括哪些条款？
4. 什么是保证，保证方式有哪几种？
5. 什么是定金，定金的数额有怎样的规定？
6. 什么是留置，什么是留置权？

【任务实训】

课堂上讨论并分析各种合同担保方式的概念以及实现方式，从而加深对它们的理解。

任务七　违约责任

【任务导入】

某县种子供应站(以下简称“供种站”)从本省种子研究所原种场购进一批西瓜种子，销售给当地500户农民。该500户农民按照原种场提供的技术资料对种植的西瓜种子实施了田间管理，但西瓜的生长情况与资料介绍的数据不符，出现了大量减产的现象。供种站多次电告原种场派人处理，原种场均以各种借口推卸责任。经核实，用户的西瓜产量无法达到原种场技术资料提供的数据，总损失达15余万元。后经查明，该种子在批量生产时，由于操作人员疏忽，致使种子的品质无法达到试种的技术水平。村民向供种站索赔，供种站以不知种子存在质量问题为由进行抗辩，拒绝赔偿，村民遂起诉到人民法院。

请思考：

本案例应如何处理？

【法律课堂】

一、违约的概念、特征

(一)违约责任的概念

违约责任指当事人不履行合同义务或履行合同义务不符合约定时所应承担的法律责任。违约责任是民事责任的一种,主要表现为财产责任,既具有明显的补偿性,又具有相对性。

违约责任

(二)违约责任的特征

1.违约责任是一种民事责任

法律责任有民事责任、行政责任、刑事责任等类型,民事责任是指民事主体在民事活动中,因实施民事违法行为或基于法律的特别规定,依据民法所承担的民事法律后果。民事责任规定了违约责任和侵权责任,违约责任是违约的当事人一方对另一方承担的责任,合同关系的相对性决定了违约责任的相对性,即违约责任是合同当事人之间的民事责任。合同以外的第三人对当事人之间的合同不承担违约责任。当事人一方因第三人的原因造成违约的,应当向对方承担违约责任。

2.违约责任是当事人不履行或不完全履行合同的责任

首先,违约责任是违反有效合同的责任,合同有效是承担违约责任的前提和基础。这一特征使违约责任与合同法中的其他责任形式区分开来,如缔约过失责任、无效合同的责任等。其次,违约责任以当事人不履行或不完全履行合同为条件。

3.违约责任具有补偿性和一定的任意性

违约责任以补偿守约方因违约行为所受损失为主要目的,以损害赔偿为主要责任形式,所以具有补偿性质。同时,违约责任可以由当事人在法律规定的范围内约定,具有一定的任意性。

二、违约责任的构成要件

(一)违约责任的构成要件如下

(1)有违约行为。违约行为是指当事人一方不履行合同义务或者履行合同义务不符合约定条件的行为。

(2)无免责事由。免责事由也称免责条件,是指当事人对其违约行为免于承担违约责任的事由。合同法中的免责事由可分为两大类,即法定免责事由和约定免责事由。法定免责事由是指由法律直接规定,不需要当事人约定即可援用的免责事由,主要指不可抗力;约定免责事由是指当事人约定的免责条款。

(二)违约责任的形态

1. 实际违约

实际违约，即实际发生的违约行为。实际违约的具体形态包括：

(1)不履行。包括履行不能和拒绝履行。履行不能是指债务人在客观上已经没有履行能力。如在提供劳务的合同中，债务人丧失了劳动能力；在以特定物为标的的合同中，该特定物灭失。拒绝履行是指合同履行期到来后，一方当事人能够履行而故意不履行合同规定的全部义务。

(2)迟延履行。是指合同债务已经到期，债务人能够履行而未履行。

(3)不适当履行。是指债务人虽然履行了债务，但其履行不符合合同的约定，包括瑕疵给付(即履行有瑕疵，侵害对方履行利益，如给付数量不完全、给付质量不符合约定、给付时间和地点不当等)和加害给付(即因不适当履行造成对方履行利益之外的其他损失，如出售不合格产品导致买受人受到损害)。

2. 预期违约

预期违约也称先期违约，是指在合同履行期限到来之前，一方无正当理由但明确表示其在履行期到来后将不履行合同，或者其行为表明其在履行期到来后将不可能履行合同。

预期违约包括两种形态，即明示预期违约(明示毁约)和默示预期违约(默示毁约)。

(1)明示毁约。明示毁约是指一方当事人无正当理由，明确地向对方表示他将在履行期届至时不履行合同。

(2)默示毁约。默示毁约是指在履行期限到来之前，一方以自己的行为表明其将在履行期到来之后不履行合同。其特点为：债务人虽然没有表示不履行合同，但其行为表明将不履行合同或不能履行合同。例如特定物买卖合同的出卖人在合同履行期届至前将标的物转卖给第三人，或买受人在付款期到来之前转移财产和存款以逃避债务。

三、违约责任的承担方式

《民法典》合同编规定，当事人一方明确表示或者以自己的行为表明不履行合同义务的，对方可以在履行期限届满前要求其承担违约责任。当事人一方不履行合同义务或者履行合同义务不符合约定的，应当承担继续履行、采取补救措施或者赔偿损失等违约责任。违约的当事人承担违约责任的主要形式有继续履行、采取补救措施、赔偿损失、支付违约金和定金等。具体适用哪种违约责任，由当事人根据自己的要求加以选择。

(一)继续履行

订立合同的目的是实现合同的约定，即实际履行合同。继续履行合同，既是为了实现合同目的，又是一种违约责任。当事人一方未支付价款或者报酬的，对方可以要求其支付价款或者报酬。当事人一方不履行非金钱债务或者履行非金钱债务不符合约定的，对方可以要求履行，但有下列情形之一的除外：①法律上或者事实上不能履行；②债务的标的不适于强制履行或者履行费用过高；③债权人在合理期限内未要求履行。

(二)采取补救措施

履行质量不符合约定的，应当按照当事人的约定承担违约责任。受损害方可以根据标的的性质以及损失的大小，合理选择要求对方采取修理、更换、重作、退货、减少价款或者报酬等补救措施。

(三)赔偿损失

当事人一方不履行合同义务或者履行合同义务不符合约定的，在履行义务或者采取补救措施后，对方还有其他损失的，应当赔偿损失。损失赔偿额应当相当于因违约所造成的损失，包括合同履行后可以获得的利益，但不得超过违反合同一方订立合同时预见到或者应当预见到的因违反合同可能造成的损失。

当事人一方违约后，对方应当采取适当措施防止损失的扩大；没有采取适当措施致使损失扩大的，不得就扩大的损失要求赔偿。当事人因防止损失扩大而支出的合理费用，由违约方承担。

(四)支付违约金

为了保证合同的履行，保护自己的利益不受损失，合同当事人可以约定一方违约时应当根据情况向对方支付一定数额的违约金，也可以约定因违约产生的损失赔偿额的计算方法。

违约金是指合同当事人一方由于不履行合同或者履行合同不符合约定时，按照合同的约定，向对方支付的一定数额的货币。违约金是对不能履行或者不能完全履行合同行为的一种带有惩罚性质的经济补偿手段，不论违约的当事人一方是否已经给对方造成损失，都应当支付。约定的违约金低于造成的损失的，当事人可以请求人民法院或者仲裁机构予以增加；约定的违约金过分高于造成的损失的，当事人可以请求人民法院或者仲裁机构予以适当减少。当事人就迟延履行约定违约金的，违约方支付违约金后，还应当履行债务。

（五）定金

定金是合同当事人一方为了担保合同履行而预先向对方支付的一定数额的货币。当事人可以依照法律约定一方向对方给付定金作为债权的担保。债务人履行债务后，定金应当抵作价款或者收回。给付定金的一方不履行约定的债务的，无权要求返还定金；收受定金的一方不履行约定的债务的，应当双倍返还定金。

当事人既约定违约金，又约定定金的，一方违约时，对方可以选择适用违约金或者定金条款。但由于二者在目的、性质、功能等方面具有共性而不能并用。当事人执行定金条款后不足以弥补所受损害的，仍可以请求赔偿损失。

【例 4—13】 根据《民法典》合同编的规定，当事人履行合同义务，质量不符合约定而对违约责任又没有明确约定的，受损害方根据标的的性质以及损失的大小，可以合理要求对方承担的补救措施有（　　）。

A. 修理　　B. 减少价款　　C. 退货　　D. 更换

课后习题

【课后检测】

1. 违约的特征有哪些？
2. 违约责任的类型有什么？
3. 违约责任的承担方式都有哪几种？

【任务实训】

1. 学习起草合同书。

2. 通过起草合同书，进一步了解合同的概念、原则、条款，以及关于合同的相关法律规定，进而掌握合同的写作技巧。

项目五

劳动合同法律制度

学习目标

素质目标

1. 能正确把握劳动合同订立、履行以及管理中的各种法律要素。

2. 树立依法办理劳动合同的观念,并能够选择适当的规则和管理方法以有助于劳动合同目的的实现。

知识目标

1. 了解劳动法的概念、特征及劳动者的基本权利和义务。

2. 掌握劳动合同的概念、种类、订立、效力、履行、变更、解除、终止、法律责任等基本内容。

3. 理解集体合同、劳务派遣、非全日制用工、劳动争议的解决等基本法律制度。

4. 了解我国社会保险的基本法律制度,重点掌握社会保险的项目及有关内容。

技能目标

1. 能运用所学的法律知识和方法分析解决实际劳动与社会保险案例及相关问题。

2. 能运用所学的法律知识防范订立劳动合同时的风险与陷阱。

3. 能运用所学的法律知识与处理技巧维护劳动者自己的合法权益。

项目导读

《中华人民共和国劳动合同法》(以下简称《劳动合同法》)的立法宗旨是发展和谐稳定的劳动关系。在我国劳动力供大于求的情况下,劳动关系主体双方中劳动者一方处于弱势地位,因而《劳动合同法》更加强调对劳动者的保护,同时也对保护用人单位合法权益给予了必要的关注,作出了相应的法律规范。因此,只有正确全面地理解法律的立法宗旨,自觉增强法律意识,认真研究和解决工作中遇到的新情况新问题,才能全面推进法律的贯彻实施。《劳动合同法》通过平衡劳动关系,关注对劳动者权益的保护,为构建和谐稳定的劳动关系提供了法律保障,有利于促进产业结构调整和企业升级转型,提高国家和企业的竞争力,实现经济的可持续发展。劳动合同,是指劳动者同企业、国家机关、事业单位、社会团体、民办非企业单位、个体经济组织等用人单位之间订立的明确双方权利和义务的协议。

任务一　劳动合同法概述

【任务导入】

金某是浙江某学校的在读学生,不满18周岁。即将毕业时由该学校组织金某等学生到某酒店实习。按照多年的惯例,校方仅是与该酒店口头说一下,双方对学生实习期间的管理及权利义务未进行明确界定。某日,金某在酒店点心房独自上班,这时其他人员还未到岗。金某在加工面粉过程中,因操作不慎,右前臂被机器缠绞轧伤,经鉴定,金某前臂损伤属5级伤残。金某将浙江某学校和该酒店告上法庭。

请思考:

1. 学生金某在实习期间与该酒店有劳动法律关系吗?
2. 本案应如何处理?

【法律课堂】

一、劳动关系与劳动合同

(一)劳动关系与劳动合同的概念

劳动关系是指劳动者与用人单位依法签订劳动合同而在劳动者与用人单位之间产生的法律关系。

劳动合同是劳动者与用人单位之间依法确立劳动关系，明确双方权利义务的书面协议。

（二）劳务合同与劳动合同的区别

1. 主体不同

我们国家的《劳动合同法》中规定劳动合同的双方主体是用人单位和劳动者。其中，有一方必须是法人或社会组织，即我们通常所说的用人单位。而劳动合同的另一方的当事人劳动者则必须为自然人。在劳动合同关系当中，由于劳动者的身份所具有的特殊的双重属性，导致劳动者与用人单位之间的法律关系不仅存在财产关系，还存在着一定的人身隶属关系。用人单位除支付工资以外，还要负担相应的社会保险等福利待遇，如“五险一金”。

我国的劳务合同主体具有很大的广泛性，所以我们国家的劳务合同的双方当事人之间，当事人既可以都是普通的自然人，也可以都是法人或者其他社会组织。劳务合同当事人双方在法律关系上仅存在财产关系，当事人双方的法律地位是完全平等的，劳动者在劳务合同当中仅仅获得劳动报酬。

2. 内容的具体要求不同

《劳动合同法》第 10 条规定，建立劳动关系，应当订立书面劳动合同。据此，劳动合同应为书面合同。按照劳动合同的用工形式进行分类的方式，可以把劳动合同分成全日制用工合同和非全日制用工合同两大类型。由于非全日制用工合同属于灵活性较强的一种用工合同，所以用人单位与劳动者之间，既可以选择订立书面的合同，也可以选择订立口头的协议。除此以外的采用全日制用工方式的其他任何形式的劳动合同，都必须订立书面的合同，其内容的主要条款由法律规定，而用人单位与劳动者之间可以进行协商约定的内容比较少。

劳务合同当事人之间无论是订立口头协议，还是订立书面合同，只要合同的内容符合我们国家的法律规定，都是可以的。在社会实践当中，一般以口头协议居多。合同内容多为双方当事人之间约定，合同内容合法即可，合同条款任意性较强，体现了较强的合同双方当事人的意思自治。

3. 劳动合同与劳务合同的法律适用与纠纷处理方式不同

劳动合同在法律适用这一方面，通常做法是优先适用作为特别法的《劳动合同法》，同时《中华人民共和国劳动法》（以下简称《劳动法》）等相关的法律法规也对劳动合同适用。在劳动合同纠纷事件发生之后，作为劳动合同双方当事人的用人单位和劳动者之间，首先要进行协商，若当事人之间通过协商未能解决纠纷，不满协商结果的一方，则应当向劳动仲裁委员会提出仲裁申请，由劳动仲裁委员会进行仲裁；若双方当事人对仲裁结果不服或者不满意，异议方则可以在法定期限内至有管辖权的人民法院提起诉讼，以维护自己的合法的劳动权益。在此处尤其应当注意的是，劳动仲裁阶段是提起诉讼的前置程序，合同双方当事人均不可跨过劳动仲裁阶段，而直接向人民法院提起诉讼。

劳务合同的相关法律问题，通常适用于我国民法的调整范围。当劳务合同纠纷发生以后，劳务合同双方当事人可以选择协商解决劳务纠纷，也可以跨过协商过程，直接向人民法院提起诉讼，以解决劳务纠纷。在劳务合同的纠纷处理上，法律没有限制当事人之间必须先进行协商，在协商不能解决的情况下才可以到有管辖权的法院提起诉讼，此时，协商不是提起诉讼的前置程序。

二、劳动合同的种类和形式

（一）劳动合同的种类

1.固定期限劳动合同

这是指用人单位与劳动者约定合同终止时间的劳动合同。

2.无固定期限劳动合同

这是指用人单位与劳动者约定无确定终止时间的劳动合同。

3.以完成一定工作任务为期限的劳动合同

这是指用人单位与劳动者约定以某项工作的完成为合同期限的劳动合同。

（二）劳动合同的订立形式与时效

根据《劳动合同法》的规定，劳动合同应当以书面形式订立。其具体规定如下：

(1)自建立劳动关系时起就应当订立书面劳动合同。

(2)已建立劳动关系，未同时订立书面劳动合同的，应当自用工之日起1个月内订立书面劳动合同。

(3)用人单位自用工之日起超过1个月不满1年未与劳动者订立书面劳动合同的，应当向劳动者每月支付2倍的工资；用人单位自用工之日起满1年不与劳动者订立书面劳动合同的，视为用人单位与劳动者已订立无固定期限劳动合同。

三、劳动合同的订立

（一）劳动合同订立的概念

劳动合同的订立是指劳动者和用人单位经过相互选择与平等协

商，就劳动合同的各项条款达成一致意见，并以书面形式明确规定双方权利、义务的内容，从而确立劳动关系的法律行为。

订立劳动合同，应当遵循合法、公平、平等自愿、协商一致、诚实信用的原则。

【例 5—1】 劳动合同订立的原则有(　　)。

A. 合法原则　　B. 公平原则　　C. 平等自愿原则

D. 协商一致原则　　E. 诚实信用原则

(二) 劳动合同订立的主体

劳动合同订立的主体是指谁有权订立劳动合同，具体地说，即劳动者和用人单位。

1. 劳动合同订立主体的资格要求

(1)劳动者有劳动权利能力和行为能力

根据《劳动法》的规定，我国禁止用人单位招用未满 16 周岁的公民就业，否则将承担相应的法律责任，对有可能危害未成年人健康、安全或道德的职业或工作，《劳动法》规定劳动者的年龄不应低于 18 周岁。文艺、体育和特种工艺单位招用未满 16 周岁的未成年人，必须依照国家有关规定，履行审批手续，并保障其接受义务教育的权利。

劳动者就业，不因民族、种族、性别、宗教信仰不同而受歧视，妇女享有与男子平等的就业权利。在录用职工时，除国家规定的不适合妇女的工种或者岗位外，不得以性别为由拒绝录用妇女或者提高对妇女的录用标准。残疾人、少数民族人员、退役军人的就业法律法规有特别规定的，从其规定。

(2)用人单位有用人权利能力和行为能力

用人单位设立的分支机构，依法取得营业执照或者登记证书的，可以作为用人单位与劳动者订立劳动合同。未依法取得营业执照或者登记证书的，受用人单位委托可以与劳动者订立劳动合同。

2. 劳动合同订立主体的义务

(1)用人单位的责任和义务

用人单位招用劳动者时，应当如实告知劳动者工作内容、工作条件、工作地点、职业危害、安全生产状况、劳动报酬以及劳动者要求了解的其他情况。不得扣押劳动者的居民身份证和其他证件，不得要求劳动者提供担保或者以其他名义向劳动者收取财物。

用人单位违反劳动合同法规定，扣押劳动者居民身份证等证件的，由劳动行政部门责令限期退还劳动者本人，并依照有关法律规定给予处罚。用人单位以担保或者其他名义向劳动者收取财物的，由劳动行政部门责令限期退还劳动者本人，并以每人 500 元以上 2 000 元以下的标准处以罚款，给劳动者造成损害的，应当承担赔偿责任。

(2)劳动者的义务

劳动者的义务指劳动者必须履行的义务，最基本的义务是完成劳动任务，其他义务包括：提高职业技能、执行劳动安全卫生规程、遵守劳动纪律、遵守职业道德等。用人单位有权了解劳动者与劳动合同直接相关的基本情况，劳动者应当如实说明。

课后习题

【课后检测】

1. 什么是劳动合同，什么是劳动关系？
2. 劳务合同与劳动合同有什么区别？
3. 劳动合同分为哪些种类？
4. 劳动合同订立主体有哪些资格要求？

【任务实训】

班级之间分为若干小组，在网上搜集各种合同类型，然后在课堂上展示，并与同学交流合同属于哪种类型。

任务二　劳动合同的内容

【任务导入】

王某为某集装箱公司的汽车驾驶员，与某公司签订了两年期的劳动合同。合同履行期间，王某从事的具体工作是长途运输，公司以出具“行车单”方式安排王某的工作，并根据其运输量及运输里程计发其工资待遇。合同期满后，王某出示了自己保存的两年来的行车时间记录，上面有每天工作时间的记载，并有超过八小时后的超时工作的时间记录，要求公司按劳动法的规定支付其两年工作期间超过规定时间的加班工资。公司认为王某的工作时间不能以每天八小时计算，而且其工资也已按运输量及运输里程计发，不存在加班的情况，对王某的要求不予同意。

请思考：

集装箱公司是否应支付王某两年工作期间超过规定时间的加班工资？

【法律课堂】

一、法定条款

(一)劳动合同主体信息

用人单位的名称、住所和法定代表人或者主要负责人;劳动者的姓名、住址和居民身份证或者其他有效身份证件号码。

(二)劳动合同期限

劳动合同订立的形式与内容

有下列情形之一,劳动者提出或者同意续订、订立劳动合同的,除劳动者提出订立固定期限劳动合同外,应当订立无固定期限劳动合同:

(1)劳动者在该用人单位连续工作满 10 年的。

(2)用人单位初次实行劳动合同制度或者国有企业改制重新订立劳动合同时,劳动者在该用人单位连续工作满 10 年且距法定退休年龄不足 10 年的。

(3)连续订立 2 次固定期限劳动合同,且劳动者没有《劳动合同法》所规定的用人单位可以解除劳动合同的情形和用人单位在提前 30 日通知劳动者或额外支付 1 个月工资后,可以解除劳动合同的情形,续订劳动合同的。

(三)工作内容和工作地点

用人单位对劳动者提供劳动的具体要求,如工作岗位,劳动的数量、质量,工作任务以及工作完成的具体地点等。

(四)工作时间和休息休假

用人单位按照工作内容和需要规定符合法律要求的工作时间,并保证劳动者的法定休息权利。

【例 5—2】 房某工作已满 15 年,2016 年上半年在 A 公司已用带薪年休假 5 天,下半年调到 B 公司工作,提出补休年休假的申请,B 公司对房某补休年休假的申请符合法律规定的答复是(　　)。

A. 不可以补休年休假　　B. 可补休 5 天年休假

C. 可补休 10 天年休假　　D. 可补休 15 天年休假

(五)劳动报酬

包括劳动者应享有的工资、奖金、津贴等待遇,不得低于国家规定标准。劳动合同对劳动报酬和劳动条件等标准约定不明确,引发争议的,用人单位与劳动者可以重新协商;协商不成的,适用集体合同规定;没有集体合同或者集体合同未规定劳动报酬的,实行同工同酬;没有集体合同或者集体合同未规定劳动条件等标准的，适用国家有关规定。

（六）社会保险

用人单位按照法律规定，为劳动者提供医疗保险、失业保险和养老保险等社会保险。

（七）劳动保护、劳动条件和职业危害防护

用人单位应当为劳动者提供劳动保护措施和符合国家规定标准的工作环境。

（八）法律法规规定应当纳入劳动合同的其他事项

劳动合同除前款规定的必备条款外，用人单位与劳动者可以约定试用期、培训、保守秘密、补充保险和福利待遇等其他事项。

二、约定条款

（一）试用期

在试用期规定如下：

（1）劳动合同期限3个月以上不满1年的，试用期不得超过1个月；劳动合同期限1年以上不满3年的，试用期不得超过2个月；3年以上固定期限和无固定期限的劳动合同，试用期不得超过6个月。

（2）同一用人单位与同一劳动者只能约定一次试用期。

（3）以完成一定工作任务为期限的劳动合同或者劳动合同期限不满3个月的，不得约定试用期。

（4）试用期包含在劳动合同期限内。劳动合同仅约定试用期的，试用期不成立，该期限为劳动合同期限。

（5）劳动者在试用期的工资不得低于本单位相同岗位最低档工资或者劳动合同约定工资的80%，并不得低于用人单位所在地的最低工资标准。

（6）在试用期内，除劳动者有《劳动合同法》所规定的用人单位可以解除劳动合同和用人单位在提前30日通知劳动者或额外支付1个月工资后，可以解除劳动合同的情形外，用人单位不得解除劳动合同。用人单位在试用期解除劳动合同的，应当向劳动者说明理由。

（二）服务期

（1）用人单位为劳动者提供专项培训费用，对其进行专业技术培训的，可以与该劳动者订立协议，约定服务期。

（2）劳动者违反服务期约定的，应当按照约定向用人单位支付违约金。违约金的数额不得超过用人单位提供的培训费用。用人单位要求劳动者支付的违约金不得超过服务期尚未履行部分所应分摊的培训费用。

(3)用人单位与劳动者约定服务期的，不影响按照正常的工资调整机制提高劳动者在服务期期间的劳动报酬。

【例 5—3】 甲公司为员工张某支付培训费用 3 万元，约定服务期 3 年，2 年后，张某以甲公司自其入职之日起从未按照合同约定提供劳动保护为由，向甲公司提出解除劳动合同。根据劳动合同法律制度的规定，下列说法正确的是(　　)。

A. 张某违反了服务期的约定

B. 甲公司可以要求张某支付 3 万元违约金

C. 甲公司可以要求张某支付 1 万元违约金

D. 张某无须支付违约金

(三)医疗期

医疗期是指企业职工因患病或非因工负伤停止工作治病休息不得解除劳动合同的时限。

企业职工因患病或非因工负伤，需要停止工作医疗时，根据本人实际参加工作年限和在本单位工作年限，给予 3 个月到 24 个月的医疗期：

(1)实际工作年限 10 年以下的，在本单位工作年限 5 年以下的为 3 个月；5 年以上的为 6 个月。

(2)实际工作年限 10 年以上的，在本单位工作年限 5 年以下的为 6 个月；5 年以上 10 年以下的为 9 个月；10 年以上 15 年以下的为 12 个月；15 年以上 20 年以下的为 18 个月；20 年以上的为 24 个月。

(四)竞业限制条款

竞业限制亦称竞业禁止，是指在劳动关系中或曾经存在的劳动关系中，高级管理人员、高级技术人员和其他负有保密义务的人员负有保护用人单位的商业秘密的义务，不得兼职从事与用人单位相同或者类似业务的竞争性行为的义务。凡有这种约定的，单位应向受竞业限制的离职人员支付一定数额的补偿费。

【例 5—4】 根据劳动合同法律制度的规定，下列各项中，用人单位和劳动者不得对此约定违约金的有(　　)。

A. 竞业限制　　B. 休息休假　　C. 工作时间　　D. 试用期

三、劳动合同的履行与变更

(一)劳动合同的履行

劳动合同的履行是指劳动合同生效后,当事人双方按照劳动合同的约定,完成各自承担的义务和实现各自享受的权利,使当事人双方订立合同的目的得以实现的法律行为。

1.用人单位与劳动者应当按照劳动合同的约定全面履行各自的义务

(1)用人单位应当按照劳动合同约定和国家规定,向劳动者及时足额支付劳动报酬。用人单位拖欠或者未足额支付劳动报酬的,劳动者可以依法向当地人民法院申请支付令,人民法院应当依法发出支付令。

用人单位未按照劳动合同的约定或者国家规定及时足额支付劳动者劳动报酬的,由劳动行政部门责令限期支付,逾期不支付的,责令用人单位按应付金额50%以上、100%以下的标准向劳动者加付赔偿金。

(2)用人单位应当严格执行劳动定额标准,不得强迫或者变相强迫劳动者加班。用人单位安排加班的,应当按照国家有关规定向劳动者支付加班费。

(3)劳动者拒绝用人单位管理人员违章指挥、强令冒险作业的,不视为违反劳动合同,劳动者对危害生命安全和身体健康的劳动条件,有权对用人单位提出批评、检举和控告。

(4)用人单位变更名称、法定代表人、主要负责人或者投资人等事项,不影响劳动合同的履行。

(5)用人单位发生合并或者分立等情况,原劳动合同继续有效,劳动合同由承继其权利和义务的用人单位继续履行。

2.用人单位应当依法建立和完善劳动规章制度,保障劳动者享有劳动权利、履行劳动义务

劳动规章制度是用人单位制定的组织劳动过程和进行劳动管理的规则和制度的总称。主要包括劳动合同管理、工资管理、社会保险福利待遇、工时休假、职工奖惩以及其他劳动管理规定,合法有效的劳动规章制度是劳动合同的组成部分,对用人单位和劳动者均具有法律约束力。

用人单位在制定、修改或者决定有关劳动报酬、工作时间、休息休假、劳动安全卫生、保险福利、职工培训、劳动纪律以及劳动定额管理等直接涉及劳动者切身利益的规章制度和重大事项时,应当经职工代表大会或者全体职工讨论,提出方案和意见,与工会或者职工代表平等协

商确定。实施过程中，工会或者职工认为不适当的，有权向用人单位提出，通过协商予以修改完善。

用人单位应当将直接涉及劳动者切身利益的规章制度和重大事项决定公示，或者告知劳动者，公示或告知可以采用张贴通告、员工手册送达、会议精神传达等方式，用人单位直接涉及劳动者切身利益的规章制度违反法律法规规定的，由劳动行政部门责令改正，给予警告，给劳动者造成损害的，应当承担赔偿责任。

案例分析

【例 5—5】 2008 年 1 月 10 日，小王入职时，公司告知他有 3 个月的试用期，但是没有与小王签订书面的劳动合同。2008 年 3 月 15 日，公司通知小王，由于他在试用期表现不佳，所以公司决定辞退他。小王觉得很委屈，因为在试用期内他确实努力工作而且自认为表现是很好的。

请问：

在这种情况下，小王应该怎么办？

(二)劳动合同的变更

用人单位与劳动者协商一致，可以变更劳动合同约定的内容。变更劳动合同，应当采用书面形式，变更后的劳动合同文本由用人单位和劳动者各执一份，变更劳动合同未采用书面形式，但已经实际履行了口头变更的劳动合同超过 1 个月，且变更后的劳动合同内容不违反法律、行政法规、国家政策以及公序良俗，当事人以未采用书面形式为由主张劳动合同变更无效的，人民法院不予支持。用人单位变更名称、法定代表人、主要负责人或者投资人等事项，不影响劳动合同的履行。用人单位发生合并或者分立等情况，原劳动合同继续有效，劳动合同由继承其权利和义务的用人单位继续履行。

【课后检测】

课后习题

1. 劳动合同有哪些法定条款？
2. 劳动合同有哪些约定条款？
3. 劳动合同履行与变更时应该注意什么？

【任务实训】

1. 甲公司的会计王某原为会计员，现通过了助理会计师考试，取得了助理会计师资格，公司欲聘其为助理会计师，其劳动合同的相关内容需要变更。

请问：

（1）考虑劳动合同需要变更的事项，然后给王某发一份劳动合同变更通知书。

（2）与王某签订一份变更劳动合同的协议书。

任务三　劳动合同的解除与终止

【任务导入】

某百货商场因扩大营业面积，需增加营业员，与符合聘用条件的20名应聘者签订了为期2年的劳动合同，约定试用期为3个月。劳动合同中还约定："在试用期内，营业员与商场均有权随时与对方解除劳动合同。"2个月后，商场认为无须使用这么多营业员，只使用其中的15名就足够了，于是，单方决定解除5名营业员的劳动合同。

请思考：

在试用期内双方均有权随时与对方解除劳动合同吗？

【法律课堂】

一、劳动合同的解除

劳动合同的解除是劳动合同在订立以后，尚未履行或未全部履行之前，由于合同双方或单方的法律行为导致提前消灭劳动关系的法律行为。劳动合同的解除分为协商解除和法定解除。

（一）协商解除

协商解除是双方当事人协商一致、合意解除劳动合同，提前终止劳动合同的效力。

（1）如果是劳动者提出解除劳动合同，单位也同意解除，双方达成一致意见的，可以解除劳动合同。但因为这是劳动者自愿提出离职，是没有经济补偿金的。

（2）如果是用人单位提出解除劳动合同，劳动者也同意解除，双方达成一致意见的，可以解除劳动合同。但是用人单位应该根据《劳动合同法》的规定向劳动者支付经济补偿金。

【例5—6】 根据劳动合同法律制度的规定,劳动者单方面解除劳动合同的下列情形中,不能获得经济补偿金的有( )。

A. 劳动者提前30日以书面形式通知用人单位解除劳动合同的

B. 劳动者因用人单位未按照劳动合同约定提供劳动保护而解除劳动合同的

C. 劳动者因用人单位未及时足额支付劳动报酬而解除劳动合同的

D. 劳动者在试用期内提前3日通知用人单位解除劳动合同的

(二)法定解除

法定解除是指在出现国家法律法规或劳动合同规定的可以解除劳动合同的情形时,不需要当事人协商一致,一方当事人即可决定解除劳动合同。劳动合同效力可以自然终止或由单方提前终止,在这种情况下,主动解除劳动合同的一方一般负有主动通知对方的义务。法定解除又可分为劳动者单方解除和用人单位单方解除。

(三)用人单位不得单方解除劳动合同的情形

劳动者有下列情形之一的,用人单位不得单方解除劳动合同:

(1)从事接触职业病危害作业的劳动者未进行离岗前职业健康检查,或者疑似职业病病人在诊断或者医学观察期间的;

(2)在本单位患职业病或者因工负伤并被确认丧失或者部分丧失劳动能力的;

(3)患病或者非因工负伤,在规定的医疗期内的;

(4)女职工在孕期、产期、哺乳期的;

(5)在本单位连续工作满15年,且距法定退休年龄不足5年的;

(6)法律、行政法规规定的其他情形。

二、劳动合同的终止

(一)劳动合同终止的概念

劳动合同终止是指用人单位与劳动者之间的劳动关系因某种法律事实的出现而自动归于消灭,或导致劳动关系的继续履行成为不可能而不得不消灭的情形。劳动合同终止一般不涉及用人单位与劳动者的意思表示,只要法定事实出现,一般情况下都会导致双方劳动关系的消灭。

解除是一方或者双方,"主动""人为"地提前结束合同,终止是出现法定事由后,"被动"地提前或如期结束合同。

(二)劳动合同终止的情形

有下列情形之一的,劳动合同终止:

(1)劳动合同期满的；

(2)劳动者开始依法享受基本养老保险待遇的；

(3)劳动者死亡，或者被人民法院宣告死亡或者宣告失踪的；

(4)用人单位被依法宣告破产的；

(5)用人单位被吊销营业执照、责令关闭、撤销或者用人单位决定提前解散的；

(6)法律、行政法规规定的其他情形。

(三)劳动合同解除或终止后双方的义务

1. 用人单位的义务

其主要有：①用人单位应当在解除或者终止劳动合同时出具解除或者终止劳动合同证明的义务；②用人单位应在15日内为劳动者办理档案和社会保险关系转移手续的义务；③用人单位应当在办结工作交接时向劳动者支付经济补偿的义务；④用人单位对已经解除或者终止的劳动合同的文本，至少保存2年备查的义务。

2. 劳动者的义务

劳动者应当按照双方约定办理工作交接，主要包括公司财产物品的返还、资料的交接等。

【课后检测】

课后习题

1. 劳动合同的解除方式有哪些？
2. 什么情况下用人单位不得单方解除劳动合同？
3. 什么情况下劳动合同终止？
4. 劳动合同终止后，用人单位和劳动者的义务分别是什么？

【任务实训】

1. 某公司个别员工辞职，向公司提出解除劳动合同。

(1)请设计员工提前30日提出解除劳动合同的管理流程。

(2)请设计此种情况下的劳动合同解除通知书和证明书。

2. 智多星咨询公司成立于2002年，现有员工35人，35人均与公司签订了劳动合同。有15人的劳动合同将于一个月后到期，其中有2人将被终止劳动合同，有13人将续订劳动合同。

请问：

如何分别为这些员工办理续订和终止劳动合同的手续？

任务四　社会保险法律制度

【任务导入】

2010年12月，赵某与某市医药公司签订了劳动合同，其中有“员工在工作中发生的一切意外伤害事故由员工自行负责，本公司概不负责”的内容，赵某当时未表示异议。2011年6月，赵某按公司规定外出时发生车祸，肇事车逃逸。赵某向单位申报工伤，医药公司称：双方已在合同中约定工伤概不负责，赵某应自行承担责任。

请思考：

1. 劳动合同中“工伤概不负责”的约定合法吗？
2. 本案应如何处理？

【法律课堂】

一、社会保险的概念、种类与基本规则

（一）社会保险的概念

社会保险是指国家通过立法设立社会保险基金，使劳动者在暂时或永久丧失劳动能力以及失业时获得物质帮助和补偿的一种社会保障制度。根据《劳动法》第70条的规定，国家发展社会保险事业，建立社会保险制度，设立社会保险基金，使劳动者在年老、患病、工伤、失业、生育等情况下获得帮助和补偿。2010年10月28日中华人民共和国第十一届全国人民代表大会常务委员会第十七次会议通过并于2011年7月1日起施行《中华人民共和国社会保险法》（以下简称《社会保险法》），根据2018年12月29日第十三届全国人民代表大会常务委员会第七次会议《关于修改〈中华人民共和国社会保险法〉的决定》修正。

（二）社会保险的种类

目前我国的社会保险项目主要有5项，统称为“五险”。

1. 基本养老保险

基本养老保险是针对公民老年风险，通过参保人缴费和政府补贴建立养老保险基金，向达到法定领取年龄的成员支付养老金，保障老年日常支出的社会保障项目。

2. 基本医疗保险

基本医疗保险是针对公民的医疗风险，通过参保人缴费和政府补

贴建立医疗保险基金，为成员分担基本医疗费用，保障公民能享受基本医疗服务的社会保障项目。

3. 工伤保险

工伤认定中的上下班途中如何认定？

工伤保险是针对公民的职业风险，通过雇主缴费和政府补贴建立工伤保险基金，向因工伤事故导致伤病、因工作环境导致职业病的成员，提供医疗服务、带薪休假；向伤残的成员及其供养的家庭成员提供伤残抚恤金的社会保障项目。

4. 失业保险

失业保险是针对公民失业风险，通过参保人缴费和政府补贴建立失业保险基金，向非本人原因失业、在失业保险机构登记且具有就业愿望的人员支付失业津贴、医疗补贴等，保障其家庭基本生活，提供就业培训和就业服务的社会保障项目。

5. 生育保险

生育保险是针对公民的生育风险，通过雇主缴费和政府补贴建立生育保险基金，向符合计划生育的成员提供医疗服务、带薪休假的社会保障项目。

【例 5—7】 根据社会保险法律制度的规定，无雇工的个体工商户可按国家规定由个人缴费参加基本社会保险，其可以参加的社会保险项目包括（　　）。

A. 生育保险　　B. 基本养老保险

C. 基本医疗保险　　D. 工伤保险

（三）社会保险的基本规则

（1）社会保险范围“广覆盖”。

（2）社会保险“保基本”。

（3）社会保险体系“多层次”。

（4）社会保险制度运行“可持续”。

二、养老保险法律制度

（一）养老保险的概念及其覆盖范围

养老保险指国家和社会根据一定的法律和法规，在劳动者因年老或病残退出劳动岗位后，给予其一定的物质保障，以维持其基本生活。养老保险是世界各国较普遍实行的一种社会保障制度，我国养老保险的费用一般由国家、单位和个人三方共同承担。单位和个人都必须参加，同时实行广泛的社会互济。

我国的养老保险由四个层次（或部分）组成。第一个层次是基本养老保险，第二个层次是企业补充养老保险，第三个层次是个人储蓄性养老保险，第四个层次是商业养老保险。在这种多层次养老保险体系中，基本养老保险可称为第一层次，也是最高层次。

基本养老保险（也称国家基本养老保险），是国家和社会根据一定的法律和法规，为解决劳动者在达到国家规定的解除劳动义务的劳动年龄界限，或因年老丧失劳动能力退出劳动岗位后的基本生活而建立的一种社会保险制度。基本养老保险以保障离退休人员的基本生活为原则，具有强制性、互济性和社会性。它的强制性体现在由国家立法并强制实行，企业和个人都必须参加而不得违背；互济性体现在养老保险费用来源，一般由国家、企业和个人三方共同负担，统一使用、支付，使企业职工得到生活保障并实现广泛的社会互济；社会性体现在养老保险影响很大，享受人多且时间较长，费用支出庞大。

企业补充养老保险由国家宏观调控、企业内部决策执行的企业补充养老保险，又称企业年金，是指由企业根据自身经济承受能力，在参加基本养老保险的基础上，企业为提高职工的养老保险待遇水平而自愿为本企业职工所建立的一种辅助性的养老保险。企业补充养老保险是一种企业行为，效益好的企业可以多投保，效益差的、亏损企业可以不投保。实行企业年金，可以使年老退出劳动岗位的职工在领取基本养老金的水平上再提高一步，有利于稳定职工队伍，发展企业生产。

职工个人储蓄性养老保险是我国多层次养老保险体系的一个组成部分，是由职工自愿参加、自愿选择经办机构的一种补充保险形式。实行职工个人储蓄性养老保险的目的在于扩大养老保险经费来源，多渠道筹集养老保险基金，减轻国家和企业的负担；有利于消除长期形成的保险费用完全由国家"包下来"的观念，增强职工的自我保障意识和参与社会保险的主动性。

商业养老保险是以获得养老金为主要目的的长期人身险，是年金保险的一种特殊形式，又称退休金养老保险，是社会养老保险的补充。商业性养老保险的被保险人，在缴纳了一定的保险费以后，就可以从一定的年龄开始领取养老金。这样，尽管被保险人在退休之后收入下降，但由于有养老金的帮助，他仍然能保持退休前的生活水平。商业养老保险，如无特殊条款规定，投保人缴纳保险费的时间间隔相等、保险费的金额相等、整个缴费期间内的利率不变且计息频率与付款频率相等。

（二）享受养老保险待遇的条件

在我国劳动者享受养老保险待遇的条件因劳动者退出劳动领域分

为退休、离休和退职。

1. 因退休而享受养老保险待遇的条件

国家法定的企业职工退休年龄是男年满60周岁，女工人年满50周岁，女干部年满55周岁；从事井下、高温、高空、特别繁重体力劳动或其他有害身体健康工作的，退休年龄男年满55周岁，女年满45周岁；因病或非因工致残，由医院证明并经劳动鉴定委员会确认完全丧失劳动能力的，退休年龄为男年满50周岁，女年满45周岁。参加基本养老保险的个人，达到法定退休年龄时累计缴费满15年的，按月领取基本养老金；如果达到法定退休年龄时累计缴费不足15年的，可以缴费至满15年，按月领取基本养老金；参加基本养老保险的个人，因病或者非因工死亡的，其遗属可以领取丧葬补助金和抚恤金；在未达到法定退休年龄时因病或者非因工致残完全丧失劳动能力的，可以领取病残津贴。所需资金从基本养老保险基金中支付。个人跨统筹地区就业的，其基本养老保险关系随本人转移，缴费年限累计计算。个人达到法定退休年龄时，基本养老金分段计算、统一支付。具体办法由国务院规定。

2. 因退职而享受养老保险待遇的条件

因工伤而完全丧失劳动能力且不符合退休年龄条件或工龄条件或其他退休条件的，应当退职，享受养老保险待遇。

（三）养老保险的待遇

根据《国务院关于完善企业职工基本养老保险制度的决定》的规定，从2006年1月1日起，个人账户的规模统一由本人缴费工资的11%调整为8%，全部由个人缴费形成，单位缴费不再划入个人账户。其计发办法是以参保缴费年限为基础，以计发基数、计发比例和计发月数调整为重点，以建立参保缴费的激励约束机制为出发点，以保障参保人员的养老保险权益为目标，采取“新人新制度、老人老办法、中人逐步过渡”的方式。具体为：

参加工作的参保人员属于“新人”，缴费年限（含视同缴费年限，下同）累计满15年，退休后将按月发给基本养老金，基本养老金待遇水平与缴费年限的长短、缴费基数的高低、退休时间的早晚直接挂钩，基本养老金由基础养老金和个人账户养老金组成。退休时的基础养老金月标准以当地上年度在岗职工月平均工资和本人指数化月平均缴费工资的平均值为基数，缴费每满1年发给1%；个人账户养老金月标准为个人账户储存额除以计发月数，计发月数根据职工退休时城镇人口平均预期寿命、本人退休年龄、利息等因素确定。

实施前已经离退休的参保人员属于“老人”，他们仍然按照国家原来的规定发给基本养老金，同时随基本养老金调整而增加养老保险待遇。

实施前参加工作，本决定实施后退休的参保人员属于“中人”。由于他们以前个人账户的积累很少，缴费年限累计满15年的，退休后在发给基础养老金和个人账户养老金的基础上，再发给过渡性养老金。按照新制度的设计，职工退休后的养老金分为两部分：一是基础养老金，月标准为上年度职工月平均工资的20%；二是个人账户养老金，标准为每月发放个人账户累计储存额的1/120。养老金的计算公式：

基本养老金＝基础养老金＋个人账户养老金＋过渡性养老金

三、医疗保险法律制度

（一）医疗保险的概念以及保障对象

医疗保险就是当人们生病或受到伤害后，由国家或社会给予的一种物质帮助，即提供医疗服务或经济补偿的一种社会保障制度。

职工应当参加职工基本医疗保险，由用人单位和职工按照国家规定共同缴纳基本医疗保险费，用人单位缴费率控制在职工工资总额的6%左右，职工缴费率一般为本人工资收入的2%。无雇工的个体工商户、未在用人单位参加职工基本医疗保险的非全日制从业人员以及其他灵活就业人员可以参加职工基本医疗保险，由个人按照国家规定缴纳基本医疗保险费。城镇居民基本医疗保险实行个人缴费和政府补贴相结合。享受最低生活保障的人、丧失劳动能力的残疾人、低收入家庭60周岁以上的老年人和未成年人等所需个人缴费部分，由政府给予补贴。

参加职工基本医疗保险的个人，达到法定退休年龄时累计缴费达到国家规定年限的，退休后不再缴纳基本医疗保险费，按照国家规定享受基本医疗保险待遇；未达到国家规定年限的，可以缴费至国家规定年限。

我国的医疗保险制度主要分为三种：一是适用于企业职工的劳保医疗制度，二是适用于机关事业单位工作人员的公费医疗制度，三是适用于农村居民的合作医疗制度。不同的保险制度保障了不同的人群。

劳保医疗制度是根据1951年2月26日原政务院公布的《中华人民共和国劳动保险条例》（以下简称《劳动保险条例》）而建立起来的。劳保医疗费用在1953年以前全部由企业负担；1953年改为根据行业性质分别按工资总额的5%～7%提取。1969年，财政部发布规定要求中央国营企业的奖励基金、福利费和医药卫生费实行合并提取办法，统一按照企业工资总额的11%提取的职工福利基金直接计入成本。

公费医疗制度是1952年6月原政务院发布的《关于全国各级人民政府、党派、团体及所属事业单位的国家工作人员实行公费医疗预防的指示》建立起来的。公费医疗制度的实施范围包括各级国家机关、党派、人民团体以及脱离文化、教育、科研、卫生、体育等事业单位的工作人员和革命残废军人、高等院校在校学生等。公费医疗的经费来源于国家与各级政府的财政预算拨款，由各级卫生行政部门或财政部门统一管理和使用，从单位“公费医疗经费”项目中开支，实行专款专用。享受公费医疗人员门诊、住院所需的诊疗费、手术费、住院费、门诊费或住院中经医生处方的药费，均由医药费拨付；但住院的膳食、就医路费由患病者本人负担，如实在有困难的，得由机关给予补助，在行政经费内报销。

合作医疗制度主要适用于农村地区，与劳保医疗和公费医疗不同的是，它并不是由国家立法强制建立的，也没有国家财政给予资金支持，而是在农村地区，通过集体和个人集资筹集医疗经费，为农民居民提供医疗保健服务的一种互助互济制度。

(二)医疗保险期间待遇

1.医疗待遇

职工患病或非因公负伤确需停止工作治病休息的，根据本人连续工龄和在本单位工龄的长短，给予3～24个月的医疗期；难以治愈的疾病，由医疗机构提出，本人申请，劳动行政部门批准后，可适当延长医疗期。在医疗期内，职工一般在指定的医院就医，所需检查费用、治疗费用、药品费用、住院费用，在规定的标准内的，按规定比例分别从医疗保险社会统筹基金和个人账户中支付；规定范围和标准之外的费用，由职工个人负担。医疗期内的职工工资停发，由用人单位按其工龄长短给付相当于本人工资一定比例的疾病医疗津贴(病假工资)。

2.致残待遇

职工患病或非因公致残的在医疗期内医疗终结或医疗期满后，经用人单位申请，劳动鉴定委员会确定残废等级。致残一级至四级的应退出劳动岗位，终止劳动关系，享受退休或退职待遇。致残五级至十级的，在规定医疗期内不得辞退，用人单位应为其另行安排工作；不能从事所安排工作的，可以按规定发给疾病津贴；规定医疗期满后，可解除劳动合同并按规定给予经济补偿。

国有企业下岗职工的基本医疗保险费，包括单位缴费和个人缴费，均由再就业服务中心按照当地上年度职工平均工资的60%为基数缴纳。

四、工伤保险法律制度

(一)工伤保险的概念

工伤保险指劳动者因公受伤、患病、致残或死亡，依法从国家和社会获得经济补偿和物质帮助的社会保险制度。现行的《工伤保险条例》是于2010年12月8日国务院第136次常务会议通过，于2011年1月1日施行。本条例规定职工应当参加工伤保险，由用人单位缴纳工伤保险费，职工不缴纳工伤保险费。用人单位依照本条例规定应当参加工伤保险而未参加的，由社会保险行政部门责令限期参加，补缴应当缴纳的工伤保险费，并自欠缴之日起，按日加收0.05%的滞纳金；逾期仍不缴纳的，处欠缴数额1倍以上3倍以下的罚款。依照本条例规定应当参加工伤保险而未参加工伤保险的用人单位职工发生工伤的，由该用人单位按照本条例规定的工伤保险待遇项目和标准支付费用。

(二)工伤保险待遇

(1)职工因工作遭受事故伤害或者患职业病进行治疗，享受工伤医疗待遇。

职工治疗工伤应当在签订服务协议的医疗机构就医，情况紧急时可以先到就近的医疗机构急救。

治疗工伤所需费用符合工伤保险诊疗项目目录、工伤保险药品目录、工伤保险住院服务标准的，从工伤保险基金中支付。工伤保险诊疗项目目录、工伤保险药品目录、工伤保险住院服务标准，由国务院劳动保障行政部门会同国务院卫生行政、药品监督管理等部门规定。

职工住院治疗工伤的伙食补助费，以及经医疗机构出具证明，报经办机构同意，工伤职工到统筹地区以外就医所需的交通、食宿费用从工伤保险基金中支付，基金支付的具体标准由统筹地区人民政府规定。

工伤职工治疗非工伤引发的疾病，不享受工伤医疗待遇，按照基本医疗保险办法处理。工伤职工到签订服务协议的医疗机构进行工伤康复的费用，符合规定的，从工伤保险基金中支付。

(2)工伤职工因日常生活或者就业需要，经劳动能力鉴定委员会确认，可以安装假肢、矫形器、假眼、假牙和配置轮椅等辅助器具，所需费用按照国家规定的标准从工伤保险基金中支付。

(3)职工因工作遭受事故伤害或者患职业病需要暂停工作接受工伤医疗的，在停工留薪期内，原工资福利待遇不变，由所在单位按月支付。

停工留薪期一般不超过12个月。伤情严重或者情况特殊，经设区的市级劳动能力鉴定委员会确认，可以适当延长，但延长不得超过12个月。工伤职工评定伤残等级后，停发原待遇，按照规定享受伤残待遇。工伤职工在停工留薪期满后仍需治疗的，继续享受工伤医疗待遇。

生活不能自理的工伤职工在停工留薪期需要护理的，由所在单位负责。

(4)工伤职工已经评定伤残等级并经劳动能力鉴定委员会确认需要生活护理的，从工伤保险基金中按月支付生活护理费。

生活护理费按照生活完全不能自理、生活大部分不能自理或者生活部分不能自理3个不同等级支付，其标准分别为统筹地区上年度职工月平均工资的50%、40%或者30%。

(5)职工因工致残被鉴定为一级至四级伤残的，保留劳动关系，退出工作岗位，享受以下待遇。

①从工伤保险基金中按伤残等级支付一次性伤残补助金，标准为：一级伤残为27个月的本人工资，二级伤残为25个月的本人工资，三级伤残为23个月的本人工资，四级伤残为21个月的本人工资。

②从工伤保险基金中按月支付伤残津贴，标准为：一级伤残为本人工资的90%，二级伤残为本人工资的85%，三级伤残为本人工资的80%，四级伤残为本人工资的75%。伤残津贴实际金额低于当地最低工资标准的，由工伤保险基金补足差额。

工伤职工达到退休年龄并办理退休手续后，停发伤残津贴，按照国家有关规定享受基本养老保险待遇。

(6)职工因工致残被鉴定为五级、六级伤残的，享受以下待遇。

①从工伤保险基金中按伤残等级支付一次性伤残补助金，标准为：五级伤残为18个月的本人工资，六级伤残为16个月的本人工资。

②保留与用人单位的劳动关系，由用人单位安排适当工作。难以安排工作的，由用人单位按月发给伤残津贴，标准为：五级伤残为本人工资的70%，六级伤残为本人工资的60%，并由用人单位按照规定为其缴纳应缴纳的各项社会保险费。伤残津贴实际金额低于当地最低工资标准的，由用人单位补足差额。

经工伤职工本人提出，该职工可以与用人单位解除或者终止劳动关系，由工伤保险基金支付一次性工伤医疗补助金，由用人单位支付一次性伤残就业补助金。一次性工伤医疗补助金和一次性伤残就业补助金的具体标准由省、自治区、直辖市人民政府规定。

(7)职工因工致残被鉴定为七级至十级伤残的，享受以下待遇。

①从工伤保险基金中按伤残等级支付一次性伤残补助金，标准为：

七级伤残为 13 个月的本人工资，八级伤残为 11 个月的本人工资，九级伤残为 9 个月的本人工资，十级伤残为 7 个月的本人工资。

②劳动、聘用合同期满终止，或者职工本人提出解除劳动、聘用合同的，由工伤保险基金支付一次性工伤医疗补助金，由用人单位支付一次性伤残就业补助金。一次性工伤医疗补助金和一次性伤残就业补助金的具体标准由省、自治区、直辖市人民政府规定。

(8)职工因工死亡，其近亲属按照下列规定从工伤保险基金中领取丧葬补助金、供养亲属抚恤金和一次性工亡补助金：

①丧葬补助金为 6 个月的统筹地区上年度职工月平均工资。伤残职工在停工留薪期内因工伤导致死亡的，其近亲属享受此待遇。

②供养亲属抚恤金按照职工本人工资的一定比例发给由因工死亡职工生前提供主要生活来源、无劳动能力的亲属。标准为：配偶每月 40%，其他亲属每人每月 30%，孤寡老人或者孤儿每人每月在上述标准的基础上增加 10%。核定的各供养亲属的抚恤金之和不应高于因工死亡职工生前的工资。供养亲属的具体范围由国务院社会保险行政部门规定。

③一次性工亡补助金标准为上一年度全国城镇居民人均可支配收入的 20 倍。

(9)伤残津贴、供养亲属抚恤金、生活护理费由统筹地区劳动保障行政部门根据职工平均工资和生活费用变化等情况适时调整。调整办法由省、自治区、直辖市人民政府规定。

(10)职工因工外出期间发生事故或者在抢险救灾中下落不明的，从事故发生当月起 3 个月内照发工资，从第 4 个月起停发工资，由工伤保险基金向其供养亲属按月支付供养亲属抚恤金。生活有困难的，可以预支一次性工亡补助金的 50%。职工被人民法院宣告死亡的，按照职工因工死亡的规定处理。

(11)工伤职工有下列情形之一的，停止享受工伤保险待遇：丧失享受待遇条件的；拒不接受劳动能力鉴定的；拒绝治疗的。

【例 5－8】 根据社会保险法律制度的规定，下列职工出现伤亡的情形中，应当认定为工伤的是(　　)。

A. 在下班途中受到本人负主要责任交通事故伤害的

B. 因本人故意犯罪导致在工作中伤亡的

C. 在工作时间和工作岗位，突发疾病 72 小时后死亡的

D. 工作时间前在工作场所内，从事与工作有关的预备性工作受到事故伤害的

五、失业保险法律制度

（一）失业保险的概念

失业保险指国家通过立法强制实行的，由社会集中建立基金，对因失业而暂时中断生活来源的劳动者提供物质帮助的制度。职工应当参加失业保险，由用人单位和职工按照国家规定共同缴纳失业保险费。失业保险费的缴纳，根据《中华人民共和国失业保险条例》的规定，城镇企业事业单位按照本单位工资总额的2%缴纳失业保险费；城镇企业事业单位职工按照本人工资的1%缴纳失业保险费。

（二）享受失业保险的条件

失业人员符合下列条件的，从失业保险基金中领取失业保险金：

(1)失业前用人单位和本人已经缴纳失业保险费满1年的；

(2)非因本人意愿中断就业的；

(3)已经进行失业登记，并有求职要求的。

（三）失业保险的待遇

失业保险待遇主要包括：失业保险金、医疗补助金等。

1. 失业保险金

失业保险金由失业保险经办机构按月发放。失业保险金的标准，按照低于当地最低工资标准、高于城市居民最低生活保障标准的审评，由省、自治区、直辖市人民政府确定。失业职工领取失业救济金的期限，根据失业职工失业前在企业连续工作的时间确定失业人员失业前所在单位和本人按照规定累计缴费时间满1年不足5年的，领取期限最长为12个月；累计缴费时间满5年不足10年的，领取期限最长为18个月；累计缴费时间10年以上的，领取期限最长为24个月。重新就业后，再次失业的缴费时间重新计算，但最长不得超过24个月。

2. 医疗补助金

失业人员医疗补助金的发放标准，由省级人民政府规定。失业人员在领取失业保险金期间死亡的，参照当地对在职职工死亡的规定，对其遗属一次性发给丧葬补助金和抚恤金，所需资金从失业保险基金中支付。个人死亡同时符合领取基本养老保险丧葬补助金、工伤保险丧葬补助金和失业保险丧葬补助金条件的，其遗属只能选择领取其中的一项。

（四）不得享有失业保险待遇的情况

失业人员在领取失业保险金期间有下列情形之一的，停止领取失业保险金，并同时停止享受其他失业保险待遇：重新就业的；应征服兵役的；移居境外的；享受基本养老保险待遇的；无正当理由，拒不接受当地人民政府指定部门或者机构介绍的适当工作或者提供的培训的。

职工跨统筹地区就业的，其失业保险关系随本人转移，缴费年限累计计算。

六、生育保险法律制度

生育保险是国家通过立法，对因怀孕、分娩而无法从事正常的生产劳动，经济来源中断的女职工给予医疗保健服务、生活保障和物质帮助的一项社会保障制度，其宗旨在于通过向职业妇女提供生育津贴、医疗服务和产假，帮助她们恢复劳动能力重返工作岗位。生育保险的功能主要是通过现金补助和实物供给来实现。

1994 年 12 月 14 日劳动部发布的《企业职工生育保险试行办法》，适用于城镇企业及职工。用人单位已经缴纳生育保险费的，其职工享受生育保险待遇；职工未就业配偶按照国家规定享受生育医疗费用待遇。所需资金从生育保险基金中支付。

（一）生育保险基金筹集

企业按照一定比例向社会保险经办机构缴纳生育保险费，建立生育保险基金。生育保险费的提取比例由当地人民政府确定，但最高不得超过工资总额的 1%，职工个人不缴纳保险费。

（二）生育保险待遇

生育保险待遇包括生育医疗费用和生育津贴。

（1）生育医疗费用包括下列各项：生育的医疗费用；计划生育的医疗费用；法律法规规定的其他项目费用。

（2）职工有下列情形之一的，可以按照国家规定享受生育津贴：女职工生育享受产假；享受计划生育手术休假；法律法规规定的其他情形。生育津贴按照职工所在用人单位上年度职工月平均工资计发。

七、社会保险费征缴制度及社会保险基金管理制度

（一）社会保险登记

1. 用人单位的社会保险登记

用人单位应当自成立之日起 30 日内凭营业执照、登记证书或者单位印章，向当地社会保险经办机构申请办理社会保险登记，社会保险经办机构应当自收到申请之日起 15 日内予以审核，发给社会保险登记证件。

用人单位的社会保险登记事项发生变更或者用人单位依法终止

的，应当自变更或者终止之日起30日内，到社会保险经办机构办理变更或者注销社会保险登记。

2.个人的社会保险登记

用人单位应当自用工之日起30日内为其职工向社会保险经办机构申请办理社会保险登记，未办理社会保险登记的，由社会保险经办机构核定其应当缴纳的社会保险费。

自愿参加社会保险的无雇工的个体工商户、未在用人单位参加社会保险的非全日制从业人员以及其他灵活就业人员，应当向社会保险经办机构申请办理社会保险登记。

(二)社会保险费缴纳

1.用人单位缴纳义务

用人单位应当自行申报、按时足额缴纳社会保险费，非因不可抗力等法定事由不得缓缴、减免。职工应当缴纳的社会保险费由用人单位代扣代缴，用人单位应当按月将缴纳社会保险费的明细情况告知本人。

无雇工的个体工商户、未在用人单位参加社会保险的非全日制从业人员以及其他灵活就业人员，可以直接向社会保险费征收机构缴纳社会保险费。

2.社会保险费征收机构的权利义务

社会保险费征收机构应当依法按时足额征收社会保险费，并将缴费情况定期告知用人单位和个人，用人单位未按规定申报应当缴纳的社会保险费数额的，按照该单位上月缴费额的110%确定应当缴纳数额，缴费单位补办申报手续后，由社会保险费征收机构按照规定结算。

【例5-9】 根据社会保险法律制度的规定，下列各项中，需要劳动者缴纳社会保险费的有(　　)。

A.基本养老保险　　B.基本医疗保险

C.失业保险　　D.生育保险

(三)社会保险基金管理运营

社会保险基金按照社会保险险种分别建账、分账核算，执行国家统一的会计制度，社会保险基金专款专用，任何组织和个人不得侵占或者挪用。

社会保险基金存入财政专户，按照统筹层次设立预算，通过预算实现收支平衡。社会保险基金预算按照社会保险项目分别编制，县级以上人民政府在社会保险基金出现支付不足时，给予补贴。社会保险经办机构应当定期向社会公布参加社会保险情况以及社会保险基金的收入、支出、结余和收益情况。

社会保险基金在保证安全的前提下，按照国务院规定投资运营实现保值增值，不得违规投资运营，不得用于平衡其他政府预算，不得用于兴建、改建办公场所和支付人员经费、运行费用、管理费用或者违反法律、行政法规规定挪作其他用途。

国家设立全国社会保障基金，由中央财政预算拨款以及国务院批准的其他方式筹集的资金构成，用于社会保障支出的补充、调剂。全国社会保障基金由全国社会保障基金管理运营机构负责管理运营，在保证安全的前提下实现保值增值。

八、违反《社会保险法》的法律责任

(一)用人单位违反《社会保险法》的法律责任

(1)用人单位不办理社会保险登记的，由社会保险行政部门责令限期改正；逾期不改正的，对用人单位处应缴社会保险费数额1倍以上、3倍以下的罚款，对其直接负责的主管人员和其他直接责任人员处500元以上、3 000元以下的罚款。

(2)用人单位未按时足额缴纳社会保险费的，由社会保险费征收机构责令限期缴纳或者补足，并自欠缴之日起，按日加收0.05%的滞纳金；逾期仍不缴纳的，由有关行政部门处欠缴数额1倍以上、3倍以下的罚款。

(3)用人单位拒不出具终止或者解除劳动关系证明的，由劳动行政部门责令改正，给劳动者造成损害的，应当承担赔偿责任。

(二)骗保行为的法律责任

(1)以欺诈、伪造证明材料或者其他手段骗取社会保险待遇的，由社会保险行政部门责令退回骗取的社会保险金，处骗取金额2倍以上、5倍以下的罚款。

(2)社会保险经办机构以及医疗机构、药品经营单位等社会保险服务机构以欺诈、伪造证明材料或者其他手段骗取社会保险基金支出的，由社会保险行政部门责令退回骗取的社会保险金，处骗取金额2倍以上、5倍以下的罚款；属于社会保险服务机构的，解除服务协议；直接负责的主管人员和其他直接责任人员有执业资格的，依法吊销其执业资格。

(三)社会保险经办机构、社会保险服务机构等机构的法律责任

(1)社会保险经办机构及其工作人员有下列行为之一的，由社会保险行政部门责令改正；给社会保险基金、用人单位或者个人造成损失

的，依法承担赔偿责任；对直接负责的主管人员和其他直接责任人员，依法给予处分：①未履行社会保险法定职责的；②未将社会保险基金存入财政专户的；③克扣或者拒不按时支付社会保险待遇的；④丢失或者篡改缴费记录、享受社会保险待遇记录等社会保险数据、个人权益记录的；⑤有违反社会保险法律法规的其他行为的。

(2)社会保险费征收机构擅自更改社会保险费缴费基数、费率，导致少收或者多收社会保险费的，由有关行政部门责令其追缴应当缴纳的社会保险费或者退还不应当缴纳的社会保险费；对直接负责的主管人员和其他直接责任人员依法给予处分。

(3)违反《社会保险法》规定，隐匿、转移、侵占、挪用社会保险基金或者违规投资运营的，由社会保险行政部门、财政部门、审计机关责令追回；有违法所得的，没收违法所得；对直接负责的主管人员和其他直接责任人员依法给予处分。

(4)社会保险行政部门和其他有关行政部门、社会保险经办机构、社会保险费征收机构及其工作人员泄露用人单位和个人信息的，对直接负责的主管人员和其他直接责任人员依法给予处分；给用人单位或者个人造成损失的，应当承担赔偿责任。

(5)国家工作人员在社会保险管理、监督工作中滥用职权、玩忽职守、徇私舞弊的，依法给予处分。

(6)违反《社会保险法》规定，构成犯罪的，依法追究刑事责任。

课后习题

【课后检测】

1. 社会保险有哪些种类？
2. 享受养老保险待遇的条件是什么？
3. 医疗保险的待遇有哪些？
4. 工伤保险的范围是什么？
5. 失业保险的条件是什么？
6. 生育保险待遇有哪些？
7. 违反《社会保险法》要承担的法律责任有哪些？

任务五

劳动合同的其他规定

【任务实训】

了解我国生育保险制度，并分析其在改革中存在的主要问题及对策。

项目六

产品质量法律制度

学习目标

素质目标

1. 熟悉产品质量监督制度。

2. 树立企业应该安全生产、合规生产的意识。

知识目标

1. 了解产品质量法的概念及基本原则。

2. 理解和掌握生产者、销售者的产品质量义务。

3. 了解我国产品质量的管理体制。

技能目标

1. 能应用所学的法律知识分析产品质量的有关案例。

2. 能应用所学的法律知识思考、解决经济生活中发生的基础性产品质量和产品责任问题。

项目导读

《中华人民共和国产品质量法》(以下简称《产品质量法》)将产品责任和对产品质量的监督管理融为一体,是将产品责任法和产品质量管理法合一的一部法律,其内容体现出了公法和私法相互融合。政府的干预和介入成为《产品质量法》立法的主要指导思想,主要体现在《产品质量法》中关于产品质量的监督和法律制裁部分。政府在尊重生产者、销售者的自主经营的前提下,从保护消费者的利益、提高产品质量水平和维护社会整体利益的角度出发,对生产者、销售者的产品质量进行监督。修正后的《产品质量法》对产品质量的监督和罚则两章做了较大的修改,修改之后这两章的内容更加丰满,操作性更强,各主体的权力(利)义务更加明确。其主要特点是:进一步明确了各级政府在产品质量工作中的职责,建立了企业产品质量约束机制,加强了行政执法机关的执法手段,特别是对生产、销售违法产品的行为加大了法律制裁的力度。此外,在对产品质量监督部门以及产品质量检验机构、认证机构等社会中介机构赋予质量监督、质量评价等权力的同时,增加了承担相应法律责任和防止滥用权力的规定。这表现出立法者正是想通过强化质量监督部门的行政职权来提高产品质量。

任务一　产品质量法概述

【任务导入】

广东M工艺品商店购买了X空调器专卖商场的4台立式空调器,价值人民币12万元。在专业人员前来安装时,发现这4台空调中有2台因运输途中倒置,而造成空调压缩机故障。经原生产厂家检修才得以恢复正常,商店却为此支付了修理费和材料费近2万元。M商店与X专卖场商量未果,诉讼至区法院。诉讼中,经法院调查了解,故障是由于运输途中倒置而产生的,倒置仅发生于从X专卖商场至M商店的途中。经向运输单位了解,装卸工均称:这4台空调的包装箱没有不能倒置的警示标志,也无文字说明,装车时也就没有特别注意上下,才造成2台空调的倒置。原来,X空调专卖商场为扩大本商场的知名度,专门到一家纸箱厂定制了一批包装专用箱用来包装由X商场出售的空调器。新包装箱运到的同一天,M工艺品商店刚好来购买空调,于是从生产厂家的包装箱里取出空调,经试机后,性能良好再装入X商场自己定制的包装箱送往M工艺品商店。由于纸箱厂在印刷时,漏印了不能倒置的警示标志,造成了事故的发生。

请思考：

M工艺品商场的损失应由谁来负责？为什么？

【法律课堂】

一、产品

产品有广义和狭义之分，广义的产品是指自然物之外的一切劳动生产物；《产品质量法》所规定的产品是指狭义的产品，即经过加工、制作，用于销售的产品，其具有以下几个特征。

(1)产品必须经过生产者的加工、制作。没有经过生产者加工、制作，天然形成的物品和初级农产品，不属于《产品质量法》调整范围。

(2)产品必须以销售为目的。《产品质量法》规定的产品，必须是用于销售的产品，不是用于销售目的产品，如尚未完成全部生产过程的半成品、在制品、家用自制品等，均不属于《产品质量法》中产品的范围。

(3)建设工程不适用《产品质量法》规定。建设工程，如房屋、桥梁、铁路等不动产，由于对质量有特殊的要求，质量管理的方法也不同，因此不适用《产品质量法》中产品的范围，需要另行立法来规范；但是，建设工程使用的建筑材料、建筑设备等，适用《产品质量法》的规定。

(4)军工产品不适用《产品质量法》规定。但军工企业生产的民用产品属于《产品质量法》的调整范围。

【例6—1】 根据《产品质量法》的规定，下列(　　)属于该法所称的产品。

A. 大坝　　B. 冰毒

C. 原油　　D. 桥梁上所用的钢材

二、产品质量

国际标准化组织(ISO)颁布的《质量管理和质量保证——词汇》中，将产品质量定义为反映实体满足规定和潜在需要能力的特性的总和。简单来说，产品质量就是产品所应具有的，符合人们各种需要的特性。这些特性包括：产品的适用性、安全性、可靠性、经济性等。其中，适用性(功能性)是指产品能够满足使用者使用的程度或者能力；安全性是指产品在使用过程中保障人身、财产和环境安全的能力或者程度；可靠性是指产品在规定的时间内和条件下完成应有功能的能力或者程度;经济性是指消费者所要求的“物美价廉”。

三、产品质量法

(一)产品质量法概念

产品质量法是指调整国家在产品质量管理过程中形成的产品质量监督管理关系,以及因产品缺陷而引起的生产者、销售者与消费者之间侵权损害赔偿关系,即产品责任关系的法律规范总称。

产品质量监督

(二)我国《产品质量法》的基本原则

1.“质量第一”的原则

严格保证产品质量,保证产品的安全性、可靠性和适用性。国家采取各种措施贯彻这一原则:其一,加强对产品质量的行政监督管理;其二,推行先进的企业质量体系认证制度和产品质量认证制度;其三,全面具体地规定生产者、销售者在保证产品质量方面所承担的义务;其四,对不履行产品质量义务的责任人员予以法律制裁。

2.保护消费者合法权益原则

在我国,生产的目的是最大限度地满足人们日益增长的物质和文化生活的需要,即要不断满足广大消费者的要求。要实现这一目的,首先必须使消费者的合法权益得以保障。对此,我国《产品质量法》也有明确的规定。

缺陷产品召回

3.过错责任与严格责任并行原则

过错责任与严格责任是指法律的归责原则,即依据什么要求主体来承担法律责任。我国《产品质量法》对生产者采用严格责任原则,即缺陷产品如果造成他人人身、财产损害,生产者即使没有过错,也要承担民事侵权赔偿责任;而对销售者,则采用过错责任原则。

4.全额赔偿原则

因产品缺陷造成消费者损失,损失多少就应赔偿多少。根据我国《产品质量法》的相关规定,产品是指经过加工、制作,用于销售的产品。建设工程不适用于本法;但是,建设工程使用的建筑材料、建筑构配件和设备,属于前面规定的产品范围的,适用本法规定。根据我国《产品质量法》第73条的规定,军工产品质量监督管理办法,由国务院、中央军事委员会另行制定。从法律的规定中可知,初级农产品、不动产、军工产品不适合本法。产品质量由下列要素构成:①产品外观,包括产品的包装;②产品的原材料品质;③产品的适用性能、适用范围;④产品的安全性能;⑤产品的经济性能,即不会给使用者造成不应有的浪费。

【例 6—2】 根据《产品质量法》的规定，下列说法正确的是(　　)。

A. 以低等级、低档次的产品冒充高等级、高档次产品的行为，即为以假充真

B. 以低等级、低档次的产品冒充高等级、高档次产品的行为，即为以次充好

C. 以低等级、低档次的产品冒充高等级、高档次产品的行为，即为以不合格产品冒充合格品

D. 以低等级、低档次的产品冒充高等级、高档次产品的行为，即为伪造冒用名优标志

【课后检测】

课后习题

1. 产品的概念和特征是什么？

2. 我国《产品质量法》的基本原则有哪些？

【任务实训】

搜集违反《产品质量法》的相关案例，看其是否违反了《产品质量法》的基本原则。如果违反了，违反了哪一条？课堂上师生之间进行讨论。

任务二　生产者、销售者的产品质量义务

【任务导入】

2020 年 4 月，汽车销售公司与张某签订合同，将 1 辆新能源汽车出售给张某，价格 13.83 万元。汽车销售公司的宣传彩页显示，该车的续航里程为 501 公里。张某提车后发现，车辆证明文件上记载的实际续航里程是 476 公里。因续航里程不同，两种版本价格相差 4 000 元。现张某起诉，要求汽车销售公司将已交付的车辆更换为 501 公里里程的汽车，并赔偿两种版本的差价。

请思考：

张某的诉求能否得到充分满足？

【法律课堂】

一、生产者的产品质量义务

（一）保证产品内在质量

根据《产品质量法》的相关规定，生产者应当对其生产的产品质量负责。产品质量应当符合下列要求：①不存在危及人身、财产安全的不合理的危险，有保障人体健康和人身、财产安全的国家标准、行业标准的，应当符合该标准；②具备产品应当具备的使用性能，但是，对产品存在使用性能的瑕疵作出说明的除外；③符合在产品或者其包装上注明采用的产品标准，符合以产品说明、实物样品等方式表明的质量状况。

（二）产品包装标识应当符合法律的规定

产品标识是表明产品的名称、产地、质量状况等信息的表述和标示。产品标识可以标注在产品上，也可以标注在产品的包装上。根据《产品质量法》的相关规定，产品或者其包装上的标识必须真实，并符合下列要求：①有产品质量检验合格证明。②有中文标明的产品名称、生产厂厂名和厂址。③根据产品的特点和使用要求，需要标明产品规格、等级、所含主要成分的名称和含量的，用中文相应予以标明；需要事先让消费者知晓的，应当在外包装上标明，或者预先向消费者提供有关资料。④限期使用的产品，应当在显著位置清晰地标明生产日期和安全使用期或者失效日期。⑤使用不当，容易造成产品本身损坏或者可能危及人身、财产安全的产品，应当有警示标志或者中文警示说明。裸装的食品和其他根据产品的特点难以附加标识的裸装产品，可以不附加产品标识。

根据《产品质量法》的相关规定，易碎、易燃、易爆、有毒、有腐蚀性、有放射性等危险物品以及储运中不能倒置和其他有特殊要求的产品，其包装质量必须符合相应要求，依照国家有关规定作出警示标志或者中文警示说明，标明储运注意事项。

（三）生产者的禁止性义务

根据我国《产品质量法》的相关规定，产品生产者的禁止性义务主要有：①不得生产国家明令淘汰的产品；②不得伪造产地，不得伪造或者冒用他人的厂名、厂址；③不得伪造或者冒用认证标志等质量标志；④生产产品，不得掺杂、掺假，不得以假充真、以次充好，不得以不合格产品冒充合格产品；⑤不合格的产品不准出厂；⑥不合格的原材料、零部件不准投料、组装；⑦没有产品质量标准、未经质量检验机构检验的产品不准生产。

【例 6－3】 根据《产品质量法》的规定，下列不是生产者的产品质量责任和义务的是(　　)。

A. 产品或者其包装的标识必须真实并且符合该法的相关规定

B. 产品质量应当符合该法的相关规定

C. 建立并执行进货检查验收制度

D. 不得生产国家明令淘汰的产品

二、销售者的产品质量义务

销售者的
产品质量义务

《产品质量法》第 33 条至第 39 条，对销售者的产品质量义务作了相关规定，具体如下：

(一)进货验收义务

销售者应当建立并执行进货检查验收制度，验明产品合格证明和其他标识。销售者的进货检查验收制度，是指销售者根据国家有关规定、内部的质量管理制度，以及同生产者或其他供货者之间订立的合同约定，对购进的产品质量进行检查，对符合法律规定或合同约定要求的予以验收的制度。建立并执行进货检查验收制度，是销售者按照《产品质量法》的规定所应承担的质量义务，这不仅是保证销售产品质量的措施，也是保护销售者自身合法权益的措施。销售者对所进货物经过检查验收，发现存在产品质量问题时，可以向供货者提出异议，经进一步证实所进产品不符合质量要求的，可以拒绝进货。如果销售者不认真执行进货检查验收制度，对不符合质量要求的产品予以验收进货，则要承担相应的产品质量责任风险。

(二)产品质量保证义务

销售者应当采取措施，保持销售产品的质量。具体来说，可以采取如下措施：

(1)优化生产工艺，提高生产效率和质量，保证生产过程的稳定性和可靠性。

(2)加强原材料采购管理，确保原材料的质量。

(3)加强产品设计，确保产品的合理性和可靠性，提高产品的质量和性能。

(4)加强产品检测和测试，确保产品符合标准和要求。

(5)加强售后服务，及时解决客户问题。

(三)产品标识方面的义务

销售者销售的产品的标识应当符合《产品质量法》第 27 条关于产

品标识的规定。

(四)对销售者的禁止性规定

对销售者的禁止性规定包括以下几点:①销售者不得销售国家明令淘汰并停止销售的产品和失效、变质的产品;②销售者不得伪造产地,不得伪造或者冒用他人的厂名、厂址;③销售者不得伪造或者冒用认证标志等质量标志;④销售者销售产品,不得掺杂、掺假,不得以假充真、以次充好,不得以不合格产品冒充合格产品。

课后习题

【课后检测】

1. 生产者的产品质量义务有哪些?
2. 销售者的产品质量义务有哪些?

【任务实训】

想象一个产品如汽车从生产到销售的全过程,试分析在这个过程中生产者与销售者应分别承担什么责任。

任务三　产品质量责任

【任务导入】

宋某在商场购买了一台彩色电视机,并附有产品合格证。宋某使用两个多月后,电视机出现图像不清的现象,后来音像全无。宋某去找商场要求更换,商场言称电视机不是他们生产的,让宋某找电视机生产厂进行交涉。

请思考:

销售者应当承担怎样的责任?

【法律课堂】

一、产品质量违约责任

(一)产品质量违约责任的概念

产品质量违约责任是违反产品质量义务的民事责任之一,指产品的生产者、销售者违反明示或默示担保的产品质量要求而依合同法原理应承担的瑕疵担保责任,通常表现为交付的产品不符合法律规定或合同约定的质量条件。所谓违反默示担保,即违反国家法律法规规定的产品质量要求，这是一项禁止性要求，也就是说，产品必须符合安全、卫生要求，具备应有的使用性能，法律法规规定产品质量必须满足的条件，不得以任何形式予以排除和限制。违反明示担保，即违反明示采用的产品质量标准以及以合同、产品说明、实物样品等方式表明的质量状况，明示担保是生产者、销售者自身对产品质量作出的保证和承诺，可以用产品说明、标识、预先预告、样品等方式表示。

(二)产品质量违约责任的法律特征

(1)当事人之间应存在合同关系。违约实际上是合同当事人违反合同义务的结果，质量纠纷以原有合同关系的存在为必要前提，同时合同须是有效合同，只有在合同有效的前提下，当事人交付的产品不符合质量要求才承担违约责任。

(2)产品质量违约责任，是仅发生于特定当事人之间的责任，这就是通常所说的违约责任的相对性，因为合同的当事人是特定的，违反合同的行为只在特定的当事人之间发生。

(3)违约责任的方式和范围，具有一定的任意性。现行《合同法》第114 规定："当事人可以约定一方违约时，应当根据违约情况向对方支付一定数额的违约金，也可以约定因违约产生的损失赔偿额的计算方法"。违约责任虽然有明显的强制性特点，但仍有一定程度的任意性，即当事人可以在法律规定的范围内，对一方的违约责任作出事先的安排，这也是意思自治原则在合同领域的又一体现。

(4)产品违约造成的是产品自身质量问题和由于自身损坏造成的其他间接损失，因此，产品质量违约主要是财产责任，从责任方式来看，也是以财产、货币来承担的，属于财产责任的范畴，对违约的当事人，一般不适用赔礼道歉、恢复名誉等非财产责任形式。

二、产品质量侵权责任

(一)产品质量侵权责任的概念

产品侵权责任，指生产者、销售者因产品存在缺陷而造成他人人身、缺陷产品以外的其他财产损害时，应当承担的赔偿责任，是一种特殊的侵权责任。

(二)产品侵权责任的法律特征

(1)产品侵权责任发生在商品流通领域，产品进入流通的标志是产品经过交易、转让等合同行为，由生产者或经过经销者再转入消费者之手，中间包括生产、销售储存、运输等过程。因此，产品侵权责任的发生前提总是与合同相关联，不存在没有合同前提的产品侵权责任，产品出厂或经过销售者而转移给使用者，或者由生产者直接交给使用者，都须经过合同而转移所有权，或者在某些特殊情况下使用者只取得使用权，否则，就无法构成产品侵权责任。

(2)产品缺陷造成的是使用者的人身伤害或者缺陷产品以外的财产损害。

(3)产品侵权责任是物件致人损害的特殊侵权责任，从这个意义上说，是人对物造成的损害负责任，即产品造成损害时，与该产品有关联的人即制造者、销售者对所造成的损害承担赔偿责任。

(4)产品侵权责任是无过错责任。产品侵权责任究竟是过错责任还是无过错责任，学者们众说纷纭。本书主张产品侵权责任是无过错责任，无论制造者、销售者有无过错，只要产品有缺陷，并造成他人损害，就应当承担赔偿责任。

【例6—4】 根据《产品质量法》规定，下列有关产品缺陷责任的描述，正确的是(　　)。

A.《产品质量法》对生产者、销售者的产品缺陷责任均实行严格责任

B.《产品质量法》对生产者产品缺陷责任实行严格责任，对销售者实行过错责任

C. 产品缺陷造成损害要求赔偿的诉讼时效期间为2年，从产品售出之日起计算

D. 因产品存在缺陷造成损害要求赔偿的请求权，在缺陷产品生产日期满10年后丧失

三、行政责任

《产品质量法》第49条至第56条，对生产者、销售者违反产品质量法应承担的行政责任作了规定，具体如下。

(1)生产、销售不符合保障人体健康和人身、财产安全的国家标准、行业标准的产品的，其法律责任包括：①责令停止生产、销售，没收违法生产、销售的产品，并处违法生产、销售产品(包括已售出和未售出的产品)货值金额等值以上3倍以下的罚款；②有违法所得的，并处没收违法所得；③情节严重的，吊销营业执照。

(2)在产品中掺杂、掺假，以假充真，以次充好，或者以不合格产品冒充合格产品的，其法律责任包括：①责令停止生产、销售，没收违法生产、销售的产品，并处违法生产、销售产品货值金额50%以上、3倍以下的罚款；②有违法所得的，并处没收违法所得；③情节严重的，吊销营业

执照。

(3)生产国家明令淘汰的产品的,销售国家明令淘汰并停止销售的产品的,其法律责任主要包括:①责令停止生产、销售,没收违法生产、销售的产品,并处违法生产、销售产品货值金额等值以下的罚款;②有违法所得的,并处没收违法所得;③情节严重的,吊销营业执照。

(4)销售失效、变质的产品的,其法律责任主要包括:①责令停止销售,没收违法销售的产品,并处违法销售产品货值金额 2 倍以下的罚款;②有违法所得的,并处没收违法所得;③情节严重的,吊销营业执照。

(5)伪造产品产地的,伪造或者冒用他人厂名、厂址的,伪造或者冒用认证标志等质量标志的,其法律责任主要包括:①责令改正,没收违法生产、销售的产品,并处违法生产、销售产品货值金额等值以下的罚款;②有违法所得的,并处没收违法所得;③情节严重的,吊销营业执照。

(6)产品或者包装标识不符合规定的,其法律责任主要包括:①产品标识不符合规定的,责令改正;②有包装的产品标识不符合规定,情节严重的,责令停止生产、销售,并处违法生产、销售产品货值金额30%下的罚款;③有违法所得的,并处没收违法所得。

(7)销售者拒绝接受依法进行的产品质量监督检查的,其法律责任主要包括:①给予警告,责令改正;②拒不改正的,责令停业整顿;③情节特别严重的,吊销营业执照。

【例 6-5】 根据《产品质量法》规定,变卖被市场监督管理部门查封、扣押的物品的,应当作出行政处罚决定。关于该行政处罚决定,下列说法中符合该法规定的是(　　)。

A. 应当处被变卖物品货值金额等值的罚款;有违法所得的,并处没收违法所得

B. 应当处被变卖物品货值金额等值以上、2 倍以下的罚款;有违法所得的,并处没收违法所得

C. 应当处被变卖物品货值金额等值以上、3 倍以下的罚款;有违法所得的,并处没收违法所得

D. 应当处被变卖物品货值金额等值以上、5 倍以下的罚款;有违法所得的,并处没收违法所得

四、刑事责任

《产品质量法》对生产者、销售者违反《产品质量法》应承担的刑事

责任作了规定，具体如下：

(1)生产、销售不符合保障人体健康和人身、财产安全的国家标准、行业标准的产品的，构成犯罪的，依法追究刑事责任。

(2)在产品中掺杂、掺假，以假充真，以次充好，或者以不合格产品冒充合格产品的，构成犯罪的，依法追究刑事责任。

(3)销售失效、变质的产品的，构成犯罪的，依法追究刑事责任。

课后习题

【课后检测】

1. 产品质量违约责任的法律特征是什么？
2. 产品质量侵权责任的法律特征是什么？
3. 违反《产品质量法》应负的行政责任和刑事责任的情形有哪些？

任务四

产品质量监督

【任务实训】

了解产品质量法的内容，然后谈谈自身的感受。

项目七
消费者权益保护

学习目标

素质目标

1. 作为消费者，树立依法维护自身权益的意识。
2. 培养自身的法律意识。

知识目标

1. 理解消费者的概念及消费的特征。
2. 理解和掌握消费者的权利以及经营者的义务。
3. 熟悉消费者合法权益的保护方式。
4. 了解消费争议的解决途径及法律保护。

技能目标

1. 作为消费者，当自身的权利受到侵害时，能够利用法律知识维护自身的权利。
2. 作为经营者，当与消费者发生纠纷时，能合法、合理地处理好矛盾及纠纷。

项目导读

没有消费，就没有生产，正是消费者不断增长的需求才推动着生产的不断发展，消费升级成为经济发展的重要引擎。为此，党的十九大报告中明确提出，要“完善促进消费的体制机制，增强消费对经济发展的基础性作用”。营造安全放心的市场环境，切实维护消费者合法权益，既是落实“以人民为中心”的新时代法治观的客观要求，也是建设中国特色社会主义现代化强国、实现中华民族伟大复兴的中国梦的现实需要。由于消费者与作为商品和服务提供者的经营者相比，在信息、能力等方面处于较为弱势的地位，仅用民法制度无法实现对消费者和经营者之间交易关系的规制。于是，旨在有效规制经营者市场行为、保护消费者权益的消费者保护法便应运而生，并成为经济法的重要分支。

任务一　消费者权益法律概述

【任务导入】

夏某到一家超市购买生活用品。一进超市的大门，一块鲜艳的告示牌就映入眼帘，上面写着“谨慎购买，概不退换”八个大字。夏某在食品柜挑选了一袋奶粉，然后又挑选了其他一些日常生活用品。当天下午，夏某在冲奶粉喝的时候，发现这袋奶粉已经过了保质期。夏某立刻来到这家超市要求退货。值班经理认为不能退货，因为商店已经以告示牌的形式向广大顾客声明，请大家谨慎购买商品，一旦购买一概不予退换；而且告示牌放在十分显眼的地方，每位顾客一进门就会发现。双方争执不下，夏某便投诉到工商局，坚决要求这家超市退货，并且向她赔礼道歉。

请思考：

1. 本案中的这家超市侵犯了消费者的何种权利？
2. 超市打出的“谨慎购买，概不退换”告示牌的效力如何？为什么？

【法律课堂】

一、消费者

（一）消费者的概念

消费者是指为满足个人生活消费需要而购买、使用商品或接受服务的人，包括一切进行生活消费的个人和消费群体。

(二)消费者的特征

消费者具有以下四个法律特征：

(1)消费者的消费性质必须是生活消费,包括商品的消费和服务的消费。

(2)消费者的消费对象是进入流通领域,与生活消费有关的商品和服务。

(3)消费者的消费方式,包括购买、使用(商品)和接受(服务)。也就是说,购买商品自己使用的人、购买商品供他人使用的人和使用他人所购买商品的人,以及自己付费自己接受服务或他人付费自己接受服务的人,都是消费者。

(4)消费者主体只限于公民个人。

二、消费主体、方式、内容、目的

(一)消费主体

强调消费者的自然人属性是国际社会的通行做法,也与消费者保护的立法宗旨和目标相符合。消费者保护法,是在对市场经济条件下消费者弱势地位充分认识的基础上而给予消费者特别保护的立法,单位或机构作为团体,在以某种形式进行交易时并不缺乏专门知识和交涉技能,因而不具备予以特殊保护的理论基础。

(二)消费方式

在一定社会经济条件下,消费者同消费资料相结合的方式即消费方式,包括消费者以什么身份、采用什么形式、运用什么方法来消费资料,以满足其需要。消费方式是生活方式的重要内容。消费方式是由生产方式决定的,生产方式的社会性质决定消费方式的社会性质;生产方式的自然形式决定消费方式的自然形式;生产方式改变了,消费方式也要相应改变。消费方式反作用于生产方式,与生产方式相适应的消费方式,为生产开拓市场,促进生产力的发展和生产关系的完善,落后或超越生产方式的消费方式,会妨碍生产力的发展,破坏或损害生产关系的进步和完善。

(三)消费内容

消费内容又称消费客体、消费品。消费品包括商品和服务两种基本类型。商品,通常是指用于交换的有形物品,但《中华人民共和国消费者权益保护法》(以下简称《消费者权益保护法》)中的商品,仅限于消费品,即可用于生活消费的商品。现代社会,服务业日趋发达,服务消费成为生活消费的重要内容,而且服务领域呈不断扩大趋势,交通运输、旅游、电信、金融、医疗、文化、法律服务等均属于现代服务的范畴，应纳入《消费者权益保护法》的规制之下。

(四)消费目的

作为消费者，其消费目的是为生活需要而进行消费。在现代经济生活中，消费有生产消费和生活消费之分，生产消费的主体主要是企业等生产经营单位，生活消费的主体则一般是自然人。

三、消费者权益

消费者的权益是指消费者在消费过程中所享有的权利和应得的利益。

消费者的权益包括消费者在购买、使用商品时应享有的权益，也包括消费者在接受服务时应享有的权益。消费者的合法权益是指消费者所应享有而被国家法律法规及地方性法规所认可的、独自享有的权利。社会保障及法规保护的是消费者的合法权益。消费者在购买、使用商品或接受服务时，有意给经营者造成侵害，或者由于消费者故意或过失而使自身利益受到损害，社会与法律对之不予保护。保护消费者权益绝不是无原则、无界限地予以保护。

四、消费者权益保护法

(一)消费者权益保护法的概念

消费者权益保护法是调整在保护消费者权益过程中发生的经济关系的法律规范的总称。该法适用于生活消费，农民购买农用生产资料时参照适用本法。

(二)《消费者权益保护法》的适用范围

《消费者权益保护法》的适用范围包括以下三个方面：

(1)消费者在购买、使用商品和接受服务时，受《消费者权益保护法》的保护；

(2)经营者为消费者提供其生产销售的商品或者提供服务时，必须遵守《消费者权益保护法》；

(3)农民购买、使用直接用于农业生产的生产资料，参照《消费者权益保护法》执行，如农民购买使用种子、农机、化肥、农膜等，都属于直接用于农业生产，因此适用于《消费者权益保护法》。

案例分析

【例 7—1】 2022 年 5 月，女青年张某与刘某至某百货商场化妆品自选柜台选购化妆品。两人在此挑选、试用化妆品约 20 分钟，终因未曾选中合适的化妆品而离开商场。二人走到店门口时，化妆品自选柜台的营业员和一位保安人员追了上来，指控二人偷了化妆品柜台陈列的货物，二人坚决否认，双方相持不下，这时，另一位商场保安人员上来对张、刘二人说："请你们到商场保卫科把事情说清楚。"到保卫科后，商场保安人员要求检查刘、张二人随身所带的皮包，遭到二人的拒绝。保安人员对刘、张说："如果你们确实没有偷窃商场的货物，就应该接受我们的检查来证明你们的清白。"迫于无奈，刘、张二人交出了自己的皮包。经检查，未发现任何商场的化妆品。此后，保安人员进一步提出要对二人搜身检查并立即找来两位女营业员对刘、张二人强行进行搜身检查，仍然没有找到任何商场的东西。事后，刘、张二人愤然离开了这家百货商场。

2022 年 6 月 1 日，刘、张二人以该百货商场损害了自己的人格尊严为由提出诉讼，要求该商场赔礼道歉，为其恢复名誉并赔偿精神损失费 3 000 元。

请问：

法院应支持刘、张的诉讼吗？为什么？

【课后检测】

1. 消费者的特征有哪些？消费主体、方式、内容、目的分别是什么？

2.《消费者权益保护法》的适用范围是什么？

课后习题

【任务实训】

搜集有关消费者消费的例子，然后指出在这个消费过程中，消费的主体、方式、内容、目的分别是什么并在课堂上交流。

任务二 消费者的权利和经营者的义务

【任务导入】

原告消费者常某，在被告靖江家私广场业主陆某处，以 3 920 元的价格购买了一套沙发及一套电视柜。被告出具的送货单上载明出售的是"花梨沙发、花梨低柜"，购买后原告才知悉此家具为普通材质而并非花梨木，遂诉至法院，请求法院判令被告按《消费者权益保护法》的有关规定退货、返还价款，并增加一倍赔偿。被告辩称，该家具从厂家进货时厂家即标注为“花梨沙发”，此处的花梨并非指材质，而是用来区分不同花纹的沙发而以产品的外观来命名的。事实上该套家具的价格也非花梨木家具的价格。故原告以欺诈为由要求退货并请求双倍赔偿不能成立。

请思考：

依据我国相关法律人民法院应如何处理本案？

消费者的权利

【法律课堂】

一、消费者的权利

消费者的权利就是消费者在消费过程中依法享有的各种权利。《消费者权益保护法》第 7 条至第 15 条，主要规定了消费者的 9 项权利。

（一）安全保障权

安全保障权是指消费者在购买、使用商品或者接受服务过程中依法享有其人身、财产安全不受侵犯的权利。这是消费者各项权利的基础，也是消费者应该享有的首要权利。

（二）知情权

知情权是指消费者依法享有知悉其所购买和使用商品或者接受服务的真实情况的权利。消费者有权根据商品或者服务的不同情况，要求经营者提供商品的价格、产地、生产者、用途、性能、规格、等级、主要成分、生产日期、有效期限、检验合格证明、使用方法说明书、售后服务，或者服务的内容、规格、费用等有关情况。

（三）选择权

选择权就是消费者享有自主选择商品或者接受服务的权利。行使自主选择权必须具备三个条件：一是自愿，二是合法，三是限定在商品或者服务的购买环节。《消费者权益保护法》规定，自主选择权主要包括以下四个方面的内容：

（1）消费者有权选择提供商品或者服务的经营者；

（2）消费者有权选择商品的品种或者服务的方式；

（3）消费者有权决定购买或者不购买某种商品、接受或者不接受某种服务；

（4）消费者在自主选择商品或者服务时，有权进行比较、鉴别和挑选。

(四)公平交易权

《消费者权益保护法》规定的公平交易权包括以下两方面的内容：

(1)消费者在购买商品或者接受服务时，有权获得公平交易的条件，比如质量保障、价格合理、计量正确等；

(2)消费者在购买商品或者接受服务时，有权拒绝经营者的强制交易行为。

(五)获得赔偿权

消费者获得赔偿权是指消费者因购买、使用商品或者接受服务而受到人身、财产损害的，依法享有获得赔偿的权利。

该权利的主体包括以下三类：

(1)商品的购买者、使用者或者服务的接受者；

(2)使用他人购买的商品或者服务而受到损害的消费者；

(3)指消费者之外的因某种原因在事故发生现场而受到损害的第三人。

(六)成立维权组织权

成立维权组织权是指消费者享有依法成立维护自身合法权益的社会组织的权利。

《消费者权益保护法》第 12 条规定，消费者享有依法成立维护自身合法权益的社会组织的权利。第 36 条规定，消费者协会和其他消费者组织是依法成立的对商品和服务进行社会监督的保护消费者合法权益的社会组织。各级人民政府对消费者协会履行职能应当予以支持。第 38 条规定，消费者组织不得从事商品经营和营利性服务，不得以收取费用或者其他牟取利益的方式向消费者推荐商品和服务。

(七)获得知识权

消费者享有获得有关消费和消费者权益保护方面的知识的权利。消费者应当努力掌握所需商品或者服务的知识和使用技能，正确使用商品，提高自我保护意识。

(八)受尊重权

消费者在购买、使用商品和接受服务时，享有人格尊严、民族风俗习惯得到尊重的权利。

(九)监督权

消费者享有对商品和服务以及保护消费者权益工作进行监督的权利。具体体现在以下三个方面：

(1)消费者有权对经营者进行监督，在权利受到侵害时对其提出检举和控告；

(2)消费者有权对国家机关及其工作人员进行监督,对其在保护消费者权益工作中的违法失职行为进行检举、控告;

(3)消费者有权对保护消费者权益工作提出批评或者建议。

【例 7—2】 一般来说,消费者享有对(　　)进行监督的权利。

A. 商品

B. 服务

C. 商品和服务以及保护消费者权益的工作

D. 不合格商品

经营者的义务

二、经营者的义务

根据《消费权益保护法》的相关规定,经营者对消费者应履行以下义务。

(一)遵守法律,履行合同

经营者向消费者提供商品或服务,应当依照相关法律法规的规定履行义务。经营者和消费者有约定的,应当按照约定履行义务,但双方的约定不得违背法律法规的规定。

(二)听取意见,接受监督

经营者应当听取消费者对其提供的商品或服务的意见,接受消费者的监督。这是与消费者的监督权相对应的经营者的义务,对此加以法律规定,有利于改善消费者的地位。

(三)保障人身和财产安全

这是与消费者的安全权相对应的经营者的义务。经营者应当保证其提供的商品或服务符合保障人身、财产安全的要求。对可能危及人身、财产安全的商品和服务,应当向消费者作出真实的说明和明确的警示,并说明和标明正确使用商品或接受服务的方法以及防止危害发生的方法。

经营者发现其提供的商品或服务存在严重缺陷,即使正确使用商品或接受服务仍然可能对人身、财产安全造成危害的,应当立即向有关行政部门报告和告知消费者,并采取防止危害发生的措施。

(四)提供真实、全面信息

经营者应当向消费者提供有关商品或服务的真实信息,不得作引人误解的虚假宣传。经营者对消费者就其提供的商品或服务的质量和使用方法等问题提出的询问,应当作出真实、明确的答复。商店提供的商品应当明码标价。

(五)出具购物凭证或服务单据

经营者提供商品或服务,应按照国家有关规定或商业惯例向消费者出具购货凭证或服务单据；消费者索要购货凭证或服务单据的，经营者必须出具。

（六）标明真实名称和标记

前面已经提及消费者有知情权，本规定与消费者的知情权相对应。其内容主要包括：经营者不得使用未经核准登记的企业名称；不得擅自改动经核准的企业名称；不得假冒他人企业名称和他人持有的营业标记，不得使用与他人企业名称或营业标记相近似，足以造成消费者误认的企业名称和营业标记等。租赁柜台或场地的经营中因不标明真实名称而侵害消费者权益的行为屡见不鲜。根据《消费者权益保护法》的相关规定，租赁他人柜台或场地的经营者，应当标明其真实名称和标记。

（七）保证商品或服务的质量

经营者应当保证在正常使用商品或接受服务的情况下，提供商品或服务应当具有的质量、性能、用途和有效期限；但消费者在购买该商品或接受该服务前已经知道其存在瑕疵的除外。经营者以广告、产品说明、实物样品或其他方式表明商品或服务的质量状况的，应当保证其提供的商品或服务的实际质量与表明的质量状况相符。

（八）按规定或约定承担“三包”责任或其他责任

经营者提供商品或服务，按照国家规定或与消费者的约定，承担包修、包换、包退或其他责任的，应当按照国家规定或约定履行，不得故意拖延或无理拒绝。

（九）不得以格式合同等方式作出对消费者不公平、不合理的规定

在日常生活中，格式合同在方便交易等方面有积极作用，但使用不当会产生弊病。为了保障消费者的公平交易权，《消费者权益保护法》规定：经营者不得以格式条款、通知、声明、店堂告示等方式，作出排除或者限制消费者权利、减轻或者免除经营者责任、加重消费者责任等对消费者不公平、不合理的规定，不得利用格式条款并借助技术手段强制交易。如果有该条内容的，该条内容无效。

（十）不得侵犯消费者的人身权

消费者的人身权是其基本人权，消费者的人身自由、人格尊严受到法律保护。经营者不得对消费者进行侮辱、诽谤，不得搜查消费者的身体及其携带的物品，不得侵犯消费者的人身自由。

【例 7—3】 经营者应当保证其提供的商品或者服务符合保障人身、财产安全的要求，对(　　)的商品，应当向消费者作出真实的说明和明确的警示，并说明和标明正确使用商品的方法以及防止危害发生的方法。

A. 不合格　　B. 未经检验

C. 数量不足　　D. 可能危及人身、财产安全

课后习题

【课后检测】

1. 消费者的权利有哪些？
2. 经营者的义务有哪些？
3. 消费者的监督权体现在哪几个方面？

【任务实训】

自主选择近几年国内发生的消费维权案例，分析在该案例中，消费者应该行使自己的什么权利，而经营者又违反了哪些义务，在课堂上讨论。

任务三　消费者权益争议的解决

【任务导入】

某市甲、乙两家企业均生产一种理疗仪，甲企业由于产品质量较好，其市场占有率远高于乙企业。乙企业为了与甲企业竞争，付给甲企业技术人员贾某一大笔“技术咨询费”，获得了甲企业的技术秘密，并运用这些技术对自己的产品进行改造。随后，乙企业在报纸上刊登广告，宣传自己的产品，并指责其他企业的产品质量无保证。同时，乙企业对本市的丙、丁等几家大商场的采购人员许以高额回扣，诱使他们不再采购甲企业的产品，转而采购自己的产品。本市消费者张某等人从丙商场购买了乙企业的产品，在使用一段时期后，身体不但没有好转，反而出现了不适症状，遂向购买仪器的丙商场提出索赔。丙商场将情况反映给了乙企业。乙企业经调查发现，贾某提供的技术资料中缺少几项关键技术，致使乙企业产品存在质量缺陷。

请思考：

1. 张某等人如何维护自己的权益？
2. 贾某应该承担什么责任？

【法律课堂】

一、消费者权益争议的解决途径

消费者权益争议的解决途径

(一)争议解决途径

《消费者权益保护法》第39条规定,消费者和经营者发生消费者权益争议的,可以通过下列五种途径解决。

1.与经营者协商和解

一般争议均可由双方在平等自愿的基础上进行,重大纠纷或双方无法协商解决的,可寻求其他解决方式。

与经营者协商和解是指消费者可以直接向销售者、服务者或生产者交涉、索赔并与经营者和解达成协议,从而解决纠纷的一种方式。这种解决争议的方式是建立在双方当事人的自愿基础上的。一般适用于案情简单,事实清楚,双方争议不大的案件。用这种方式解决纠纷,只要双方愿意,随时随地都可以进行,不同于诉讼、仲裁有严格的地点、时间限制和烦琐的程序,因而解决纠纷快捷方便。同时,也不同于诉讼、仲裁要交大笔诉讼费或仲裁费,从而减少了解决纠纷的成本。因此,协商是广大消费者首选的途径。但这种途径必须具备一个前提,就是消费者和经营者必须在自愿、平等、公平的基础上进行。如果一方当事人不愿协商,就无法采用此方式。

2.请求消费者协会或者依法成立的其他调解组织调解

消费者协会(简称"消协")是依法成立的,对商品和服务进行社会监督的保护消费者合法权益的社会组织。它其中一个重要职能是受理消费者的投诉,并对投诉事项进行调查核实、调解。因此,当消费者的权益受到侵害时,可以向消协投诉,请求消协出面作为第三者的身份与经营者进行调解。消协是保护消费者权利的一个组织,一般设在工商行政管理部门内,因而具有一定的权威性;同时消协办案人员具有一定的办案经验,有较高的法律水准,加之是以第三者的身份出面调解,当事人容易接受。同时,消协调解又不收取费用,对消费者来说是一种较经济解决纠纷的途径。但消费者协会是一个社会组织,不是国家机关,调解属民间性质,不具有强制性。因此,调解必须是双方自愿,如果一方当事人不愿调解,消协也无能为力。即使消协主持的调解,消费者与经营者也达成协议,该协议也不具有法律强制力。如果当事人对调解协议反悔,在这种情况下,还得选择其他途径解决。

3. 向有关行政部门申诉

如因不公平交易、价格、计量、食品卫生等问题引起的争议，消费者可以向工商行政管理部门、物价部门、技术监督部门、卫生行政部门等申诉，由于这些行政部门具有在各自的职责范围内依法对经营者进行监督管理的职责，由这些部门查处，如果查出了经营者有违法行为，相应的部门将对他们进行行政处罚。这样为消费者解决纠纷提供了一定的有利条件和证据，有利于保护消费者的合法权利。但这些行政部门不是司法机关，不直接解决消费争议，最多以第三者的身份主持当事人进行调解，所以用这种方式解决纠纷也是有限的。

4. 根据与经营者达成的仲裁协议提请仲裁机构仲裁

仲裁是根据当事人之间的协议，由仲裁机构以第三者的身份对双方发生的争议，在事实上做出判断，在权利义务上做出裁决，争议双方有义务执行该裁决，从而解决纠纷的制度。仲裁具有灵活便利的特点，与诉讼相比要快捷；与协商、调解相比，又具有强制性。其强制性表现在，消费争议经仲裁机构的仲裁，当事人必须履行仲裁裁决，否则，另一方可以申请人民法院强制执行。因此，仲裁也成为消费争议解决的一个途径。

5. 向人民法院提起诉讼

诉讼是人民法院在诉讼参与人的参与下，审理和解决案件的诉讼活动。与和解、调解、仲裁不同，它是在代表国家行使审判权利的审判员的主持下进行的；和解是由当事人自行协商；调解是由有关机关或组织主持进行；仲裁则是由来自民间组织的仲裁委员会的仲裁员主持。诉讼主要在于它的强制性。

（二）争议处理规则

《消费者权益保护法》第 40 条至 47 条规定，消费者合法权益受到损害时，可按下列规则处理：

（1）消费者在购买、使用商品时，其合法权益受到损害的，可以向销售者要求赔偿。销售者赔偿后，属于生产者的责任或者属于向销售者提供商品的其他销售者的责任的，销售者有权向生产者或者其他销售者追偿。

消费者或者其他受害人因商品缺陷造成人身、财产损害的，可以向销售者要求赔偿，也可以向生产者要求赔偿。属于生产者责任的，销售者赔偿后，有权向生产者追偿。属于销售者责任的，生产者赔偿后，有权向销售者追偿。

消费者在接受服务时，其合法权益受到损害的，可以向服务者要求赔偿。

(2)费者在购买、使用商品或者接受服务时,其合法权益受到损害,因原企业分立、合并的,可以向变更后承受其权利义务的企业要求赔偿。

(3)用他人营业执照的违法经营者提供商品或者服务,损害消费者合法权益的,消费者可以向其要求赔偿,也可以向营业执照的持有人要求赔偿。

(4)消费者在展销会、租赁柜台购买商品或者接受服务,其合法权益受到损害的,可以向销售者或者服务者要求赔偿。展销会结束或者柜台租赁期满后,也可以向展销会的举办者、柜台的出租者要求赔偿。展销会的举办者、柜台的出租者赔偿后,有权向销售者或者服务者追偿。

(5)消费者通过网络交易平台购买商品或者接受服务,其合法权益受到损害的,可以向销售者或者服务者要求赔偿。网络交易平台提供者不能提供销售者或者服务者的真实名称、地址和有效联系方式的,消费者也可以向网络交易平台提供者要求赔偿;网络交易平台提供者作出更有利于消费者的承诺的,应当履行承诺。网络交易平台提供者赔偿后,有权向销售者或者服务者追偿。

网络交易平台提供者明知或者应知销售者或者服务者利用其平台侵害消费者合法权益,未采取必要措施的,依法与该销售者或者服务者承担连带责任。

(6)消费者因经营者利用虚假广告或者其他虚假宣传方式提供商品或者服务,其合法权益受到损害的,可以向经营者要求赔偿。广告经营者、发布者发布虚假广告的,消费者可以请求行政主管部门予以惩处。广告经营者、发布者不能提供经营者的真实名称、地址和有效联系方式的,应当承担赔偿责任。

广告经营者、发布者设计、制作、发布关系消费者生命健康商品或者服务的虚假广告,造成消费者损害的,应当与提供该商品或者服务的经营者承担连带责任。

社会团体或者其他组织、个人在关系消费者生命健康商品或者服务的虚假广告或者其他虚假宣传中向消费者推荐商品或者服务,造成消费者损害的,应当与提供该商品或者服务的经营者承担连带责任。

(7)消费者向有关行政部门投诉的,该部门应当自收到投诉之日起 7 个工作日内,予以处理并告知消费者。

(8)对侵害众多消费者合法权益的行为,中国消费者协会以及在省、自治区、直辖市设立的消费者协会,可以向人民法院提起诉讼。

二、求偿主体和赔偿主体的确定

(一)求偿主体

1. 求偿主体的概念

求偿主体是因购买、使用商品或者接受服务受到人身、财产损害的消费者。为了有效地保护全体消费者的合法权益,在确定消费者求偿权的求偿主体时,不要仅仅局限于购买、使用商品或者接受服务的主体本身。

2. 求偿主体的类型与确认

求偿主体一般有以下几种:①商品的购买者;②商品的使用者;③服务的接受者;④第三人。第三人是指除商品的购买者、使用者或者服务的接受者之外的,因为偶然原因在事故现场受到损害的其他人。

(二)赔偿主体的确定

《消费者权益保护法》第40条规定:消费者在购买、使用商品时,其合法权益受到损害的,可以向销售者要求赔偿。销售者赔偿后,属于生产者的责任或者属于向销售者提供商品的其他销售者的责任的,销售者有权向生产者或者其他销售者追偿。

消费者或者其他受害人因商品缺陷造成人身、财产损害的,可以向销售者要求赔偿,也可以向生产者要求赔偿。属于生产者责任的,销售者赔偿后,有权向生产者追偿。属于销售者责任的,生产者赔偿后,有权向销售者追偿。

消费者在接受服务时,其合法权益受到损害的,可以向服务者要求赔偿。

【例7—4】 解决争议的方式有(　　)。
A. 和解　B. 调解　C. 申诉　D. 仲裁

三、违反《消费者权益保护法》的法律责任

(一)民事责任

1. 承担民事责任的情形

《消费者权益保护法》第48条规定,经营者提供商品或者服务有下列情形之一的,除本法另有规定外,应当依照其他有关法律法规的规定,承担民事责任:

(1)商品或者服务存在缺陷的;

(2)不具备商品应当具备的使用性能而出售时未作说明的;

(3)不符合商品或者其包装上注明采用的商品标准的；

(4)不符合商品、实物样品等方式表明的质量状况的；

(5)生产国家明令淘汰的商品或者销售失效、变质的商品的；

(6)销售的商品数量不足的；

(7)服务的内容和费用违反约定的；

(8)对消费者提出的修理、重作、更换、退货、补足商品数量、退还货款和服务费用或者赔偿损失的要求，故意拖延或者无理拒绝的；

(9)法律法规规定的其他损害消费者权益的情形。

2.承担民事责任的具体范围

(1)人身损害的民事责任

《消费者权益保护法》第49条至第51条规定了经营者在提供商品或者服务时造成人身损害的民事责任：

①经营者提供商品或者服务，造成消费者或者其他受害人人身伤害的，应当赔偿医疗费、护理费、交通费等为治疗和康复支出的合理费用，以及因误工减少的收入。造成残疾的，还应当赔偿残疾生活辅助具费和残疾赔偿金。造成死亡的，还应当赔偿丧葬费和死亡赔偿金。

②经营者侵害消费者的人格尊严、侵犯消费者人身自由或者侵害消费者个人信息依法得到保护的权利的，应当停止侵害、恢复名誉、消除影响、赔礼道歉，并赔偿损失。

③经营者有侮辱诽谤、搜查身体、侵犯人身自由等侵害消费者或者其他受害人人身权益的行为，造成严重精神损害的，受害人可以要求精神损害赔偿。

(2)财产损害的民事责任

《消费者权益保护法》第52条至第55条规定了经营者在提供商品或者服务时造成人身损害的民事责任：

①经营者提供商品或者服务，造成消费者财产损害的，应当依照法律规定或者当事人约定承担修理、重作、更换、退货、补足商品数量、退还货款和服务费用或者赔偿损失等民事责任。

②经营者以预收款方式提供商品或者服务的，应当按照约定提供。未按照约定提供的，应当按照消费者的要求履行约定或者退回预付款；并应当承担预付款的利息、消费者必须支付的合理费用。

③依法经有关行政部门认定为不合格的商品，消费者要求退货的，经营者应当负责退货。

④经营者提供商品或者服务有欺诈行为的，应当按照消费者的要求增加赔偿其受到的损失，增加赔偿的金额为消费者购买商品的价款或者

接受服务的费用的3倍;增加赔偿的金额不足500元的,为500元。法律另有规定的,依照其规定。

经营者明知商品或者服务存在缺陷,仍然向消费者提供,造成消费者或者其他受害人死亡或者健康严重损害的,受害人有权要求经营者依照本法第49条、第51条等法律规定赔偿损失,并有权要求所受损失2倍以下的惩罚性赔偿。

(二)行政责任

1.应当承担行政责任的情形

《消费者权益保护法》第56条规定,经营者有下列侵犯消费者权益情形之一的,应承担行政责任,受到行政处罚:①提供的商品或者服务不符合保障人身、财产安全要求的;②在商品中掺杂、掺假,以假充真,以次充好,或者以不合格商品冒充合格商品的;③生产国家明令淘汰的商品或者销售失效、变质的商品的;④伪造商品的产地,伪造或者冒用他人的厂名、厂址,篡改生产日期,伪造或者冒用认证标志等质量标志的;⑤销售的商品应当检验、检疫而未检验、检疫或者伪造检验、检疫结果的;⑥对商品或者服务作虚假或者引人误解的宣传的;⑦拒绝或者拖延有关行政部门责令对缺陷商品或者服务采取停止销售、警示、召回、无害化处理、销毁、停止生产或者服务等措施的;⑧对消费者提出的修理、重作、更换、退货、补足商品数量、退还货款和服务费用或者赔偿损失的要求,故意拖延或者无理拒绝的;⑨侵害消费者人格尊严、侵犯消费者人身自由或者侵害消费者个人信息依法得到保护的权利的;⑩法律法规规定的对损害消费者权益应当予以处罚的其他情形。

2.行政处罚方式

行政处罚的具体方式包括:责令改正、警告、没收违法所得、处以违法所得1倍以上、5倍以下的罚款,情节严重的可责令停业整顿或者吊销营业执照。经营者对行政处罚决定不服的,可以自收到处罚决定之日起15日内向上一级机关申请复议,对复议决定不服的,可以自收到复议决定书之日起15日内向人民法院提起诉讼;也可以直接向人民法院提起诉讼。

案例分析

【例7—5】 小学生李某在某食品商店买了一个面包,吃完后觉得恶心、呕吐,被送往医院紧急抢救,后脱险出院。经医院鉴定,李某是因为吃了过期变质的面包而导致食物中毒。王某的家长要求食品商店负担医疗费用,商店拒不接受。王某家长申诉至卫生部门。

请问：

食品商店是否应承担法律责任，其具体侵犯了消费者的什么权利？卫生部门应如何处理？

（三）刑事责任

根据《消费者权益保护法》的规定，需要承担刑事责任的情形如下：①经营者提供商品或者服务，造成消费者或者其他受害人人身伤害或者死亡，构成犯罪的，依法追究刑事责任；②以暴力、威胁等方法阻碍有关行政部门工作人员依法执行职务的，依法追究刑事责任；③国家机关工作人员玩忽职守或者包庇经营者侵害消费者合法权益的行为，情节严重构成犯罪的，依法追究刑事责任。

【例7—6】 消费者因经营者利用虚假广告提供商品或者服务，其合法权益受到损害的，可以向（　　）要求赔偿。

A. 广告经营者　　B. 广告制作人

C. 经营者　　D. 发布广告的媒体

【课后检测】

课后习题

1. 消费者权益争议的解决途径有哪些？争议处理规则是什么？

2. 求偿主体与赔偿主体怎么确定？

3. 违反《消费者权益保护法》的民事责任情形有哪些？什么情况下应当承担行政责任？什么情况下应当承担刑事责任？

【任务实训】

自主选择近几年国内发生的消费维权案例，探讨消费者如何合法维权，在课堂上交流。

项目八

知识产权法

学习目标

素质目标

1. 了解知识产权的基本范畴。
2. 能够判断各类知识产权的归属。
3. 树立合法取得知识产权的意识。

知识目标

1. 掌握商标权、专利权和著作权的取得条件和申请的程序。
2. 掌握专利权主体、客体、内容的权利和义务的有关规定。
3. 掌握著作权主体、客体、内容的权利和义务的有关规定。

技能目标

1. 学会如何利用知识产权有关法律知识保护企业的知识产权及商业秘密。
2. 能够运用所学的知识产权知识解决实践中的有关基础性法律问题。

项目导读

知识产权法是国家用法律的形式确认和保障公民和法人在科技、文学、艺术等精神领域所创造的劳动成果，使其具有专有性和排他性的一种手段。知识产权法就是调整由知识产权所引起的各种社会关系的法律规范的总称。知识产权法的意义有：(1)建立知识产权制度有利于调动人们从事创作和科学技术研究的积极性；(2)建立知识产权制度有利于智力成果广泛传播，以产生巨大的经济效益和社会效益；(3)建立知识产权制度有利于繁荣社会主义文化，加强社会主义物质文明和精神文明建设。

任务一　商标法

【任务导入】

某地方国有企业专门从事食品加工，最近购买了新的机器设备，准备生产肉类罐头，该厂销售部门建议使用"春都"商标，有人说：春都商标是洛阳肉联厂（现春都集团）的注册商标，不能随便使用。赞成的人则说，他们在火腿肠上使用，我们在罐头食品上使用，互不影响。

请思考：

该厂能否在肉类罐头上使用春都商标？为什么？

【法律课堂】

一、商标的概念和分类

(一)商标的概念

商标是商品的生产者或经营者使自己生产、销售的商品或者提供的服务，与其他生产者或经营者生产、销售的商品或者提供的服务相区别而使用文字、图形或其组合的特定标记。

(二)商标的分类

根据不同的标准，可对商标进行不同的分类。

1. 平面商标和立体商标

平面商标指以文字、图形或者文字、图形组合而成的标志。文字商标是最为常见的商标类型。立体商标指以商品形状或者其容器、包装的形状构成的三维标志。

2. 注册商标和未注册商标

按照商标的法律状态划分，有注册商标和未注册商标。注册商标是指由当事人申请，经国家主管机关审查核准，予以注册的商标。注册商标是商标法保护的对象，其所有人享有商标专用权。未注册商标是指其使用人未申请注册或者注册申请未被核准、未给予注册的商标。未注册商标可以自行在市场上使用，但其使用人不享有商标专用权，一般情况下，无权禁止他人使用相同商标，也无权阻止他人就相同商标提出注册申请。相反，他人如果将相同商标取得注册后，则有权禁止使用人继续使用该商标。

3. 商品商标和服务商标

按照商标的识别对象划分，有商品商标和服务商标。商品商标是商品生产者或经营者在生产、制造、加工、拣选或经销的有形商品上使用的标记。服务商标是提供服务的经营者在其向社会提供的服务项目上使用的标记。服务商标用以标示和区别无形商品，即服务、劳务，它的使用者是从事宾馆、餐饮、旅游、运输、广告、娱乐、金融、保险等服务的经营者。

4. 集体商标和证明商标

商标按其特殊性质可以分为集体商标和证明商标。集体商标是指以团体表示商品来源，它并非标示某一个厂商，而是代表有若干企业组成的集体组织。证明商标是指由对某种商品或者服务具有监督能力的组织所控制，而由该组织以外的人使用于其商品或者服务，用以证明该商品或者服务的原产地、原料、制造方法、质量或者其他特定品质的标志。证明商标的使用具有开放性，凡是其商品或者服务的质量达到规定标准的任何人都可以申请使用。

【例 8－1】 商标的基本类型有(　　)。

A. 商品商标、服务商标、集体商标、驰名商标

B. 商品商标、服务商标、集体商标、证明商标

C. 颜色商标、气味商标、集体商标、证明商标

D. 颜色商标、气味商标、集体商标、驰名商标

二、商标注册

(一)商标注册的原则

1. 注册原则

我国采用自愿和强制相结合的原则。对绝大多数商品采用自愿注册原则，商标是否注册，由当事人自行决定。未注册商标不享有商标专

用权。同时,《中华人民共和国商标法》(以下简称《商标法》)规定了必须使用注册商标的商品(强制注册),如人用药品、烟草制品,必须申请商标注册,未经核准注册的,不得在市场上销售。

2. 先申请原则

两个以上的申请人先后就同一种类的商品以相同或相似的商标申请注册的,商标局对申请在先者予以审核和注册,并驳回其他人的申请;同一天申请的,商标局对使用在先者予以审核和注册,驳回其他人的申请。申请先后的确定以申请日为准,申请日的确定以商标局收到申请书和有关文件为准。

但是,我国《商标法》对保护在先权利和禁止恶意抢先注册问题明确予以规定:申请商标注册不得损害他人现有的在先权利,也不得以不正当手段抢先注册他人已经使用并有一定影响的商标。这里"他人现有的在先权利"是指在商标注册申请人提出商标注册申请之前,他人已经取得的权利。如不得将他人已获得权利的外观设计等作为商标申请注册。"以不正当手段"是一种恶意抢先注册他人商标使用在先的行为。

3. 申请单一性原则

申请商标注册的,应当按规定的商品分类表填报使用商标的商品类别和商品名称。同一申请人在不同类别的商品上使用同一商标的,应当按照商品分类表提出注册申请。注册商标需要在同一类的其他商品上使用的,应当另行提出申请。

【例 8—2】 下列说法中,正确的说法是(　　)。

A. 气味也可以在我国申请商标注册

B. 缺乏显著特征的标志经过使用取得显著特征,并便于识别的,可以作为商标申请注册

C. 只要不侵犯他人的姓名权,任何人的名字都可以作为商标申请注册

D. 外国的国家名称绝对不能申请注册

(二)商标注册的审查和核准

1. 申请

申请人按规定向商标局提交申请书和有关文件,包括商标图样等。

2. 初审和公告

申请注册的商标,符合《商标法》规定的,由商标局初步审定,予以公告;申请注册的商标,不符合《商标法》规定的,由商标局驳回申请,不予公告。对驳回申请、不予公告的商标,商标局应当书面通知申请人。申请人不服的,可以在收到通知后 15 日内申请复审,由商标评审委员会作

出决定，并书面通知申请人。当事人对商标评审委员会的决定不服的，可以自收到通知之日起 30 日内向人民法院起诉。

3. 异议审查和核准制度

对初步审定的商标，自公告之日起 3 个月内，任何人均可以提出异议。公告期满无异议的，予以核准注册，发给商标注册证，并予公告；经裁定异议成立的，不予核准注册。对初步审定、予以公告的商标提出异议的，商标局应当听取异议人和申请人陈述事实和理由，经调查核实后，作出裁定。当事人不服的，可以在收到通知后 15 日内申请复审。由商标评审委员会作出终局裁定，并书面通知异议人和申请人。

【例 8—3】 针对商标评审，下列说法中，错误的是(　　)。

A. 商标评审委员会工作人员是当事人或者当事人、代理人的近亲属的，应当回避

B. 商标评审委员会工作人员与当事人、代理人有其他关系，可能影响公正的，应当回避

C. 商标评审委员会工作人员与申请商标注册或者办理其他商标事宜有利害关系的，应当回避

D. 在任何情况下，只要商标评审委员会工作人员秉公办事，就可以不回避

案例分析

【例 8—4】 张某在北京一厨艺班学习完毕后准备回家开办一家自己的餐馆，且自己暗自揣摩将来以“全来了”作为其服务商标。为了防止他人也以此作为商标使用，张某决定在离开北京前，前往商标局将“全来了”三字以自己的名义申请商标注册。

请问：

张某的申请能否被商标局受理并核准，使其成为商标权人？为什么？

三、商标权的保护

(一)商标权的概念

商标权是商标所有人对法律确认并给予保护的商标所享有的权利。经商标局核准注册的商标为注册商标。在我国，商标注册人对其注册商标享有的商标专有权，受法律保护。

(二)我国对商标权的保护

注册商标的专用权，以核准注册的商标和核定使用的商品为限。

商标权的保护

《商标法》第七章的内容规定了我国对注册商标专用权的保护。具体如下。

(1)有下列行为之一的,均属侵犯注册商标专用权:

①未经商标注册人的许可,在同一种商品上使用与其注册商标相同的商标的;

②未经商标注册人的许可,在同一种商品上使用与其注册商标近似的商标,或者在类似商品上使用与其注册商标相同或者近似的商标,容易导致混淆的;

③销售侵犯注册商标专用权的商品的;

④伪造、擅自制造他人注册商标标识或者销售伪造、擅自制造的注册商标标识的;

⑤未经商标注册人同意,更换其注册商标并将该更换商标的商品又投入市场的;

⑥故意为侵犯他人商标专用权行为提供便利条件,帮助他人实施侵犯商标专用权行为的;

⑦给他人的注册商标专用权造成其他损害的。

(2)将他人注册商标、未注册的驰名商标作为企业名称中的字号使用,误导公众,构成不正当竞争行为的,依照《中华人民共和国反不正当竞争法》(以下简称《反不正当竞争法》)处理。

(3)注册商标中含有的本商品的通用名称、图形、型号,或者直接表示商品的质量、主要原料、功能、用途、重量、数量及其他特点,或者含有的地名,注册商标专用权人无权禁止他人正当使用。

三维标志注册商标中含有的商品自身的性质产生的形状、为获得技术效果而需有的商品形状或者使商品具有实质性价值的形状,注册商标专用权人无权禁止他人正当使用。

商标注册人申请商标注册前,他人已经在同一种商品或者类似商品上先于商标注册人使用与注册商标相同或者近似并有一定影响的商标的,注册商标专用权人无权禁止该使用人在原使用范围内继续使用该商标,但可以要求其附加适当区别标识。

(4)有上述侵犯注册商标专用权行为之一,引起纠纷的,由当事人协商解决;不愿协商或者协商不成的,商标注册人或者利害关系人可以向人民法院起诉,也可以请求工商行政管理部门处理。

(5)对侵犯注册商标专用权的行为,工商行政管理部门有权依法查处;涉嫌犯罪的,应当及时移送司法机关依法处理。

(6)县级以上工商行政管理部门根据已经取得的违法嫌疑证据或者

举报，对涉嫌侵犯他人注册商标专用权的行为进行查处时，可以行使下列职权：

①询问有关当事人，调查与侵犯他人注册商标专用权有关的情况；

②查阅、复制当事人与侵权活动有关的合同、发票、账簿以及其他有关资料；

③对当事人涉嫌从事侵犯他人注册商标专用权活动的场所实施现场检查；

④检查与侵权活动有关的物品；对有证据证明是侵犯他人注册商标专用权的物品，可以查封或者扣押。

工商行政管理部门依法行使前款规定的职权时，当事人应当予以协助、配合，不得拒绝、阻挠。

在查处商标侵权案件过程中，对商标权属存在争议或者权利人同时向人民法院提起商标侵权诉讼的，工商行政管理部门可以中止案件的查处。中止原因消除后，应当恢复或者终结案件查处程序。

(7)侵犯商标专用权的赔偿数额，按照权利人因被侵权所受到的实际损失确定；实际损失难以确定的，可以按照侵权人因侵权所获得的利益确定；权利人的损失或者侵权人获得的利益难以确定的，参照该商标许可使用费的倍数合理确定。对恶意侵犯商标专用权，情节严重的，可以在按照上述方法确定数额的 1 倍以上、5 倍以下确定赔偿数额。赔偿数额应当包括权利人为制止侵权行为所支付的合理开支。

(8)注册商标专用权人请求赔偿，被控侵权人以注册商标专用权人未使用注册商标提出抗辩的，人民法院可以要求注册商标专用权人提供此前 3 年内实际使用该注册商标的证据。注册商标专用权人不能证明此前 3 年内实际使用过该注册商标，也不能证明因侵权行为受到其他损失的，被控侵权人不承担赔偿责任。

销售不知道是侵犯注册商标专用权的商品，能证明该商品是自己合法取得并说明提供者的，不承担赔偿责任。

(9)商标注册人或者利害关系人有证据证明他人正在实施或者即将实施侵犯其注册商标专用权的行为，如不及时制止将会使其合法权益受到难以弥补的损害的，可以依法在起诉前向人民法院申请采取责令停止有关行为和财产保全的措施。

(10)为制止侵权行为，在证据可能灭失或者以后难以取得的情况下，商标注册人或者利害关系人可以依法在起诉前向人民法院申请保全证据。

(11)未经商标注册人许可，在同一种商品上使用与其注册商标相同的商标，构成犯罪的，除赔偿被侵权人的损失外，依法追究刑事责任。

伪造、擅自制造他人注册商标标识或者销售伪造、擅自制造的注册商标标识，构成犯罪的，除赔偿被侵权人的损失外，依法追究刑事责任。

销售明知是假冒注册商标的商品，构成犯罪的，除赔偿被侵权人的损失外，依法追究刑事责任。

(12)商标代理机构有下列行为之一的，由工商行政管理部门责令限期改正，给予警告，处1万元以上、10万元以下的罚款；对直接负责的主管人员和其他直接责任人员给予警告，处5 000元以上、50 000元以下的罚款；构成犯罪的，依法追究刑事责任：

①办理商标事宜过程中，伪造、变造或者使用伪造、变造的法律文件、印章、签名的；

②以诋毁其他商标代理机构等手段招徕商标代理业务或者以其他不正当手段扰乱商标代理市场秩序的；

③违反本法第4条、第19条第3款和第4款规定的。

商标代理机构有前款规定行为的，由工商行政管理部门记入信用档案；情节严重的，商标局、商标评审委员会并可以决定停止受理其办理商标代理业务，予以公告。

商标代理机构违反诚实信用原则，侵害委托人合法利益的，应当依法承担民事责任，并由商标代理行业组织按照章程规定予以惩戒。

对恶意申请商标注册的，根据情节给予警告、罚款等行政处罚；对恶意提起商标诉讼的，由人民法院依法给予处罚。

(13)从事商标注册、管理和复审工作的国家机关工作人员必须秉公执法，廉洁自律，忠于职守，文明服务。

商标局、商标评审委员会以及从事商标注册、管理和复审工作的国家机关工作人员不得从事商标代理业务和商品生产经营活动。

(14)工商行政管理部门应当建立健全内部监督制度，对负责商标注册、管理和复审工作的国家机关工作人员执行法律、行政法规和遵守纪律的情况，进行监督检查。

(15)从事商标注册、管理和复审工作的国家机关工作人员玩忽职守、滥用职权、徇私舞弊，违法办理商标注册、管理和复审事项，收受当事人财物，牟取不正当利益，构成犯罪的，依法追究刑事责任；尚不构成犯罪的，依法给予处分。

【课后检测】

课后习题

1. 什么是商标权？它有哪些类型？
2. 商标注册的原则是什么？
3. 我国对商标权的保护是怎样的？

【任务实训】

班级分组搜集有关违反《商标法》的案例，分析违反了《商标法》哪方面的规定，在课堂上师生之间交流，以加深对商标权的理解。

任务二　专利法

【任务导入】

工程师王某工作之余设计制作了一种新型电动手持缝纫机，并获得实用新型专利权。甲电器厂看好此市场，与王某签订了为期6年的限制性普通实施许可合同，并在合同中约定：甲电器厂不得将专利技术再进行转让。合同签订后，甲电器厂考虑自身技术基础较差，为保证产品质量，决定与乙电器厂联营生产，乙电器厂表示同意。双方签订了协议并约定乙电器厂承担一半的专利技术使用费，利润"五五"分成，因联营所带来的一切法律后果由甲电器厂承担。两厂联营后，起初产品销路较好，后由于市场需求变化，该产品在市场上滞销，丙电器厂从联营厂购进一批专利产品零件，自行组装，并在外观上进行更新，销路很好。王某发现后，认为三个厂均侵犯其专利权，于是向法院提起诉讼，要求三个厂家停止侵权行为，赔偿损失。

请思考：

三个厂家是否都侵犯了王某的专利权，为什么？

【法律课堂】

一、专利权的概念

广义的专利一词，通常有三种含义：一是指国务院专利行政部门授予的专利权；二是指取得专利权的发明创造，一般包括发明、实用新型、外观设计三种形式；三是指专利文献。狭义的专利指专利权，从这个意义上说，专利就是专利权的简称。

专利权是指专利权人在法律规定的期限内对其发明创造所享有的

一种独占权或专有权。

专利法是指确认、保护发明创造专有权和调整利用发明创造过程中所发生的各种社会关系的法律规范的总称。

二、专利权的法律关系

(一)专利权主体

专利权的主体,是指有权提出专利申请并获得专利权的单位和个人。当一项发明创造依法取得专利权后,专利申请人就成了专利权所有人。

《中华人民共和国专利法》(以下简称《专利法》)对专利权主体的主要规定如下。

1. 发明人、申请人和专利权人

发明人(设计人)是指真正完成发明创造的人,即对发明创造的实质性特点有创造性贡献的人。申请人是指就一项发明创造向专利局申请专利的人。除了发明人可以作为申请人外,通过合同从发明人那里取得发明专利申请权的其他人;从发明人那里继承发明专利申请权的继承人;职务发明创造中按规定享有申请权的单位,都可以成为专利申请人。专利权人即指依法享有专利权的人。发明人(设计人)、申请人依法申请被批准后,成为专利权人。

2. 职务发明人和非职务发明

企业、事业单位、社会团体、国家机关等单位的工作人员执行本单位的任务或者主要利用本单位的物质技术条件所完成的发明创造,是职务发明创造。职务发明创造申请专利的权利属于该单位。申请被批准后,该单位为专利权人。除上述两种情况外,发明人、设计人完成的发明创造是非职务发明创造,非职务发明创造申请专利的权利属于发明人、设计人;申请被批准后,该发明人或设计人为专利权人。利用本单位的物质技术条件所完成的发明创造,单位与发明人或者设计人订有合同,对申请专利的权利和专利权的归属作出约定的,从其约定。这里,执行本单位的任务是指:

(1)在从事本职工作时作出的发明创造;

(2)履行本单位交付的本职工作之外的任务所作出的发明创造。

(3)退休、调离原单位后或者劳动人事关系终止后一年内作出的,与其在原单位承担的本职工作或者分配的任务有关的发明创造。主要利用本单位的物质技术条件是指利用本单位的资金、设备、零部件、原材料或者不对外公开的技术资料等。

3.共同发明和委托发明

两个以上的对同一发明创造共同构思，并且作出了创造性贡献的人是共同发明人或共同设计人，专利被批准后，专利由他们共有。两个以上单位或者个人合作完成的发明创造、一个单位或者个人接受其他单位或者个人委托所完成的发明创造，除另有协议的以外，申请专利的权利属于完成或共同完成的单位或者个人；申请被批准后，申请单位或者个人为专利权人。委托发明是委托方委托受托方进行的发明。一般相关权利的归属在委托合同中有规定的从其规定，合同没有规定的，相关权利属受托人。

4.外国人待遇

在中国境内没有经常居所或营业所的外国人、外国企业或者其他外国组织在中国申请专利的，依照其所属国与我国签订的协议，或者共同参加的国际条约，或者依照互惠原则，根据《专利法》有关规定办理；并应当委托国务院专利行政部门指定的专利代理机构办理。

（二）专利权的客体

专利权的客体，是指《专利法》规定的予以专利保护的发明创造。具体而言，不同的国家有不同的规定。我国《专利法》所称的发明创造是指发明、实用新型和外观设计。发明是指对产品、方法或其改进所提出的新的技术方案，发明可分为产品发明和方法发明。实用新型是指对产品的形状、构造或其结合所提出的适于实用的新的技术方案。因为实用新型专利的创造性要求比发明专利低，所以人们又称其为“小发明”。外观设计是指对产品的形状、图案或其结合以及色彩与形状、图案所作出的富有美感并适于工业应用的新设计。

《专利法》还规定，下列各项不授予专利权：①科学发现；②智力活动的规则和方法；③疾病的诊断和治疗方法；④动物和植物品种；⑤原子核变换方法以及用原子核变换方法获得的物质；⑥对平面印刷品的图案、色彩或者二者的结合作出的主要起标识作用的设计。其中第④项所列产品的生产方法可以依照《专利法》规定授予专利权。另外，对违反国家法律、社会公德或者妨害公共利益的发明创造，不授予专利权。

（三）专利权的内容

专利权的内容，即专利法律关系的权利和义务。

1.专利权人的主要权利

根据《专利法》的有关规定，专利权人享有以下权利：

（1）实施权

专利权人在专利有效期限内享有为生产经营目的的专有制造、使用和销售其专利产品或专有使用其专利方法的权利。除法律另有规定外，任何单位或个人未经专利权人许可，都不得实施其专利，即不得以生产经营为目的制造、使用、许诺销售、销售、进口其专利产品，或者使用专利方法以及使用、许诺销售、销售、进口依照该专利方法直接获得的产品。

外观设计专利权被授予后，任何单位和个人未经专利权人许可，都不得实施其专利，即不得为生产经营目的制造、许诺销售、销售、进口其外观设计专利产品。

(2)许可权

专利权人有权许可他人使用其专利权，并收取专利使用费。任何单位或者个人实施他人专利的，除《专利法》另有规定的以外，都应当与专利权人订立实施许可合同，向专利权人支付专利使用费。被许可人无权允许合同规定以外的任何单位或者个人实施该专利。

(3)转让权

专利申请权和专利权可以转让。转让专利申请权或者专利权的，当事人应当订立书面合同，并向国务院专利行政部门登记，由国务院专利行政部门予以公告。专利申请权或者专利权的转让自登记之日起生效。

(4)标记权

专利权人有权在其专利产品或该产品的包装上标明专利标记和专利号；发明人或设计人有在专利文件中写明自己是发明人或者设计人的权利。

(5)阻止权

除《专利法》另有规定外，任何单位或者个人未经专利权人许可，都不得实施其专利，即不得以营利为目的制造、使用、许诺销售、销售、进口其专利产品或者使用该专利方法直接获得的产品。

2.专利权人的主要义务

专利权人在享有上述权利的同时，应当履行下列义务：

(1)实施专利，专利权被授予后，专利权人有义务实施该专利，有义务以生产经营为目的在中国境内制造、使用、销售其专利产品或者使用其专利方法。

(2)按期缴纳专利年费，专利权人应当自被授予专利权的当年开始缴纳年费。年费缴纳方式为1年1次，在前1年度期满前1个月缴纳。专利权人希望维持专利权，必须缴纳年费。

【例 8—5】　甲于 2021 年 7 月 7 日完成一项创造，并于 2021 年 7 月 8 日下午到当地的专利代办处面交了专利申请；乙于 2021 年 7 月 4 日独立完成相同创造，并于 2021 年 7 月 7 日通过快递公司提交申请文件，国务院专利行政部门受理处于次日上午收到该申请文件。如果两件申请均符合其他授权条件，那么专利权应当授予（　　）。

A. 甲　　　　B. 乙

C. 甲和乙　　D. 甲和乙协商确定的人

案例分析

【例 8—6】　某研究所科研人员张某长期从事与饮水处理技术有关的科研项目，2020 年 6 月，由于工作需要，单位内部调动使其转到了行政管理工作的岗位，张某在工作之余，继续从事饮水处理技术方面的研究，2021 年 5 月，张某终于研制成功一种“矿泉水制造方法及其装置”。

请问：

张某的这项发明创造是职务发明还是非职务发明？为什么？

三、专利权的取得

（一）取得专利权的条件

授予专利权的发明和实用新型，应当具备新颖性、创造性和实用性。

1. 新颖性

新颖性，是指该发明或者实用新型不属于现有技术；也没有任何单位或者个人就同样的发明或者实用新型在申请日以前向国务院专利行政部门提出过申请，并记载在申请日以后公布的专利申请文件或者公告的专利文件中。申请专利的发明创造在申请日以前 6 个月内，有下列情形之一的，不丧失新颖性：

（1）在国家出现紧急状况或者非常情况时，为公共利益目的首次公开的；

（2）在中国政府主办或者承认的国际展览会上首次展出的；

（3）在规定的学术会议或技术会议上首次发表的；

（4）他人未经申请人同意而泄露其内容的。

2. 创造性

创造性是指与现有技术相比，该发明具有突出的实质性特点和显著的进步，该实用新型具有实质性特点和进步。

3. 实用性

实用性是指该发明或实用新型能够制造或使用，并且能够产生积极效果。

【例 8—7】 依据《专利法》的有关规定，下列情况不授予专利权的是（　　）。

A. 甲发明了仿真伪钞机

B. 乙发明了对糖尿病特有的治疗方法

C. 丙发现了某植物新品种

D. 丁发明了某植物新品种的生产方法

【例 8—8】 甲、乙共同完成一项发明，就该项发明的专利申请权所作的下列判断中正确的是（　　）。

A. 如果甲不同意申请专利，乙可以自行申请

B. 如果甲放弃其专利申请权，乙可以单独申请，但取得专利后，甲有免费使用的权利

C. 如果甲准备转让其专利申请权，应签订书面合同

D. 如果甲准备转让其专利申请权，乙在同等条件下有优先受让的权利

（二）专利的申请

1. 专利申请应遵循的原则

（1）一件创造发明一件申请原则。一件发明或者实用新型专利申请应当限于一项发明或者实用新型。属于一个总的发明构思的两项以上的发明或者实用新型，可以作为一件申请提出。一件外观设计专利申请应当限于一项外观设计。同一产品两项以上的相似外观设计，或者用于同一类别并且成套出售或者使用的产品的两项以上的外观设计，可以作为一件申请提出。

（2）申请在先原则。在两个以上的申请人分别就同样的发明创造申请专利的情况下，专利权授予最先提出申请的申请人。

（3）优先权原则。申请人自发明或者实用新型在外国第一次提出专利申请之日起 12 个月内，或者自外观设计在外国第一次提出专利申请之日起 6 个月内，又在中国就相同主题提出专利申请的，依照该外国同中国签订的协议或者共同参加的国际条约，或者依照相互承认优先权的原则，可以享有优先权。申请人自发明或者实用新型在中国第一次提出专利申请之日起 12 个月内，又向国务院专利行政部门就相同主题提出专利申请的，可以享有优先权。

申请人要求优先权的，应当在申请的时候提出书面声明，并且在 3

个月内提交第一次提出的专利申请文件的副本;未提出书面声明或者逾期未提交专利申请文件副本的,视为未要求优先权。

2.专利申请手续

申请发明或实用新型专利的,应当提交请求书、说明书及其摘要、权利要求书等文件。请求书应当写明发明或者实用新型的名称,发明人或者设计人的姓名,申请人姓名或者名称、地址以及其他事项。说明书应当对发明或者实用新型作出清楚、完整的说明,以所属技术领域的技术人员能够实现为准;必要的时候,应当有附图。摘要应当简明扼要说明发明或者实用新型的技术特点。权利要求书以说明书为依据,说明要求专利保护的范围。

申请外观设计专利的,应当提交请求书及该外观设计的图片或者照片等文件,并且应当写明使用该外观设计的产品及其所属的类别。

3.专利的审查和批准

国务院专利行政部门对发明专利采取早期公开、迟延审查制度,对实用新型和外观设计采取登记制度。

发明专利的审查、批准主要程序如下:

(1)初审和早期公开。国务院专利行政部门收到发明专利申请后,经初步审查认为符合《专利法》要求的,自申请之日起满 18 个月,即行公布。国务院专利行政部门可以根据申请人的请求早日公布其申请。

(2)实质审查。实质审查是对发明专利的新颖性、创造性、实用性的全面审查。发明专利申请自申请之日起 3 年内,国务院专利行政部门可以根据申请人随时提出的请求,对其进行实质审查;申请人无正当理由逾期未请求实质审查的,该发明专利的申请被视为撤回。国务院专利行政部门认为有必要时,也可以对发明专利申请进行实质审查。

发明专利的申请人请求实质审查的时候,应当提交在申请日前与其发明有关的参考资料。发明专利已经在外国提出过申请的,申请人应当提交该国为审查其申请进行检索的资料或者审查结果的资料;无正当理由逾期不提交的,该申请即被视为撤回。国务院专利行政部门对发明专利申请进行实质审查后,认为不符合《专利法》规定的,应当通知申请人,要求其在指定的期限内陈述意见,或者对其申请进行修改;无正当理由逾期不答复的,该申请即被视为撤回。发明专利申请经申请人陈述意见或者修改后,国务院专利行政部门仍然认为不符合《专利法》规定的,应当予以驳回。

(3)审定公告。发明专利申请经实质审查没有发现驳回理由的,由国务院专利行政部门作出授予发明专利权的决定,发给发明专利证书,并予以登记和公告。发明专利权自公告之日起生效。

(4)复审制度。专利申请人对国务院专利行政部门驳回申请的决定不服的,可以自收到通知之日起3个月内向国务院专利行政部门请求复审。国务院专利行政部门复审后,作出决定,并通知专利申请人。专利申请人对国务院专利行政部门的复审决定不服的,可以自收到通知之日起3个月内向人民法院起诉。

4.实用新型和外观设计的审查、批准程序

实用新型和外观设计的审查、批准程序较为简便。根据《专利法》的规定,实用新型和外观设计专利申请经初步审查没有发现驳回理由的,由国务院专利行政部门作出授予实用新型专利权或者外观设计专利权的决定,发给相应的专利证书,同时予以登记和公告。实用新型和外观设计的专利权自公告之日起生效。

专利保护期限

四、专利权的保护

(一)专利权保护的范围

发明或者实用新型专利权的保护范围以其权利要求的内容为准,说明书及附图可以用于解释权利要求的内容;外观设计专利权的保护范围以表示在图片或者照片中的该产品的外观设计为准。

(二)专利权的保护措施

1.专利权的保护方法

对未经专利权人许可,实施其专利的侵权行为,专利权人或者利害关系人可以请求管理专利工作的部门进行处理,也可以直接向人民法院起诉。

管理专利工作的部门处理时,认定侵权行为成立的,可以责令侵权人立即停止侵权行为。当事人不服的,可以自收到处理通知之日起15日内依照《中华人民共和国行政诉讼法》向人民法院起诉;侵权人期满不起诉又不停止侵权行为的,管理专利工作的部门可以申请人民法院强制执行。

进行处理的管理专利工作的部门应当事人的请求,可以就侵犯专利权的赔偿数额进行调解;调解不成的,当事人可以依照《中华人民共和国民事诉讼法》(以下简称《民事诉讼法》)向人民法院起诉。侵犯专利权的赔偿数额,按照权利人因被侵权所受到的损失或者侵权人因侵权所获得的利益确定;难以确定的,参照该专利许可使用费的倍数合理确定。专利权人或利害关系人有证据证明他人正在实施或即将实施侵犯专利权的行为,如不及时制止将会使其合法权益受到难以弥补的损害的,可以在起诉前向人民法院申请采取责令停止有关行为和财产保全的措施。

2. 专利权纠纷的诉讼时效

侵犯专利权的诉讼时效为 3 年，自专利权人或者利害关系人知道或者应当知道侵权行为以及侵权人之日起计算。

3. 假冒专利的行政责任和刑事责任

假冒他人专利的，除依法承担民事责任外，由负责专利执法的部门责令改正并予以公告，没收违法所得，可以处违法所得 5 倍以下的罚款；没有违法所得或者违法所得在 5 万元以下的，可以处 25 万元以下的罚款；构成犯罪的，依照《中华人民共和国刑法》（以下简称《刑法》）的规定追究刑事责任。

【课后检测】

课后习题

1. 什么是专利权？
2. 专利权的主体和客体分别是什么？
3. 专利的申请原则是什么？
4. 专利权有哪些保护措施？

【任务实训】

班级之间分组搜集有关违反《专利法》的案例，分析违反了《专利法》哪方面的规定，在课堂上师生之间交流，以加深对专利权的理解。

任务三　著作权法

【任务导入】

20××年，某外语学院学生甲、乙二人受老师丙的委托，帮助翻译《大学英语实用语法》一书。全书共 13 章内容，甲翻译了前 8 章，乙翻译了后 5 章。书稿翻译完成后，甲、乙将译稿交给老师丙。但书出版后，甲、乙发现书的署名是丙，而没有他们的名字，便找到老师丙询问缘由，丙先称书未出版，后又说书稿丢失，搪塞甲、乙。甲、乙对丙的行为非常不满，便以丙侵权为由，向版权局提出申诉。丙辩称：甲、乙虽然翻译了全书的 13 章，但是如果没有自己的努力，该书根本无法出版，那些书稿也将是废纸一堆。版权局将双方提供的材料进行核实，认定全书的 30 万字除前言为别人另加的外，其余均出自甲、乙的译稿，修改的地方也很少，此外，甲和乙、丙之间也不存在任何委托协议。

请思考：

该书的著作权应当归属谁？

【法律课堂】

一、著作权的概念

著作权是指自然人、法人或者其他组织对文学、艺术和科学作品享有的财产权利和精神权利的总称。在我国，著作权即指版权，广义的著作权还包括邻接权，《中华人民共和国著作权法》(以下简称《著作权法》)称为“与著作权有关的权利”。

二、著作权的法律关系

(一)著作权主体

1. 著作权主体的概念

著作权的主体(著作权人)是指依照著作权法，对文学、艺术和科学作品享有著作权的自然人、法人或者其他组织。作者在通常语境下指创作作品的自然人，侧重于身份，但作者并非在任何时候都可以成为著作权的主体。法律意义上的作者是依照著作权法规定可以享有著作权的主体。

2. 著作权主体的种类

以主体的形态为标准，著作权的主体分为自然人、法人和其他组织。创作是一种事实行为，不论创作者的年龄、智力水平如何，都可以成为著作权的主体。一般而言，自然人是作品的作者，即一般情况下自然人才能成为著作权的主体，但为平衡、保护不同利益方的利益，以及考虑到法人或其他组织在创作作品时付出的组织、物质等支持，法律也允许法人或其他组织成为著作权的原始主体。

以著作权的取得方式为标准划分，著作权的主体可以分为原始主体(原始著作权人)和继受主体(继受著作权人)。著作权原始主体即作品创作完成时，直接依照《著作权法》和合同约定即刻对创作的作品享有著作权的主体。继受著作权人即通过继承、受让、受赠等方式获得著作权的主体。原始著作权人与继受著作权人在权利范围、权利保护方式上有所不同。

(二)著作权客体

1. 作品的概念

著作权的客体是作品，作品是指文学、艺术和科学领域内具有独创性并能以一定形式表现的智力成果。法律意义上的作品具有以下条件：

(1)独创性。首先,独创性中的“独”并非指独一无二,而是指作品系作者独立完成,而非抄袭。假设两件作品先后由不同的作者独立完成,即使他们恰好相同或者实质性相似,均可各自产生著作权。典型如摄影作品,两名摄影师可能先后对同一景点进行拍摄,角度、取景等内容基本一致,但在后拍摄者并未看到过在先拍摄者的作品,系自己独立拍摄,后者同样可以对其摄影作品享有著作权。其次,独创性须满足一定的创造性,体现一定的智力水平和作者的个性化表达。创造性不同于艺术水准,无论是画家还是普通孩童,只要其绘画能够独立按照自己的安排、设计,独特地表现出自己的真实情感、思想、观点,都能够成为作品。

(2)以有形形式表达。著作权法保护的是思想的表达而非思想本身,作品应当是智力成果的表达,可供人感知并可以一定形式表现出来。思想是抽象的、无形的,不受法律保护,仅当思想以一定形式得以表现之后,方能够被他人感知,才能成为受法律保护的作品。

2. 不予保护的对象

《著作权法》明确规定了不予保护的对象。本法不适用于:

(1)法律、法规,国家机关的决议、决定、命令和其他具有立法、行政、司法性质的文件,及其官方正式译文;

(2)单纯事实消息;

(3)历法、通用数表、通用表格和公式。此外,创意、题材、操作方法、技术方案、实用功能等属于思想层面的,不构成作品,不受《著作权法》的保护。

(三)著作权的内容

著作权的内容是指著作权人依照法律享有的专有权利的总和,根据我国《著作权法》的规定,著作权内容包括著作人身权和著作财产权。

1. 著作人身权

(1)发表权,即决定作品是否公之于众的权利。发表权只能行使一次,除特殊情况外,仅能由作者行使。

(2)署名权,即表明作者身份,在作品上署名的权利。它包括作者决定是否署名,署真名、假名、笔名,禁止或允许他人署名等权利。

(3)修改权,即修改或者授权他人修改作品的权利。

(4)保护作品完整权,即保护作品不受歪曲、篡改的权利。

2. 著作财产权

(1)复制权,即以印刷、复印、拓印、录音、录像、翻录、翻拍、数字化等方式将作品制作一份或者多份的权利;

(2)发行权,即以出售或者赠与方式向公众提供作品的原件或者复制件的权利;

(3)出租权,即有偿许可他人临时使用视听作品、计算机软件的原件或者复制件的权利,计算机软件不是出租的主要标的的除外;

(4)展览权,即公开陈列美术作品、摄影作品的原件或者复制件的权利;

(5)表演权,即公开表演作品,以及用各种手段公开播送作品的表演的权利;

(6)放映权,即通过放映机、幻灯机等技术设备公开再现美术、摄影、视听作品等的权利;

(7)广播权,即以有线或者无线方式公开传播或者转播作品,以及通过扩音器或者其他传送符号、声音、图像的类似工具向公众传播广播的作品的权利,但不包括本款第(8)项规定的权利;

(8)信息网络传播权,即以有线或者无线方式向公众提供,使公众可以在其选定的时间和地点获得作品的权利;

(9)摄制权,即以摄制视听作品的方法将作品固定在载体上的权利;

(10)改编权,即改变作品,创作出具有独创性的新作品的权利;

(11)翻译权,即将作品从一种语言文字转换成另一种语言文字的权利;

(12)汇编权,即将作品或者作品的片段通过选择或者编排,汇集成新作品的权利;

(13)应当由著作权人享有的其他权利。

【例8—9】 胡某写了一篇长篇小说,题为《爱火难消》。某地方电视台未经胡某许可,也未向胡某支付报酬,将该作品改编成题为《干柴烈火》的情景喜剧。那么该电视台未侵犯胡某的哪种权利?(　　)

A. 发表权　　B. 著作权

C. 改编权　　D. 获得报酬权

三、著作权的取得

自动保护原则,作品一经产生,不论整体还是局部,只要具备了作品的属性即产生著作权,既不要求登记,也不要求发表,也无须在复制物上加注著作权标记。但是,由于我国已经加入《世界版权公约》,在出版物中大多标有著作权标记,这对是否受《著作权法》保护没有影响。

此外，我国著作权主管机关也从 1995 年开始办理著作权登记事务，这种登记实际上是对事实行为的认定和证明。登记是自愿而非强制，登记并不是取得著作权的法定程序。事实上，如果发生著作权纠纷，这种登记的证明力是十分有限的。

我国著作权采用“自动取得”原则，著作权自动取得指著作权因作品创作完成，形成作品这一法律事实的存在而自然取得，不再需要履行任何手续，著作权的自动取得，以作品创作完成的时间作为著作权取得的时间界限，也就是说，只有作品创作完成后，作者才能取得和行使著作权，才能对抗第三人的侵权活动，创作完成包括全部完成和部分完成。只要作者的某一思想或某一构思已经以某种形式完整地表达出来，即使只是他全部构思的一个组成部分，甚至是非主要组成部分，也属于该部分作品的完成，可视为整体作品在一定阶段的创作完成。著作权自动取得不需要履行任何手续，并不意味着获得著作权不需要具备任何条件，《著作权法》规定：中国公民、法人或者非法人组织的作品，不论是否发表，依照本法享有著作权；外国人、无国籍人的作品根据其作者所属国或者经常居住地国同中国签订的协议或者共同参加的国际条约享有的著作权，受本法保护。外国人、无国籍人的作品首先在中国境内出版的，依照本法享有著作权。未与中国签订协议或者共同参加国际条约的国家的作者以及无国籍人的作品首次在中国参加的国际条约的成员国出版的，或者在成员国和非成员国同时出版的受法律保护。

【例 8—10】 为纪念“抗美援朝”50 周年，作家尚公于 2000 年 2 月写成报告文学《伟大的战略出击》一书的初稿，5 月修改定稿，7 月由出版社正式出版，9 月经版权登记。尚公从何时起取得正式出版的《伟大的战略出击》一书的著作权？（　　）

A. 2 月　　B. 5 月　　C. 7 月　　D. 9 月

四、著作权的保护

（一）著作权侵权行为

1. 著作权侵权行为的概念

未经作者等著作权人或相关邻接权人的许可同意，又无法律上的依据，擅自对著作权作品或其他制品进行利用，或以其他非法手段行使著作权或邻接权的行为。

2. 著作权侵权行为的构成条件

（1）行为人主观上有过错。过错作为一般侵权责任的构成要件，是一种主观条件，是行为人实施不法行为时的心理状态，是行为人对自己行为的损害后果的主观态度。但是，如果要确定行为人是否存在这种心理状态要借助于其外在表征，即行为本身。过错的形式分为故意和过失两种，其中，过失又分为轻过失和重大过失。如果行为人不仅没有遵守法律对其较高的要求，而且，连人们都应当注意并能够注意的一般标准也没有达到，这种过错就是重大过错。

(2)行为违法。行为的违法性包括形式的违法和实质的违法。所谓形式的违法是指行为与法律的明文规定相抵触。所谓实质的违法是指行为不是从形式上而是从实质上违法，这种行为虽然不能确定违反的具体法律规则，但它违反了法律精神和法律原则。

(3)权利人受到损害。所谓损害，是指因人的行为或对象的危险性而导致人身财产方面的合法权益所遭受的不利后果。该损害是客观存在的，是侵害合法民事权益的客观后果；该损害是确定的，是已经发生、真实存在且能够认定的，包括有造成损害的现实危险性；该损害具有法律上的补救性，即补救的必要性——在量上必须达到一定程度和补救的可能性——能用一定的形式填补权利人所遭受的缺损。损害包括财产损害、人身损害、人格损害和精神损害。

(4)违法行为和损害后果之间有因果关系。这里所说的因果关系是行为与损害之间的因果关系，即行为是导致损害的原因，损害是行为的必然结果，所要解决的是侵权责任是否成立的问题。其表现形式有一因一果、一因多果、多因一果和多因多果四种。同时，当因果形式在多因一果或多因多果状态下，确定因果关系时，还要充分考量损害的原因力，即哪些行为是损害的主要原因，哪些是次要原因，哪些是直接原因，哪些是间接原因，唯有如此，才能确定行为人是否承担侵权责任以及责任的大小。

3.著作权侵权行为的种类

(1)直接侵权。直接侵权又分为完全性相同的侵权和实质性相同的侵权。

①完全性相同的侵权：被控侵权的作品与原告的作品完全相同或部分相同。

②实质性相同的侵权：被控侵权的作品与原告的作品不是完全相同或部分相同，只是表述上具有实质性的相似。

(2)间接侵权。行为人虽然没有直接实施受专有权利控制的行为，但其行为与他人的“直接侵权”行为之间存在特定关系，基于公共政策原因而被法律定性为侵权。间接侵权的成立应以行为人具有主观过错为前提，还必须满足直接侵权的行为构成侵权责任，即协助侵权和转承侵权。

①协助侵权：第三人通过引诱、教唆和提供物质手段的方式，促使第二人侵犯他人的著作权。

②转承侵权：在某种特殊的相互关系中，第三人应当为第二人的侵权承担责任。

4. 应承担民事责任的侵权行为情形

(1)侵犯发表权的行为，即未经著作权人许可，发表其作品的行为，包括：①未经著作权人许可，发表其作品；②未经其他合作作者同意，将合作作品当作自己创作的作品发表。

(2)侵占合作作者著作权的行为，未经合作作者许可，将与他人合作创作的作品当作自己单独创作的作品发表的。

(3)非法署名行为，没有参加创作，为谋取个人名利，在他人作品上署名的。

(4)侵犯保护作品完整权的行为，歪曲、篡改他人作品的。

(5)剽窃他人作品的。

(6)侵犯某些财产权的行为，未经著作权人许可，以展览、摄制视听作品的方法使用作品，或以改编、翻译、注释等方式使用作品的。

(7)侵犯获得报酬权的行为，使用他人作品，应当支付报酬而未付的。

(8)侵犯出租权的行为，未经视听作品、计算机软件、录音录像制品的著作权人、表演者或者录音录像制作者许可，出租其作品或录音录像制品的原件或者复制件的，法律另有规定的除外。

(9)侵犯版式设计权，未经出版者许可，使用其出版的图书、期刊的版式设计的。

(10)对表演者的侵犯，未经表演者许可，从现场直播或公开传送其现场表演，或录制其表演的。

(11)其他侵犯著作权以及与著作权有关的权利的行为。

5. 著作权侵权行为的归责原则

(1)我国《著作权法》主要实行过错责任原则。

(2)对某些特殊侵权行为明确规定实行过错推定原则。《著作权法》第 59 条规定，复制品的出版者、制作者不能证明其出版、制作有合法授权的，复制品的发行者或者视听作品、计算机软件、录音录像制品的复制品的出租者不能证明其发行、出租的复制品有合法来源的，应当承担法律责任。

(3)在特定情况下可适用公平责任原则。

6. 不仅应当承担民事责任,还可能承担行政责任和刑事责任的侵权行为

(1)侵犯著作权人某些财产权的行为,即未经著作权人许可,复制、发行、表演、放映、广播、汇编、通过信息网络向公众传播其作品的行为。

(2)侵犯图书出版者专有权的行为,即出版他人享有专有出版权的图书的行为。

(3)侵犯表演者权的行为,即未经表演者许可,复制、发行录有其表演的录音录像制品,或者通过信息网络向公众传播其表演的行为。

(4)侵犯录音录像制作者权的行为,即未经录音录像制作者许可,复制、发行、通过信息网络向公众传播其制作的录音录像制品的行为。

(5)侵犯广播组织权的行为,即未经许可,播放、复制或者通过信息网络向公众传播广播、电视的行为。

(6)避开或破坏技术保护措施的行为,即未经著作权人或者与著作权有关的权利人许可,故意避开或者破坏技术措施的,故意制造、进口或者向他人提供主要用于避开、破坏技术措施的装置或者部件的,或者故意为他人避开或者破坏技术措施提供技术服务的行为。

(7)删除或者改变权利管理信息的行为,即未经著作权人或者与著作权有关的权利人许可,故意删除或者改变作品、版式设计、表演、录音录像制品或者广播、电视上的权利管理信息的,知道或者应当知道作品、版式设计、表演、录音录像制品或者广播、电视上的权利管理信息未经许可被删除或者改变,仍然向公众提供的的行为。

(8)制作、出售假冒他人署名的作品的行为。

【例 8—11】 某出版社在 2020 年 4 月 9 日收到某作家以挂号邮件寄来的一部小说书稿。至同年 10 月 9 日,出版社未给予任何答复。对上述情况,下列说法中哪一个是正确的?(　　)

A. 出版社的沉默应视为已同意采用,该作家有权要求出版社正式签订合同

B. 出版社的沉默应视为不同意采用,该作家仅有权要求出版社退还原稿

C. 出版社还有 3 个月法定期间决定采用或不采用,该作家现在无权对出版社提出签约或退稿的要求

D. 出版社未在法定期限内作出采用或不采用的答复,该作家有权要求出版社退回原稿和给予经济补偿

案例分析

【例 8－12】 李某自学英语多年，经常做笔译练习。李某同事赵某常在报刊上发表一些文章。李某为了提高翻译水平，常将见到的文章顺手拿过来做翻译练习。一次李某将赵某在报纸上发表的一篇文章进行翻译。赵某见李某翻译自己的文章便提出李某这样做未经自己的许可，侵犯了自己的著作权。

请问：

李某是否侵犯了赵某的著作权？为什么？

（二）著作权的法律保护

1. 侵权的司法措施

（1）诉前临时救济措施——停止侵权和财产保全。著作权人或者邻接权人有证据证明他人正在实施或者即将实施侵犯其权利的行为，如不及时制止将会使其合法权益受到难以弥补的损害的，可以在起诉之前向人民法院申请采取责令停止有关行为和财产保全的措施。

①管辖：诉前责令停止侵权行为的申请，应当向侵权行为地或者被申请人住所地对著作权案件有管辖权的人民法院提出；诉前财产保全，由当事人向财产所在地的人民法院申请。

②担保：申请人应当提供担保，不提供担保的，驳回申请。

③裁定的作出与执行：人民法院接受申请后，必须在 48 小时以内作出裁定；裁定采取措施的，应当立即开始执行，并应当及时通知被申请人，至迟不得超过 5 日；当事人对财产保全的裁定不服的，可以申请复议一次，但复议期间不停止裁定的执行。

④临时措施的解除：申请人在人民法院采取停止有关行为的措施后 15 日内不起诉的，人民法院应当解除保全措施。

（2）诉前证据保全措施。为制止侵权行为，在证据可能灭失或者以后难以取得的情况下，著作权人或者邻接权人可以在起诉前向人民法院申请保全证据。

（3）侵权人举证责任倒置。复制品的出版者、制作者不能证明其出版、制作有合法授权的，复制品的发行者或者视听作品、计算机软件、录音录像制品的复制品的出租者不能证明其发行、出租的复制品有合法来源的，应当承担法律责任。

2. 著作权侵权的民事责任

（1）著作权侵权的民事诉讼

①诉讼主体:著作权人、集体管理组织、利害关系人。

②管辖法院:侵权行为的实施地、侵权复制品储藏地或者查封扣押地、被告住所地人民法院管辖。

③诉讼时效:2 年,自著作权人知道或者应当知道侵权行为之日起计算。权利人超过 2 年起诉的,如果侵权行为在起诉时仍在持续,在该著作权保护期内,人民法院应当判决被告停止侵权行为;侵权损害赔偿数额应当自权利人向人民法院起诉之日起向前推算 2 年计算。

④举证责任(责任倒置):

第一,一般作品的复制品的出版者有责任证明自己出版复制品的行为有合法授权;

第二,一般作品的复制品的制作者有责任证明自己制作复制品的行为有合法授权;

第三,一般作品的复制品的发行者有责任证明自己发行的复制品有合法来源;

第四,视听作品、计算机软件和录音录像制品的复制品的出租者有责任证明自己出租的复制品有合法来源。

(2)著作权侵权的民事责任

侵犯著作权,根据情况应承担以下民事责任:①停止侵害。②消除影响。③赔礼道歉。④赔偿损失:按照权利人的实际损失确定赔偿数额;按照侵权人的违法所得确定赔偿数额;依照法定赔偿的规定确定赔偿数额。⑤返还利润:出版者尽了合理注意义务,著作权人也无证据证明出版者应当知道其出版涉及侵权的,出版者承担停止侵权、返还其侵权所得利润的民事责任。

【例 8—13】 下列侵犯著作权的行为中,哪些可能承担刑事责任?(　　)

A. 制作出售假冒他人署名的美术作品的

B. 未经表演者许可,从现场直播或者公开传送其现场表演,或者录制其表演的

C. 剽窃、抄袭他人作品的

D. 销售侵权复制品的

【课后检测】

课后习题

1. 什么是著作权?

2. 著作权的主体、客体是什么?

3.著作权的取得原则是什么?

4.我国对著作权有哪些保护?

【任务实训】

班级之间分组搜集有关违反《著作权法》的案例,分析违反了《著作权法》哪方面的规定,在课堂上师生之间交流,以加深对著作权的理解。

项目九
竞争法

学习目标

素质目标

1. 了解市场竞争法律制度的原则要求和基本规则，树立依法经营的理念。
2. 了解市场反垄断的原则要求和基本规则，树立反垄断的观念。

知识目标

1. 掌握不正当竞争行为的表现形式。
2. 掌握不正当竞争行为的法律责任。
3. 掌握垄断行为的表现形式。
4. 掌握垄断行为的法律责任。

技能目标

1. 能够依据企业竞争法的基本要求，在经济生活中避免实施不正当竞争行为和垄断行为。
2. 能够识别和判断实例中存在的不正当竞争行为和垄断行为。

项目导读

反垄断法律制度及其原理是市场规制法律制度及其原理中重要的组成部分之一，自由、公平竞争是使市场在资源配置中起决定性作用的前提。在市场主体竞争的过程中，难免会同时出现正当竞争行为和不正当竞争行为以及垄断行为；各种不正当竞争行为以及垄断行为会破坏公平竞争秩序，影响市场经济的健康发展。因此，凡是实行市场经济体制的国家，无论政治制度和社会制度如何，往往在制定和实施反垄断法的同时，也将反不正当竞争法作为调整市场经济关系的基本法律之一。

任务一　反不正当竞争法

【任务导入】

甲市A厂、B厂都生产同种产品，A厂的市场信息来源不足，销售发生困难，而B厂生产的同类产品市场信息多，销售情况好。由于B厂对其经营信息采取了保密措施，A厂无法从公开渠道直接获取其经营信息。A厂为获取B厂的经营信息，尤其是客户名单，在B厂附近租用了一间小屋，安装了自制的窃听装置。从2008年6月初开始，A厂厂长派本厂两名职工通过电信线路，对B厂销售科的电话内容进行窃听、录音。到7月中旬，共获取B厂经销信息300多条，其中有价值的客户名单20多家。在获得这些名单后，A厂逐一与B厂的客户进行联系，并采取低于B厂报价的方式与其中10家单位做成了业务，共推销本厂产品15台。

请思考：

A厂行为属于哪种不正当竞争行为？如何处理？

【法律课堂】

一、不正当竞争行为的概念与特征

（一）不正当竞争行为的概念

不正当竞争行为是指经营者违反《中华人民共和国反不正当竞争法》（以下简称《反不正当竞争法》）规定，损害其他经营者的合法权益，扰乱社会经济秩序的行为。

（二）不正当竞争行为的特征

根据上述定义，我国法律上规定的不正当竞争行为具有以下特征：

(1)行为的主体是经营者。即从事商品经营或者营利性服务的法人、其他经济组织和个人。但经营者之外的组织和个人,从事与市场竞争有关的活动,也要遵守有关法律规范。

(2)行为的性质具有违法性。即行为在本质上违反了竞争原则,违反了《反不正当竞争法》,同时有的还违反了相关的其他法律。

(3)行为的结果具有损害性。即损害了其他经营者的合法权益,扰乱了社会经济秩序。行为主体的极端利己或损人利己的违法行为,必然损害他人的合法利益,冲击正常的经济秩序,造成市场交易的混乱。

【例 9—1】 甲证券公司规定,对资产 1 000 万元以上的大客户,可以将手续费的 30%作为折扣返还给客户,并如实入账,其他证券公司对此提出异议。以下( )说法是正确的。

A. 甲证券公司的行为构成不正当竞争

B. 甲证券公司的行为构成贿赂

C. 甲证券公司的行为既构成贿赂又构成不正当竞争

D. 甲证券公司的行为不构成不正当竞争

二、不正当竞争行为的表现形式

不正当竞争关系及其类型

根据我国《反不正当竞争法》第二章的规定,不正当竞争行为的种类有以下几种。

(一)欺骗性交易行为

欺骗性交易行为是指行为人采用假冒、仿冒、伪造等混淆手段,欺骗消费者与之交易,从而损害竞争对手和消费者权益的行为。根据我国《反不正当竞争法》第 6 条的规定,属于这类不正当竞争行为的有:

(1)擅自使用与他人有一定影响的商品名称、包装、装潢等相同或者近似的标识;

(2)擅自使用他人有一定影响的企业名称(包括简称、字号等)、社会组织名称(包括简称等)、姓名(包括笔名、艺名、译名等);

(3)擅自使用他人有一定影响的域名主体部分、网站名称、网页等;

(4)其他足以引人误认为是他人商品或者与他人存在特定联系的混淆行为。

(二)商业贿赂行为

商业贿赂行为是指经营者在经营活动中为销售或购买商品,采取秘密手段,向客户或有关工作人员给付财物或其他报酬,以取得交易或经营上的便利的行为。

根据我国《反不正当竞争法》第7条的规定：经营者不得采用财物或者其他手段贿赂下列单位或者个人，以谋取交易机会或者竞争优势：

(1)交易相对方的工作人员；

(2)受交易相对方委托办理相关事务的单位或者个人；

(3)利用职权或者影响力影响交易的单位或者个人。

经营者在交易活动中，可以以明示方式向交易相对方支付折扣，或者向中间人支付佣金。经营者向交易相对方支付折扣、向中间人支付佣金的，应当如实入账。接受折扣、佣金的经营者也应当如实入账。

经营者的工作人员进行贿赂的，应当认定为经营者的行为；但是，经营者有证据证明该工作人员的行为与为经营者谋取交易机会或者竞争优势无关的除外。

(三)引人误解的虚假宣传行为

根据我国《反不正当竞争法》第8条的规定：经营者不得对其商品的性能、功能、质量、销售状况、用户评价、曾获荣誉等作虚假或者引人误解的商业宣传，欺骗、误导消费者。经营者不得通过组织虚假交易等方式，帮助其他经营者进行虚假或者引人误解的商业宣传

(四)侵犯商业秘密的行为

《反不正当竞争法》第9条规定，侵犯商业秘密的行为具体包括以下几种：

(1)以盗窃、贿赂、欺诈、胁迫、电子侵入或者其他不正当手段获取权利人的商业秘密；

(2)披露、使用或者允许他人使用以前项手段获取的权利人的商业秘密；

(3)违反保密义务或者违反权利人有关保守商业秘密的要求，披露、使用或者允许他人使用其所掌握的商业秘密；

(4)教唆、引诱、帮助他人违反保密义务或者违反权利人有关保守商业秘密的要求，获取、披露、使用或者允许他人使用权利人的商业秘密。

(五)搭售和附加其他不合理条件的交易行为

所谓搭售商品或附加其他不合理条件的交易行为，是指经营者利用其经济优势，违背购买者的意愿，在销售一种商品或提供一种服务时，要求购买者以购买另一种商品或接受另一种服务为条件，或者就商品或服务的价格、销售对象、销售地区等附加其他不合理条件。

(六)不正当有奖销售行为

有奖销售是指经营者以提供奖品或奖金的手段进行销售，主要包

括附赠式有奖销售和抽奖式有奖销售。有奖销售作为一种促销手段，可以提高产品销售量，给经营者带来经济利益，但若超过一定限度滥用有奖销售，不仅会损害消费者利益，还会扰乱市场秩序，破坏公平竞争。因此，我国《反不正当竞争法》禁止三种不正当有奖销售：

(1)所设奖的种类、兑奖条件、奖金金额或者奖品等有奖销售信息不明确，影响兑奖；

(2)采用谎称有奖或者故意让内定人员中奖的欺骗方式进行有奖销售；

(3)抽奖式的有奖销售，最高奖的金额超过 5 万元。

(七)商业诽谤行为

所谓商业诽谤是指经营者捏造、散布虚假事实，损害竞争对手的商业信誉、商品声誉的行为。根据《反不正当竞争法》第 11 条规定，经营者不得编造、传播虚假信息或者误导性信息，损害竞争对手的商业信誉、商品声誉。商业信誉、商品声誉是经营者的无形资产，是长期努力经营得来的，能为经营者带来经济利益和市场竞争中的优势地位。为此，法律禁止损害他人商业信誉、商品声誉的不正当竞争行为。

诋毁商誉行为
案例分析

(八)不正当招标、投标行为

投标者不得串通投标，抬高标价或者压低标价。投标者与招标者不得相互勾结，以排挤竞争对手的公平竞争。招标、投标活动中，常见的不正当竞争行为有以下两类：

一是投标者串通投标，抬高标价或者压低标价的行为。所有参加投标的经营者为了避免相互之间的竞争，或协议轮流在类似项目中中标，就投标报价及其他投标条件互相串通，损害招标者的利益。

二是投标者和招标者相互勾结，以排挤竞争对手的行为。这类行为是投标者和招标者共同实施的，目的是排挤其他投标者，所造成的后果是招标、投标流于形式，损害其他投标人的利益。这类行为的表现形式主要有：

(1)招标者在开标前，私下开启投标者的投标文件，并泄密给内定投标者；

(2)招标者在审查评选标书时，对不同投标者差别对待；

(3)招标者和投标者相互勾结，投标者在公开投标时压低标价，中标后再给招标者额外补偿；

(4)招标者向特定的投标者泄露其标底等。

【例 9—2】 下列行为中,属于商业贿赂的是(　　)。
A. 在账外暗中给予对方单位或者个人回扣
B. 以明示方式给对方折扣,并如实入账
C. 按照商业惯例赠送小额广告礼品
D. 给予中间人佣金,并如实入账

三、不正当竞争行为的监督检查和法律责任

(一)不正当竞争行为的监督机关及职权

1. 监督机关

根据《反不正当竞争法》第 3 条的规定,各级人民政府应当采取措施,制止不正当竞争行为,为公平竞争创造良好的环境和条件。县级以上人民政府工商行政管理部门对不正当竞争行为进行监督检查;法律、行政法规规定由其他部门监督检查的,依照其规定。依此规定可看出,我国对不正当竞争行为的监督机关有:县级以上工商行政管理部门;法律、行政法规规定的其他监督部门,如产品质量法规规定,产品质量监督机关有权查处经营者伪造产品产地,伪造或者冒用他人厂名、厂址,伪造或者冒用认证标志、名优标志等质量标志的行为。

2. 监督机关职权

监督检查机关在行使职责时,有下列职权:

(1)按照规定程序询问被检查的经营者、其他利害关系人、证明人,并要求提供证明材料或者与不正当竞争行为有关的其他资料。

(2)查询、复制与不正当竞争行为有关的协议、账册、单据、文件、记录、业务函电和其他资料。

(3)检查与假冒行为有关的财物,必要时可以责令被检查人说明该商品的来源与数量,暂停销售,听候检查,不得转移、隐匿、销毁该财物。监督检查部门的工作人员在监督检查不正当竞争行为时,应出示证件。被检查的经营者、利害关系人和证明人要如实提供有关资料或情况。

(二)法律责任

经营者违反《反不正当竞争法》规定,给他人造成损害的,应当依法承担民事责任。经营者的合法权益受到不正当竞争行为损害的,可以向人民法院提起诉讼。因不正当竞争行为受到损害的经营者的赔偿数额,按照其因被侵权所受到的实际损失确定;实际损失难以计算的,按照侵权人因侵权所获得的利益确定。经营者恶意实施侵犯商业秘密行为,情节严重的,可以在按照上述方法确定数额的 1 倍以上、5 倍以下

确定赔偿数额。赔偿数额还应当包括经营者为制止侵权行为所支付的合理开支。

(1)经营者违反本法第6条、第9条规定，权利人因被侵权所受到的实际损失、侵权人因侵权所获得的利益难以确定的，由人民法院根据侵权行为的情节判决给予权利人500万元以下的赔偿。

(2)经营者违反本法第6条规定实施混淆行为的，由监督检查部门责令停止违法行为，没收违法商品。违法经营额5万元以上的，可以并处违法经营额5倍以下的罚款；没有违法经营额或者违法经营额不足5万元的，可以并处25万元以下的罚款。情节严重的，吊销营业执照。经营者登记的企业名称违反本法第6条规定的，应当及时办理名称变更登记；名称变更前，由原企业登记机关以统一社会信用代码代替其名称。

(3)经营者违反本法第7条规定贿赂他人的，由监督检查部门没收违法所得，处10万元以上、300万元以下的罚款。情节严重的，吊销营业执照。

(4)经营者违反本法第8条规定对其商品作虚假或者引人误解的商业宣传，或者通过组织虚假交易等方式帮助其他经营者进行虚假或者引人误解的商业宣传的，由监督检查部门责令停止违法行为，处20万元以上、100万元以下的罚款；情节严重的，处100万元以上、200万元以下的罚款，可以吊销营业执照。经营者违反本法第8条规定，属于发布虚假广告的，依照《中华人民共和国广告法》的规定处罚。

(5)经营者以及其他自然人、法人和非法人组织违反本法第9条规定侵犯商业秘密的，由监督检查部门责令停止违法行为，没收违法所得，处10万元以上、100万元以下的罚款；情节严重的，处50万元以上、500万元以下的罚款。

(6)经营者违反本法第10条规定进行有奖销售的，由监督检查部门责令停止违法行为，处5万元以上、50万元以下的罚款。

(7)经营者违反本法第11条规定损害竞争对手商业信誉、商品声誉的，由监督检查部门责令停止违法行为、消除影响，处10万元以上、50万元以下的罚款；情节严重的，处50万元以上、300万元以下的罚款。

(8)经营者违反本法第12条规定妨碍、破坏其他经营者合法提供的网络产品或者服务正常运行的，由监督检查部门责令停止违法行为，处10万元以上、50万元以下的罚款；情节严重的，处50万元以上、300万元以下的罚款。

(9)经营者违反本法规定从事不正当竞争，有主动消除或者减轻违法行为危害后果等法定情形的，依法从轻或者减轻行政处罚；违法行为轻微并及时纠正，没有造成危害后果的，不予行政处罚。

(10)经营者违反本法规定从事不正当竞争，受到行政处罚的，由监督检查部门记入信用记录，并依照有关法律、行政法规的规定予以公示。

(11)经营者违反本法规定，应当承担民事责任、行政责任和刑事责任，其财产不足以支付的，优先用于承担民事责任。

(12)妨害监督检查部门依照本法履行职责，拒绝、阻碍调查的，由监督检查部门责令改正，对个人可以处 5 000 元以下的罚款，对单位可以处 5 万元以下的罚款，并可以由公安机关依法给予治安管理处罚。

(13)当事人对监督检查部门作出的决定不服的，可以依法申请行政复议或者提起行政诉讼。

(14)监督检查部门的工作人员滥用职权、玩忽职守、徇私舞弊或者泄露调查过程中知悉的商业秘密的，依法给予处分。

(15)违反本法规定，构成犯罪的，依法追究刑事责任。

(16)在侵犯商业秘密的民事审判程序中，商业秘密权利人提供初步证据，证明其已经对所主张的商业秘密采取保密措施，且合理表明商业秘密被侵犯，涉嫌侵权人应当证明权利人所主张的商业秘密不属于本法规定的商业秘密。

商业秘密权利人提供初步证据合理表明商业秘密被侵犯，且提供以下证据之一的，涉嫌侵权人应当证明其不存在侵犯商业秘密的行为：

①有证据表明涉嫌侵权人有渠道或者机会获取商业秘密，且其使用的信息与该商业秘密实质上相同；

②有证据表明商业秘密已经被涉嫌侵权人披露、使用或者有被披露、使用的风险；

③有其他证据表明商业秘密被涉嫌侵权人侵犯。

【例 9－3】 甲县某酒厂酿造的某系列白酒深为当地人喜爱。甲县政府办公室发文指定该酒为“接待用酒”，要求各机关、企事业单位、社会团体在业务用餐时，饮酒以该系列为主。同时，酒厂公开承诺：用餐者凭市内各酒楼出具的证明，可以取得消费 200 元返还 10 元的奖励。下列关于此事的说法(　　)是不正确的。

A. 甲县政府办公室的行为属于限制竞争行为

B. 酒厂的做法涉嫌构成商业贿赂行为

C. 上级机关可以责令甲县政府改正错误

D. 监督检查部门可以没收酒厂的违法所得，并处以罚款

【课后检测】

1. 不正当竞争行为有哪些特征？
2. 不正当竞争行为的表现形式有哪些？
3. 不正当竞争行为的法律责任有哪些？

课后习题

【任务实训】

班级分小组搜集有关不正当竞争行为的案例，分析属于哪种不正当竞争行为以及要负什么法律责任，做成 PPT 在课堂上展示。

任务二　反垄断法

【任务导入】

A 纺织品公司主要市场在甲地，2020 年 12 月，发现 B 公司生产的提花布产品正在逐步打入甲地。由于 B 公司的产品质量好、价格合理，造成 A 公司产品的市场份额连续下降，A 公司随即召开董事会商讨对策。2021 年 1 月，在 A 公司的董事会上，通过了两项决议：

①与甲地销售商签订协议，约定销售商今后不得销售 B 公司的产品；

②在近 3 个月，以低于成本的价格销售本厂产品，待重新占领市场后，再恢复原价。

2021 年 10 月，甲地从事纺织品生产销售的厂家还包括 C 公司、D 公司，为了巩固甲地该产品的市场利润，A 公司、C 公司和 D 公司达成了一项协议，约定了三家厂商生产的同类纺织品的基准价格，最多上浮 50%，缔约的任何一方不得低于该基准价格，否则会受到相应的制裁。A 公司在乙地的市场销售额为 1 500 万元，在乙地市场上还有一家经营者 E 公司，A 公司为了抢占并扩展乙地的市场，当年准备并购 E 公司 60% 的股份。

请思考：

(1)A 公司拟定的约定销售商不得销售 B 公司的产品的协议属于什么性质的协议？

(2)根据《反垄断法》的规定，如果 A 公司董事会的两项决议得以实施，A 公司将承担什么法律责任？

(3)A 公司与 C 公司、D 公司达成的协议属于何种协议？是否符合《反垄断法》的规定？

(4)A 公司并购 E 公司是否属于《反垄断法》规定的经营者集中？请说明理由。

【法律课堂】

一、垄断与不正当竞争行为的关系

(一)垄断的概念

1.经济学意义上的垄断

经济学著述中所称的垄断,有三层含义:一是最狭义的垄断,即独占;二是狭义的垄断,是指除完全竞争之外所有的市场结构,包括垄断竞争、寡占和独占;三是广义的垄断,既指垄断结构,也指垄断行为。

2.法律意义上的垄断

法律意义上的垄断,具有如下特征:一是仅指垄断行为,不包括垄断结构。二是指行为的主体是经营者或其利益的代表者。经营者是以营利为目的提供商品或服务的组织或个人,是垄断案件中常见的主体;行业协会、行政机关或根据法律法规授权享有公共管理权力的其他组织,也会成为垄断行为的主体。三是行为目的或后果是排除或限制竞争、牟取超额利益。排除竞争或限制竞争,是垄断的核心特征。反垄断的最重要的理由正在于垄断行为排除或限制竞争,使市场经济的竞争机制名存实亡。四是行为应当具有违法性。如果依法不构成垄断或者具备适用除外的条件,则不是法律意义上的垄断。

3.垄断的定义

垄断是指经营者或其利益的代表者滥用已经具备的市场支配地位,或者通过协议、合并或其他方式谋求并滥用市场支配地位,借以排除或限制竞争,牟取超额利益,依法应予规制的行为。简而言之,垄断是指经营者或其利益的代表者排除或限制竞争的违法行为。

(二)垄断与不正当竞争的关系

1.两者的联系

(1)从性质和后果来看,垄断行为与不正当竞争行为都是破坏正常市场竞争环境的行为,都会导致价值规律的扭曲,使社会资源无法得到有效配置。因此,这两种行为都为各国法律所禁止。

(2)从法律规制上来看,二者共同构成了现代竞争法的完整体系。具体表现为:立法形式上的交叉或合并,许多国家以统一的机构来实施两项法律;从法律责任上来看,二者制裁方式趋于一致,既有私法领域惯用的损害赔偿责任,又适用公法的刑事监禁和罚金。

2.两者的区别

(1)主体不同

实施垄断行为一般是经济领域内具有较大规模的少数企业，或其他具有经济优势、处于市场支配地位的经营者，其主体范围较小。但垄断行为的主体不仅限于经营者，有时还可能包括某些政府机关。

不正当竞争行为不一定是规模较大的企业所实施，其主体不一定具有经济优势，凡参加竞争的主体均有可能实施该行为，其主体范围具有广泛性。

(2)侵害对象和后果不同

垄断行为所侵害的对象是不特定的，破坏自由竞争，排斥、限制竞争，致使有效竞争不足，在相关领域造成无竞争或竞争程度很低。其目的是获取垄断利益，行为着眼于较长远的利益。

不正当竞争行为侵害的对象往往是特定的，破坏公平竞争，导致竞争过度，削弱对手的竞争能力而自身获取暴利，但并不消除竞争。其行为获得的一般是眼前利益。

(3)手段不同

垄断行为往往在表面上通过平等、自愿的交易形式如企业合并、商业合作、格式合同等来实施，以达到控制市场的目的。通常表现为一种合同行为。

不正当竞争行为则是通过不正当、不合法的手段来打击竞争对手并谋取暴利，形式多种多样如欺诈、商业贿赂、商业诽谤等。通常表现为一种侵权行为。

(4)法律规制的不同

从广义上来看，某些垄断行为可以由法律认可和维护，而不正当竞争行为是一种违法行为，为法律所禁止。

二、反垄断法

(一)反垄断法的概念

反垄断法，有实质意义和形式意义之分。实质意义上的反垄断法是由反垄断法律规范所构成的系统，是部门法意义上的反垄断法。形式意义上的反垄断法是指一国规制垄断行为的基本法律。例如，我国于 2007 年 8 月制定的《中华人民共和国反垄断法》(以下简称《反垄断法》)。在此之前，我国制定的法律、法规和规章中已有不少反垄断法律规范，这些规范属于实质意义上的反垄断法。

反垄断法的调整对象是指在国家规制垄断过程中所发生的社会关系，即反垄断关系。反垄断关系，又可以分为垄断行为规制关系和反垄断体制关系。根据反垄断法的调整对象和部门法的定义规则，可以认为:反垄断法是调整在国家规制垄断过程中所发生的社会关系的法律规范的总称。

【例 9—4】 下列各项中,属于反垄断法最基本、最直接的目标的是( )。

A. 提高经济效率

B. 保护竞争

C. 提升消费者福利

D. 维护社会公共利益

(二)反垄断法的适用范围

《反垄断法》禁止的只是法律规定的特定垄断行为,而非所有的垄断行为,主要是指以下垄断行为。

1. 从地域范围上

《反垄断法》规定的垄断行为,主要是指在中华人民共和国境内经济活动中的垄断行为,以及虽然发生在中华人民共和国境外,但对境内市场竞争产生排除、限制影响的垄断行为。

2. 从行为主体上

《反垄断法》规定的垄断行为主要是指下述行为主体的相关行为。

(1)经营者的垄断行为

经营者的垄断行为中的经营者包括从事商品生产、经营或者提供服务的自然人、法人和其他组织,其下述行为视为垄断行为:①经营者达成垄断协议;②经营者滥用市场支配地位;③具有或者可能具有排除、限制竞争效果的经营者集中。

(2)行政机关及管理公共事务职能的组织的垄断行为

行政机关,法律、法规授权的具有管理公共事务职能的组织的垄断行为,是指其滥用行政权力,排除、限制竞争的行为。

(3)行业协会参与组织实施诸如横向价格联盟之类的垄断行为

下述行为不适用于《反垄断法》:①经营者依照有关知识产权的法律、行政法规规定行使知识产权的行为;②农业生产者及农村经济组织在农产品生产、加工、销售、运输、储存等经营活动中实施的联合或者协同行为。

三、垄断行为的表现形式

所谓垄断行为,实际上是一种违反竞争法规定的行为,其目的在于扩张自己的经济规模或形成对自己有利的经济地位。垄断行为一般有四种表现形式，具体包括：垄断协议；滥用市场支配地位；经营者集中；滥用行政权力排除、限制竞争。这四种行为的含义和表现概括如下。

(一)垄断协议

垄断协议，也称限制竞争协议、联合限制竞争行为，是指两个或两个以上的经营者排除、限制竞争的协议、决定或者其他协同行为。经营者达成垄断协议是实现市场垄断最直接、最主要的一种方式，因此各国和各地区的反垄断法都将其作为规制重点。

根据参与垄断协议的经营者之间是否具有竞争关系，一般将垄断协议分为横向垄断协议和纵向垄断协议。

1. 横向垄断协议

横向垄断协议是指具有竞争关系的经营者达成的联合限制竞争行为的协议，主要包括固定定价、划分市场、联合抵制等。比如，生产相同产品的经营者达成的固定产品价格的协议。生产、销售同类商品的经营者通过垄断协议相约不竞争，使市场出现独占的效果，经营者可以由此获得垄断利润。

2. 纵向垄断协议

纵向垄断协议是指处于同一产业链的上下环节，具有买卖关系的企业(即经营者与交易相对人)通过共谋达成的联合限制竞争行为的协议，主要包括维持转售价格协议、地域或者客户限制、排他性交易等。例如，产品生产商与销售商之间关于限制转售价格的协议。

(二)滥用市场支配地位

1. 滥用市场支配地位的概念

滥用市场支配地位是指具有市场支配地位的经营者凭借其市场支配地位，对市场中的其他主体进行不公平的交易或者排斥竞争对手的行为。认定滥用市场支配地位的行为需要考虑三个要素：一是行为主体具有市场支配地位；二是客观上实施了不公平的交易或者排斥竞争对手的行为；三是行为的后果破坏了市场竞争秩序。

2. 滥用市场支配地位的认定

(1)经营者市场支配地位的认定

《反垄断法》第 23 条规定，认定经营者具有市场支配地位，应当依据下列因素：

①该经营者在相关市场的市场份额，以及相关市场的竞争状况；

②该经营者控制销售市场或者原材料采购市场的能力；

③该经营者的财力和技术条件；

④其他经营者对该经营者在交易上的依赖程度；

⑤其他经营者进入相关市场的难易程度；

⑥与认定该经营者市场支配地位有关的其他因素。

《反垄断法》第 24 条规定：有下列情形之一的，可以推定经营者具有市场支配地位：

①一个经营者在相关市场的市场份额达到 1/2 的；

②两个经营者在相关市场的市场份额合计达到 2/3 的；

③三个经营者在相关市场的市场份额合计达到 3/4 的。

有前款第②项、第③项规定的情形，其中有的经营者市场份额不足 1/10 的，不应当推定该经营者具有市场支配地位。

被推定具有市场支配地位的经营者，有证据证明不具有市场支配地位的，不应当认定其具有市场支配地位。

(2)反垄断法禁止的滥用市场支配地位的行为

《反垄断法》规定，禁止具有市场支配地位的经营者从事下列滥用市场支配地位的行为：①以不公平的高价销售商品或者以不公平的低价购买商品；②没有正当理由，以低于成本的价格销售商品；③没有正当理由，拒绝与交易相对人进行交易；④没有正当理由，限定交易相对人只能与其进行交易或者只能与其指定的经营者进行交易；⑤没有正当理由搭售商品，或者在交易时附加其他不合理的交易条件；⑥没有正当理由，对条件相同的交易相对人在交易价格等交易条件上实行差别待遇；⑦国务院反垄断执法机构认定的其他滥用市场支配地位的行为。

具有市场支配地位的经营者不得利用数据和算法、技术以及平台规则等从事前款规定的滥用市场支配地位的行为。

本法所称市场支配地位，是指经营者在相关市场内具有能够控制商品价格、数量或者其他交易条件，或者能够阻碍、影响其他经营者进入相关市场能力的市场地位。

【例 9—5】 认定经营者是否具有市场支配地位时应当依据一定的因素，这些因素包括(　　)。

A. 经营者在相关市场的市场份额，以及相关市场的竞争状况

B. 经营者控制销售市场或者原材料采购市场的能力

C. 经营者的财力和技术条件

D. 其他经营者进入相关市场的难易程度

(三)经营者集中

1. 经营者集中的概念

经营者集中是指经营者通过合并、收购、委托经营、联营或者控制

其他经营者业务或者人事等方式，集合经营者经济力，提高市场地位的行为。《反垄断法》规定，经营者集中主要指以下几种情形：①经营者合并；②经营者通过取得股权或者资产的方式取得对其他经营者的控制权；③经营者通过合同等方式取得对其他经营者的控制权或者能够对其他经营者施加决定性影响。

2.经营者集中的认定

(1)经营者集中的申报

按照《反垄断法》的规定，经营者集中达到国务院规定的申报标准的，经营者应当事先向国务院反垄断执法机构申报，未申报的不得实施集中。但是，经营者集中有下列情形之一的，可以不向国务院反垄断执法机构申报：①参与集中的一个经营者拥有其他每个经营者50%以上有表决权的股份或者资产的；②参与集中的每个经营者50%以上有表决权的股份或者资产被同一个未参与集中的经营者拥有的。

(2)经营者集中的审查

《反垄断法》第33条的规定，审查经营者集中，应当考虑下列因素：

①参与集中的经营者在相关市场的市场份额及其对市场的控制力；

②相关市场的市场集中度；

③经营者集中对市场进入、技术进步的影响；

④经营者集中对消费者和其他有关经营者的影响；

⑤经营者集中对国民经济发展的影响；

⑥国务院反垄断执法机构认为应当考虑的影响市场竞争的其他因素。

《反垄断法》第34条规定，经营者集中具有或者可能具有排除、限制竞争效果的，国务院反垄断执法机构应当作出禁止经营者集中的决定。但是，经营者能够证明该集中对竞争产生的有利影响明显大于不利影响，或者符合社会公共利益的，国务院反垄断执法机构可以作出对经营者集中不予禁止的决定。

《反垄断法》第38条规定，对外资并购境内企业或者以其他方式参与经营者集中，涉及国家安全的，除依照本法规定进行经营者集中审查外，还应当按照国家有关规定进行国家安全审查。

【例 9—6】 下列选项中，属于在对经营者集中进行审查并作出相应决定的过程中，国务院反垄断法执法机构主要考虑的因素有(　　)。

A. 经营者集中对国民经济发展的影响

B. 经营者集中对消费者和其他有关经营者的影响

C. 相关市场的市场集中度

D. 经营者集中对市场进入、技术进步的影响

(四)滥用行政权力排除、限制竞争

1. 滥用行政权力排除、限制竞争的概念

由于自由竞争在带来经济繁荣的同时也会导致垄断，因此国家有必要在竞争中充当裁判员的角色，维护市场竞争秩序，保护经营者和消费者的利益。但在这一过程中，政府部门有可能出现滥用行政权力限制竞争的行为。为此，《反垄断法》在传统的反垄断法三大支柱制度之外，结合我国国情制定了针对滥用行政权力排除、限制竞争的规章制度。所谓滥用行政权力排除、限制竞争，又被称为行政性垄断，是指拥有行政权力的政府机关以及其他依法具有管理公共事务职能的组织滥用行政权力，排除、限制竞争的行为。

2. 滥用行政权力排除、限制竞争的类型

《反垄断法》重点约束了以下几类行政垄断的情况：

(1)强制交易，主要是指行政机关和相关职能组织滥用行政权力，限定或者变相限定单位或者个人经营、购买、使用其指定的经营者提供的商品；

(2)地区封锁，主要是指行政机关和相关职能组织滥用行政权力，妨碍商品在地区之间的自由流通；

(3)行政机关和相关职能组织滥用行政权力，以设定歧视性资质要求、评审标准或者不依法发布信息等方式，排斥或者限制经营者参加招标投标以及其他经营活动；

(4)行政机关和相关职能组织滥用行政权力，采取与本地经营者不平等待遇等方式，排斥、限制、强制或者变相强制外地经营者在本地投资或者设立分支机构；

(5)行政机关和相关职能组织滥用行政权力，强制或者变相强制经营者从事本法规定的垄断行为；

(6)行政机关和相关职能组织滥用行政权力，制定含有排除、限制竞争内容的规定。

四、垄断行为的法律责任

(一)垄断协议的法律责任

根据《反垄断法》及其他法律、法规的相关规定,经营者制定垄断协议,实施垄断行为的法律责任主要包括行政责任、民事责任和刑事责任。

1. 行政责任

《反垄断法》第56条有以下规定。

(1)经营者违反本法规定,达成并实施垄断协议的,由反垄断执法机构责令停止违法行为,没收违法所得,并处上一年度销售额1%以上、10%以下的罚款,上一年度没有销售额的,处500万元以下的罚款;尚未实施所达成的垄断协议的,可以处300万元以下的罚款。经营者的法定代表人、主要负责人和直接责任人员对达成垄断协议负有个人责任的,可以处100万元以下的罚款。

(2)经营者组织其他经营者达成垄断协议或者为其他经营者达成垄断协议提供实质性帮助的,适用前款规定。

(3)经营者主动向反垄断执法机构报告达成垄断协议的有关情况并提供重要证据的,反垄断执法机构可以酌情减轻或者免除对该经营者的处罚。

(4)行业协会违反本法规定,组织本行业的经营者达成垄断协议的,由反垄断执法机构责令改正,可以处300万元以下的罚款;情节严重的,社会团体登记管理机关可以依法撤销登记。

2. 民事责任

《反垄断法》第60条规定:经营者实施垄断行为,给他人造成损失的,依法承担民事责任。经营者实施垄断行为,损害社会公共利益的,设区的市级以上人民检察院可以依法向人民法院提起民事公益诉讼。

3. 刑事责任

某些垄断协议行为,如串通招投标行为,如果违反了《中华人民共和国刑法》的相关规定,情节严重的,可处以3年以下有期徒刑或者拘役,并处或者单处罚金。此种情况属于垄断协议的刑事责任。

(二)滥用市场支配地位的法律责任

《反垄断法》第57条规定,经营者违反本法规定,滥用市场支配地位的,由反垄断执法机构责令停止违法行为,没收违法所得,并处上一年度销售额1%以上、10%以下的罚款。

(三)经营者集中的法律责任

经营者违反本法规定实施集中，且具有或者可能具有排除、限制竞争效果的，由国务院反垄断执法机构责令停止实施集中、限期处分股份或者资产、限期转让营业以及采取其他必要措施恢复到集中前的状态，处上一年度销售额10%以下的罚款；不具有排除、限制竞争效果的，处500万元以下的罚款。

(四)滥用行政权力排除、限制竞争的法律责任

行政机关和相关职能组织滥用行政权力，实施排除、限制竞争行为的，由上级机关责令改正；对直接负责的主管人员和其他直接责任人员依法给予处分。反垄断执法机构可以向有关上级机关提出依法处理的建议。

【例9—7】 根据相关法律规定，经营者实施垄断行为可能承担的法律责任包括(　　)。

A. 行政责任

B. 民事责任

C. 刑事责任

D. 宪法责任

课后习题

【课后检测】

1. 垄断与不正当竞争的区别与联系有哪些？
2. 垄断行为的表现形式有哪些？
3. 垄断行为的法律责任有哪些？

【任务实训】

班级分小组搜集有关垄断行为的案例，分析属于哪种垄断行为以及要负什么法律责任，做成PPT在课堂上展示。

项目十

税　法

学习目标

素质目标

1. 通过本章学习,培养学生的税收法治思维。

2. 提高学生依法治税的能力。

知识目标

1. 通过本章学习了解税收的特征、分类和构成要素。

2. 掌握我国流转税、所得税的征收范围。

3. 掌握财产税、行为税以及资源税的相关内容。

4. 熟悉我国税收征收管理法律的基本规定及违反税法应承担的法律责任。

技能目标

1. 掌握流转税、所得税的基本计税方法。

2. 能够运用所学的税收知识解决实践中的有关基础性法律问题。

项目导读

税法是调整在税收活动中发生的社会关系的法律规范的总称。税收具有分配收入、配置资源和保障社会稳定的职能，国家运用税收杠杆可以有效调控宏观经济。经济法体系中的税收调控制度是宏观调控制度的重要组成部分。在全面推进依法治国的当下，必须加强税收等重点领域立法，运用税收法律手段促进和保障国家宏观调控目标的实现。学习税法的原理和具体制度，有助于培养学生的税收法治思维，提高依法治税的能力。

任务一　税法概述

【任务导入】

马克思曾说"赋税是喂养政府的奶娘"。意思就是说政府的存在和运作是靠赋税来维持的，税收是国家组织财政收入的重要途径，是国家按照法律规定，向经济单位和个人无偿征收财物的一种形式，是政府机器的经济基础。

请思考：

税收与税法的特征是什么？

【法律课堂】

一、税收概述

(一)税收的概念

税收是国家为了实现其职能，依据政治权力，按照法律规定的标准，强制地向纳税人无偿征收货币或实物所形成的特定分配关系。在这一分配关系中，权利主体是国家，客体是人民创造的国民收入和积累的社会财富，其目的是实现国家的职能。

(二)税收的特征

税收作为政府筹集财政收入的一种规范形式，具有区别于其他财政收入形式的特点。税收的特征可以概括为强制性、无偿性和固定性。

1. 税收的强制性

税收的强制性是指国家凭借其公共权力以法律、法令形式对税收征纳双方的权利(权力)与义务进行规范，依据法律进行征税。我国《宪法》明确规定我国公民有依照法律纳税的义务。纳税人必须依法纳税，否则就要受到法律的制裁。税收的强制性主要体现在征税过程中。

2. 税收的无偿性

税收的无偿性是指国家征税后，税款一律纳入国家财政预算统一分配，而不直接向具体纳税人返还或支付报酬。税收的无偿性是从个体纳税人角度而言的，其享有的公共利益与其缴纳的税款并非一一对等。但就纳税人的整体而言则是对等的，政府使用税款的目的是向社会全体成员包括具体纳税人提供社会公共产品和公共服务。因此，税收的无偿性表现为个体的无偿性、整体的有偿性。

3. 税收的固定性

税收的固定性是指国家征税之前预先规定了统一的征税标准，包括纳税人、课税对象、税率、纳税期限、纳税地点等。这些标准一经确定，在一定时间内是相对稳定的。税收的固定性包括两层含义：第一，税收征收总量的有限性。由于预先规定了征税的标准，政府在一定时期内的征税数量就要以此为限，从而保证税收在国民经济总量中的适当比例。第二，税收征收具体操作的确定性。即税法确定了课税对象及征收比例或数额，具有相对稳定、连续的特点。既要求纳税人必须按税法规定的标准缴纳税额，也要求税务机关只能按税法规定的标准对纳税人征税，不能任意降低或提高。

（三）税收的职能

税收的职能是指税收所具有的内在功能，税收作用则是税收职能在一定条件下的具体体现。税收的职能作用主要表现在以下几个方面。

1. 税收是财政收入的主要来源

组织财政收入是税收的基本职能。税收具有强制性、无偿性、固定性的特点，筹集财政收入稳定可靠。税收的这种特点，使其成为世界各国政府组织财政收入的基本形式。目前，我国税收收入占国家财政收入的 90%以上。

2. 税收是调控经济运行的重要手段

经济决定税收，税收反作用于经济。这既反映了经济是税收的来源，也体现了税收对经济的调控作用。税收作为经济杠杆，通过增税与减免税等手段来影响社会成员的经济利益，引导企业、个人的经济行为，对资源配置和社会经济发展产生影响，从而达到调控经济运行的目的。政府运用税收手段，既可以调节宏观经济总量，也可以调节经济结构。

3. 税收是调节收入分配的重要工具

总体来说，税收作为国家参与国民收入分配最主要、最规范的形式，能够规范政府、企业和个人之间的分配关系。不同的税种，在分配领域发挥着不同的作用。如个人所得税实行超额累进税率，具有高收入者适用高税率、低收入者适用低税率或不征税的特点，有助于调节个人收入分配，促进社会公平。消费税对特定的消费品征税，能达到调节收入分配和引导消费的目的。

4. 税收还具有监督经济活动的作用

税收涉及社会生产、流通、分配、消费各个领域，能够综合反映国家经济运行的质量和效率。既可以通过税收收入的增减及税源的变化，及时掌握宏观经济的发展变化趋势，也可以在税收征管活动中了解微观经济状况，发现并纠正纳税人在生产经营及财务管理中存在的问题，从而促进国民经济持续健康发展。

此外，税收管辖权是国家主权的组成部分，是国家权益的重要体现，所以在对外交往中，税收还具有维护国家权益的重要作用。

二、税法的概念和特征

（一）税法的概念

税法作为国家制定的特殊行为规范，是税收的法律形式，是国家制定的用以调整国家与纳税人之间在征纳税方面的权利与义务关系的法律规范的总称。按照税法内容的不同，可以将税法分为税收实体法和税收程序法。税收实体法是规定税收法律关系主体的实体权利、义务的法律规范的总称。我国税收实体法的内容主要包括：流转税法、所得税法、财产税法和行为税法。税收程序法是以国家税收活动中所发生的程序关系为调整对象的税法，是规定国家征税权行使程序和纳税人纳税义务履行程序的法律规范的总称，税收征收管理法即属于税收程序法。

（二）税法的特征

1. 税法是调整税收关系的法（调整对象）

调整对象的不同是某一部门法区别于其他部门法的主要特征之一。调整税收关系不仅是税法的目标和根本任务，也是税法概念的主要内涵。

2. 税法是以确认征税权利和纳税义务为主要内容的法

税法通过规定国家的征税权利和纳税人的纳税义务来分配国家与纳税人之间的财产利益，达到确认、保护和发展对统治阶级有利的税收关系和税收秩序。

3. 税法是权利义务不对等的法

同民事法律关系不同，税收关系不是建立在协商自愿、等价有偿原则基础上的。根据税收的强制性、无偿性特点，调整税收关系的税法所规定的权利义务并不对等。纳税人缴纳税款，国家是不需要支付对价的。

4. 税法是实体内容和征管程序相统一的法

税收关系本身包括两个层次的内容，即税收分配关系和税收征收管理关系。因此，税法既包含实体法的内容，也包含程序法的内容，体现了实体法和程序法相结合的特征。税法所包含的程序法仅是税收征收管理程序法，而不应包括诉讼程序法的内容。税收征收管理程序和当事人的税务活动，是税法所调整的税收关系的组成部分。而诉讼程序是司法机关的诉讼活动，诉讼活动过程中形成的程序关系是诉讼法的调整对象，不宜纳入税法的调整范围。

【例 10－1】 下列关于税收与税法的描述中正确的有(　　)。

A. 税收是国家为了实现其职能，依据政治权力，按照法律规定的标准，强制地向纳税人无偿征收货币或实物所形成的特定分配关系。

B. 税收具有强制性、固定性、无偿性。

C. 税法是调整税收关系的法

D. 税法规定的权利义务不对等

三、税收法律关系

税收法律关系包括三方面的内容：税收法律关系的构成；税收法律关系的产生、变更与消灭；税收法律关系的保护。

(一)税收法律关系的构成

税收法律关系的构成主体，一方是代表国家行使征税职责的各级税务机关、海关和财政机关；另一方是履行纳税义务的单位和个人(按照属地兼属人的原则确定)。

税收法律关系的构成客体：即征税对象。

税收法律关系的构成内容：是权利主体所享有的权利和所应承担的义务，是税收法律关系中最实质的东西，也是税法的灵魂。

(二)税收法律关系的产生、变更与消灭

税收法律关系的产生、变更和消灭由税收法律事实来决定，税收法律事实分为税收法律事件和税收法律行为。

(三)税收法律关系的保护

税收法律关系的保护对权利主体双方是平等的,对权利享有者的保护,就是对义务承担者的制约。

【例 10—2】 下列关于税收法律关系的论述,正确的有(　　)。

A. 税收法律关系包括三方面内容:税收法律关系的构成;税收法律关系的产生、变更与消灭;税收法律关系的保护。

B. 税收法律关系的构成主体即征税对象

C. 税收法律关系的产生、变更和消灭由税收法律事实来决定

D. 税收法律关系的保护对权利主体双方是平等的

【课后检测】

课后习题

1. 税收的特征是什么?
2. 税收的职能是什么?
3. 税法的概念与特征是什么?法律关系有哪些?

【任务实训】

比较税收与税法的特征,说出二者的关系,课堂上加以讨论。

任务二　所得税法

【任务导入】

某企业年实现销售收入 1 800 万元,当年发生销售成本 1 400 万元,管理费用 200 万元(其中业务招待费用 40 万元,为研究新产品发生研究开发费 100 万元,财务费用 60 万元),企业有残疾人员 15 人,每月工资 1 000 元。

请思考:

该企业 2008 年应纳企业所得税是多少?

【法律课堂】

企业所得税税率及税收优惠政策

一、企业所得税法

(一)企业所得税概念

企业所得税指企业和其他取得收入的组织,就其生产、经营所得和其他所得依法征收的一种税。

(二)纳税主体

根据《中华人民共和国企业所得税法》(以下简称《企业所得税法》)的相关规定,在中华人民共和国境内,企业和其他取得收入的组织(以下统称"企业")为企业所得税的纳税人。个人独资企业、合伙企业不适用《企业所得税法》。

(三)征税客体

企业所得税的征税客体有两类:一是纳税人每一纳税年度的生产、经营所得;二是其他所得。生产、经营所得是指纳税人从事物质生产、交通运输、商品流通、劳务服务和经国务院财政部门确认的其他营利事业取得的所得。其他所得是指股息、利息、租金、转让各类资产、特许权使用费以及营业外收益等所得。

【例 10—3】 根据企业所得税法律制度的规定,关于确定来源于中国境内、境外所得的下列表述中,不正确的是(　　)。

A. 提供劳务所得,按照劳务发生地确定

B. 销售货物所得,按照交易活动发生地确定

C. 股息、红利等权益性投资所得,按照分配所得的企业所在地确定

D. 转让不动产所得,按照转让不动产的企业或者机构、场所所在地确定

(四)税率

企业所得税的税率为 25%。但是非居民企业在中国境内未设立机构、场所的,或者虽设立机构、场所但取得的所得与其所设机构、场所没有实际联系的,就其来源于中国境内的所得缴纳企业所得税时,适用税率为 20%。

(五)应纳税所得额的计算

企业每一纳税年度的收入总额,减除不征税收入、免税收入、各项扣除以及允许弥补的以前年度亏损后的余额,为应纳税所得额。

1. 收入总额

企业以货币形式和非货币形式从各种来源取得的收入,为收入总额。包括:

(1)销售货物收入;

(2)提供劳务收入;

(3)转让财产收入;

(4)股息、红利等权益性投资收益;

(5)利息收入;

(6)租金收入；

(7)特许权使用费收入；

(8)接受捐赠收入；

(9)其他收入。

2. 不征税收入

下列收入为不征税收入：

(1)财政拨款；

(2)依法收取并纳入财政管理的行政事业性收费、政府性基金；

(3)国务院规定的其他不征税收入。

3. 允许扣除的项目

企业实际发生的与取得收入有关的、合理的支出，包括成本、费用、税金、损失和其他支出，准予在计算应纳税所得额时扣除。允许扣除的项目有以下几种。

(1)企业发生的合理的工资薪金支出，准予扣除。

(2)企业按照国务院有关主管部门或者省级人民政府规定的范围和标准为职工缴纳的基本养老保险费、基本医疗保险费、失业保险费、工伤保险费、生育保险费等基本社会保险费和住房公积金，准予扣除。

(3)企业在生产经营活动中发生的合理的不需要资本化的借款费用，准予扣除。

(4)企业在生产经营活动中发生的符合规定的利息支出，准予扣除。

(5)企业在货币交易中，以及纳税年度终了时将人民币以外的货币性资产、负责按照期末即期人民币汇率中间价折算为人民币时产生的汇兑损失，除已经计入有关资产成本以及与向所有者进行利润分配相关的部分外，准予扣除。

(6)企业发生的职工福利费支出，不超过工资薪金总额14%的部分，准予扣除。

(7)企业拨缴的工会经费，不超过工资薪金总额2%的部分，准予扣除。

(8)除国务院财政、税务主管部门另有规定外，企业发生的职工教育经费支出，不超过工资薪金总额2.5%的部分，准予扣除；超过部分，准予在以后纳税年度结转扣除。

(9)企业发生的与生产经营活动有关的业务招待费支出，按照发生额的60%扣除，但最高不得超过当年销售(营业)收入的5‰。

(10)企业发生的符合条件的广告费和业务宣传费支出，除国务院财政、税务主管部门另有规定外，不超过当年销售收入15%的部分，准予扣除；超过部分，准予在以后纳税年度结转扣除。

(11)企业依照法律、行政法规有关规定提取的用于环境保护、生态恢复等方面的专项资金，准予扣除。

(12)企业参加财产保险，按照规定缴纳的保险费，准予扣除。

(13)企业根据生产经营活动的需要租入固定资产支付的租赁费，按照以下方法扣除：

①以经营租赁方式租入固定资产发生的租赁费支出，按照租赁期限均匀扣除；

②以融资租赁方式租入固定资产发生的租赁费支出，按照规定构成融资租入固定资产价值的部分应当提取折旧费用，分期扣除。

(14)企业发生的合理的劳动保护支出，准予扣除。

(15)非居民企业在中国境内设立的机构、场所，就其中国境外总机构发生的与该机构、场所生产经营有关的费用，能够提供总机构出具的费用汇集范围、定额、分配依据和方法等证明文件，并合理分摊的，准予扣除。

(16)企业发生的公益性捐赠支出，在年度利润总额12%以内的部分，准予在计算应纳税所得额时扣除。

(17)在计算应纳税所得额时，企业按照规定计算的固定资产折旧，准予扣除。

(18)企业按照规定计算的无形资产摊销费用，准予扣除。

(19)企业发生的下列支出作为长期待摊费用，按照规定摊销的，准予扣除：已足额提取折旧的固定资产的改建支出；租入固定资产的改建支出；固定资产的大修理支出；其他应当作为长期待摊费用的支出。

(20)企业使用或者销售存货，按照规定计算的存货成本，准予在计算应纳税所得额时扣除。

(21)企业转让资产，该项资产的净值，准予在计算应纳税所得额时扣除。

4.不得扣除的项目

在计算应纳税所得额时，下列支出不得扣除：

(1)向投资者支付的股息、红利等权益性投资收益款项；

(2)企业所得税税款；

(3)税收滞纳金；

(4)罚金、罚款和被没收财物的损失；

(5)非公益性捐赠和超过扣除标准的公益性捐赠支出；

(6)赞助支出；

(7)未经核定的准备金支出；

(8)与取得收入无关的其他支出。

5. 亏损弥补

企业纳税年度发生的亏损，准予向以后年度结转，用以后年度的所得弥补，但结转年限最长不得超过5年。

【例10—4】 下列各项中，在计算企业所得税应纳税所得额时，应计入收入总额的有（　　）。

A. 转让专利权收入　　B. 债务重组收入

C. 接受捐赠收入　　D. 确实无法偿付的应付款项

【例10—5】 根据企业所得税法律制度的规定，下列各项中，属于免税收入的是（　　）。

A. 企业购买国债取得的利息收入

B. 事业单位取得的财政拨款

C. 事业单位从事营利性活动取得的收入

D. 企业转让股权取得的转让收入

(六)应纳税额的计算

1. 应纳税额的计算公式

企业的应纳税所得额乘以适用税率，减除依照《企业所得税法》关于税收优惠的规定减免和抵免的税额后的余额，为应纳税额。其计算公式：

应纳税额＝应纳税所得额×适用税率－减免税额－抵免税额

2. 税收抵免

企业取得的下列所得已在境外缴纳的所得税税额，可以从其当期应纳税额中抵免，抵免限额为该项所得依照《企业所得税法》规定计算的应纳税额；超过抵免限额的部分，可以在以后5个年度内，用每年度抵免限额抵免当年应抵税额后的余额进行抵补：

(1)居民企业来源于中国境外的应税所得；

(2)非居民企业在中国境内设立机构、场所，取得发生在中国境外但与该机构、场所有实际联系的应税所得。

个人所得税专项扣除项

二、个人所得税法

(一)个人所得税概念

个人所得税是对在中国境内居住的个人所得和不在中国境内居住

的个人而在中国取得的所得征收的一种税。

(二)纳税主体

1.纳税人

我国个人所得税的纳税人是在中国境内居住并有所得的个人,以及不在中国境内居住而从中国境内取得所得的个人,包括中国公民、个体工商户、在华取得所得的外籍人员和港、澳、台同胞,以及合伙企业、个人独资企业的出资者等。

2.扣缴义务人

我国的个人所得税,除个体工商户、合伙企业、个人独资企业的出资者等,就其生产、经营所得自行申报纳税以外,其余纳税人的所得实行代扣代缴与个人自行申报纳税相结合的征收管理制度。《中华人民共和国个人所得税法》(以下简称《个人所得税法》)规定,个人所得税以所得人为纳税人,以支付所得的单位或者个人为扣缴义务人。纳税人有中国公民身份号码的,以中国公民身份号码为纳税人识别号;纳税人没有中国公民身份号码的,由税务机关赋予其纳税人识别号。扣缴义务人扣缴税款时,纳税人应当向扣缴义务人提供纳税人识别号。

(三)征税对象

个人所得税的征税对象是个人取得的应税所得。我国《个人所得税法》规定下列各项个人所得,应当缴纳个人所得税:

(1)工资、薪金所得;

(2)劳务报酬所得;

(3)稿酬所得;

(4)特许权使用费所得;

(5)经营所得;

(6)利息、股息、红利所得;

(7)财产租赁所得;

(8)财产转让所得;

(9)偶然所得;

【例 10-6】 根据个人所得税法律制度的规定,下列各项中,不属于工资、薪金性质的补贴、津贴的是( )。

A. 工龄补贴　　B. 加班补贴

C. 差旅费津贴　　D. 岗位津贴

(四)税率

税率的形式主要有比例税率和超额累进税率,具体包括:

（1）工资、薪金所得，适用9级超额累进税率。该税率按个人月工资、薪金应税所得额划分为7个级距，最低一级为3%，最高一级为45%，其税率如表10—1所示。

表10—1　　工资、薪金所得适用的税率及速算扣除数表

级数	全月应纳税所得额	税率(%)	速算扣除数(元)
1	不超过3 000元的部分	3	0
2	超过3 000元至12 000元的部分	10	210
3	超过12 000元至25 000元的部分	20	1 410
4	超过25 000元至35 000元的部分	25	2 660
5	超过35 000元至55 000元的部分	30	4 410
6	超过55 000元至80 000元的部分	35	7 160
7	超过80 000元的部分	45	15 160

注：本表(2022年)所称全月应纳税所得额是指依照《个人所得税法》的规定，以每月收入额减除费用5 000元以及附加减险费用后的余额。

（2）个体工商户的生产、经营所得和对企事业单位的承包经营、承租经营所得适用5级超额累进税率。该税率按全年应纳税所得额划分为5个级距，最低一级为5%，最高一级为35%，其税率如表10—2所示。

表10—2　　个体工商户的生产、经营所得和对企事业单位的承包、承租经营所得适用税率和速算扣除数表

级数	全年应纳税所得额	税率(%)	速算扣除数(元)
1	不超过30 000元的部分	5	0
2	超过30 000元至90 000元的部分	10	1 500
3	超过90 000元至300 000元的部分	20	10 500
4	超过300 000元至500 000元的部分	30	40 500
5	超过500 000元的部分	35	65 500

注：本表(2022年)所称全年应纳税所得额是指依照《个人所得税法》第6条的规定，以每一纳税年度的收入总额减除成本、费用以及损失后的余额。

（3）个人的稿酬所得，劳务报酬所得，特许权使用费所得，利息、股息、红利所得，财产租赁所得，财产转让所得，偶然所得和其他所得，按次计算征收个人所得税，适用20%比例税率。其中，稿酬所得适用20%的比例税率，并按应纳税额减征30%；对劳务报酬所得一次收入畸高的，除按20%征税外，还可以实行加成征收，以保护合理的收入和限制不合理的收入。

(五)应纳税额的计算

我国《个人所得税法》采用的是分类制的税制模式，本着有利于防止税款流失和便于征管的原则，实行分项扣除、分项定率、分项征收的计征办法。

1. 工资、薪金所得应纳税额的计算

工资、薪金所得以每月收入额减除费用 5 000 元后的余额，为应纳税所得额。其应纳税额的计算公式为：

应纳税所得额＝工资－起征点－专项扣除

应纳税额＝应纳税所得额×适用税率－速算扣除数

速算扣除数的计算公式是：

本级速算扣除额＝上一级最高所得额×(本级税率－上一级税率)＋上一级速算扣除数

2. 经营所得应纳税额的计算

经营所得以其应纳税所得额，确定适用税率和速算扣除数，计算应纳税额，计算公式为：

应纳税额＝应纳税所得额×适用税率－速算扣除数

纳税人取得经营所得，按年计算个人所得税，由纳税人在月度或者季度终了后 15 日内向税务机关报送纳税申报表，并预缴税款；在取得所得的次年 3 月 31 日前办理汇算清缴。

由于经营所得的应纳税额实行按年计算、分月(季)预缴、年终汇算清缴、多退少补的方法，因此，需要分别按月(季)预缴税款。其计算公式为：

本月(季)应预缴税额＝[本月(季)累计应纳税所得额×适用税率－速算扣除数]－上月(季)累计已预缴税额

全年应纳税额＝全年应纳税所得额×适用税率－速算扣除数

汇算清缴税额＝全年应纳税额－全年累计已预缴税额

合伙企业个人所得税的缴纳是“先分后税”，也就是合伙企业计算出应纳税所得额后，先分配给每个合伙人，由每个合伙人再按照 5 级超额累进税率计税。合伙企业的具体分配一般按照合伙协议进行分配，没有合伙协议的先协商，协商不成的按照出资比例分配，如果上述方法不可行则平均分配，但是不允许约定将利润分配给一个合伙人。

3. 劳务报酬所得、稿酬所得、特许权使用费所得、财产租赁所得应纳税额的计算

劳务报酬所得、稿酬所得、特许权使用费所得、财产租赁所得，每次

收入不超过4 000元的，减除费用按800元计算；4 000元以上的，减除20%的费用，其余额为应纳税所得额。

(1)劳务报酬所得的应纳税额

劳务报酬所得应纳税额的计算公式为：

应纳税额=应纳税所得额×适用税率

扣缴义务人向居民个人支付劳务报酬所得按次或者按月预扣预缴个人所得税。劳务报酬所得以收入减除费用后的余额为收入额。

劳务报酬所得以每次收入额为预扣预缴应纳税所得额。劳务报酬所得适用20%～40%的超额累进预扣率。

劳务报酬所得应预扣预缴税额=预扣预缴应纳税所得额×预扣率-速算扣除数

劳务报酬所得属于一次性收入的，以取得该项收入为一次；属于同一项目连续性收入的，以一个月内取得的收入为一次。

(2)稿酬所得的应纳税额

稿酬所得应纳税额的计算公式为：

应纳税额=应纳税所得额×适用税率

实际缴纳税额=应纳税额×(1-30%)

(3)特许权使用费所得、财产租赁所得应纳税额的计算

特许权使用费所得、财产租赁所得应纳税额的计算公式为：

应纳税额=应纳税所得额×适用税率

4. 财产转让所得应纳税额的计算

财产转让所得，以转让财产的收入额减除财产原值和合理费用后的余额，为应纳税所得额。其计算公式为：

应纳税额=应纳税所得额×适用税率

=(收入总额-财产原值-合理税费)×20%

5. 利息、股息、红利所得，偶然所得和其他所得应纳税额的计算

利息、股息、红利所得，偶然所得和其他所得，每次收入额为应纳税所得额。其应纳税额的计算公式为：

应纳税额=应纳税所得额×适用税率=每次收入额×20%

【例10-7】 根据个人所得税法律制度的规定，下列各项中，免征或暂免征收个人所得税的有(　　)。

A. 个人取得的保险赔款

B. 军人的转业费

C. 国家金融债券利息收入

D. 外籍个人以现金形式取得的住房补贴和伙食补贴

【课后检测】

课后习题

1. 企业所得税与个人所得税的纳税人是谁？

2. 企业所得税与个人所得税的征税范围是什么？

3. 企业所得税与个人所得税税额的计算是怎样的？

4. 企业所得税与个人所得税的税收优惠分别有什么样的规定？

【任务实训】

班级之间分小组，分别找出各种所得税的计算案例，然后计算出各种所得税的税额，在课堂上交流计算时需要注意的问题。

任务三 流转税法

【任务导入】

某纺织厂为增值税一般纳税人，其2022年12月经营状况如下：

(1)该纺织厂将其生产的一批羊绒面料作为春节礼物发给职工，按同规格纺织品的同期销售价格计算的销售额为40万元；

(2)销售真丝面料40 000匹，含税销售收入为410万元；

(3)向当地农业生产者收购棉花一批，作为生产的原材料，共计18万元；

(4)向外地经销商销售绸缎一批，由A公司负责运输，绸缎的销售额为35万元，收到A公司开具的发票上注明运费1.88万元。

请思考：

该纺织厂当月应纳的增值税税额是多少？

【法律课堂】

一、增值税法

(一)增值税的概念

增值税是对从事销售货物或者提供加工、修理修配劳务以及从事进口货物的单位和个人取得的增值额为课税对象征收的一种税。

(二)增值税的纳税人

根据《中华人民共和国增值税暂行条例》(以下简称《增值税暂行条例》)的规定，增值税的纳税人是从事销售货物或者提供加工、修理修配劳务以及从事进口货物的单位和个人。增值税的纳税人分为一般纳税人和小规模纳税人。对一般纳税人实行购进扣税法，对小规模纳税人则实行简易征收法。

小规模纳税人是指年销售额在规定标准以下，并且会计制度不健全，不能按照规定报送有关税务资料的增值税纳税人。小规模纳税人包括以下两类：

(1)从事货物生产或提供应税劳务的纳税人，以及以从事货物生产或提供应税劳务为主，并兼营货物批发或零售的纳税人，年应税销售额在50万元以下的。

(2)从事货物批发或零售的纳税人，年应税销售额在80万元以下的。年应税销售额超过小规模纳税人标准的其他个人按小规模纳税人纳税；非企业性单位、不经常发生应税行为的企业可选择按小规模纳税人纳税。

【例10—8】 下列纳税人中，不属于增值税一般纳税人的是(　　)。

A. 年销售额为80万元的从事货物生产的个体经营者

B. 年销售额为100万元的从事货物批发的其他个人

C. 年销售额为60万元的从事货物生产的企业

D. 年销售额为100万元的从事货物批发或零售的企业

(三)增值税的征税范围

增值税的征税范围为销售货物，提供加工、修理修配劳务和进口货物。

1. 销售货物

是指有偿转让货物的所有权。这里的“货物”是指有形动产，包括电力、热力、气体在内。

2. 提供加工、修理修配劳务

是指有偿提供加工、修理修配劳务(以下简称“应税劳务”)。单位或者个体工商户聘用的员工为本单位或者雇主提供加工、修理修配劳务，不包括在内。“加工”，是指受托加工货物，即委托方提供原料及主要材料，受托方按照委托方的要求，制造货物并收取加工费的业务。“修理修配”，是指受托对损伤和丧失功能的货物进行修复，使其恢复原状和功能的业务。

3. 进口货物

是指报关进入我国海关境内的货物。

4.视同销售货物的行为

单位或者个体工商户的下列行为，视同销售货物：

(1)将货物交付其他单位或者个人代销；

(2)销售代销货物；

(3)设有两个以上机构并实行统一核算的纳税人，将货物从一个机构移送其他机构用于销售，但相关机构设在同一县(市)的除外；

(4)将自产或者委托加工的货物用于非增值税应税项目；

(5)将自产、委托加工的货物用于集体福利或者个人消费；

(6)将自产、委托加工或者购进的货物作为投资，提供给其他单位或者个体工商户；

(7)将自产、委托加工或者购进的货物分配给股东或者投资者；

(8)将自产、委托加工或者购进的货物无偿赠送给其他单位或者个人。

5.混合销售行为

一项销售行为如果既涉及货物又涉及非增值税应税劳务的，为混合销售行为。从事货物的生产、批发或者零售的企业、企业性单位和个体工商户的混合销售行为，视为销售货物，应当缴纳增值税；其他单位和个人的混合销售行为，视为销售非增值税应税劳务，不缴纳增值税。

例如，某建筑材料商店以批发和零售建筑材料为主营业务，其下设非独立核算的装修队，倘若该商店与某业主签订了一份以“包工包料”的方式履行义务的居室装修合同，那么，由于建材商店的“包工包料”业务既涉及增值税应税货物，又涉及非应税劳务，属于混合销售行为，并且该商店以从事货物生产、批发或零售为主，并兼营非应税劳务，所以取得的“包工包料”业务收入应一并征收增值税。反之，倘若纳税主体为一家经营装饰、装修业务为主的装饰装修公司，发生上述“包工包料”行为时，则应该缴纳营业税。

6.兼营非应税劳务

兼营非应税劳务是指纳税人的经营范围既包括销售货物和应税劳务，又包括提供非应税劳务。根据《中华人民共和国增值税暂行条例实施细则》(以下简称《增值税暂行条例实施细则》)的相关规定，纳税人兼营非增值税应税项目的，应分别核算货物或者应税劳务的销售额和非增值税项目的营业额；未分别核算的，由主管税务机关核定货物或者应税劳务的销售额。

【例 10—9】 下列行为中，应视同销售货物征收增值税的有（　　）。

A. 将外购货物分配给股东　　B. 将外购货物用于个人消费

C. 将自产货物无偿赠送他人　　D. 将外购货物用于免税项目

【例 10—10】 下列各项中，属于增值税混合销售行为的有（　　）。

A. 家电商城向消费者销售空调的同时负责安装

B. 餐饮公司既提供餐饮服务又销售烟酒

C. 建材商店在销售木质地板的同时还提供安装服务

D. KTV 在向同一消费者提供 K 歌服务的同时向其销售烟酒饮料

（四）税率和征收率

我国的增值税对一般纳税人和小规模纳税人适用不同的计税方法和税率。对一般纳税人设置了一档基本税率、一档低税率，对其出口货物设置了零税率；对小规模纳税人则设置了 3%的征税率。

1. 基本税率

纳税人在国内销售货物或者进口货物，除列举的以外，税率均为 17%，提供加工、修理修配劳务的，税率也为 17%。

2. 低税率

纳税人销售或者进口下列货物的，税率为 13%：①粮食、食用植物油；②自来水、暖气、冷气、热水、煤气、石油液化气、居民用煤炭制品；③图书、报纸、杂志；④饲料、化肥、农药、农机、农膜；⑤国务院规定的其他货物。

3. 零税率

纳税人出口货物，税率为零。

4. 小规模纳税人的征税率

小规模纳税人销售货物或者应税劳务的，按 3%的征收率征税。此外，纳税人兼营不同税率的货物或者应税劳务，应当分别核算不同税率货物或者应税劳务的销售额；未分别核算销售额的，从高适用税率。

【例 10—11】 一般纳税人销售的下列货物中，适用 17%税率的有（　　）。

A. 蚊香　　B. 杂粮　　C. 农机　　D. 食用盐

（五）增值税的计算

1. 一般纳税人应纳增值税的计算

纳税人销售货物或者提供应税劳务，应纳税额为当期销项税额抵扣当期进项税额后的余额。应纳税额计算公式为：

应纳税额＝当期销项税额－当期进项税额

(1)销项税额

一般纳税人销售货物或者应税劳务，按照销售额和适用税率计算并向购买方收取的增值税额，为销项税额。销项税额计算公式为：

销项税额＝销售额×税率

销售额为纳税人销售货物或者应税劳务向购买方收取的全部价款和价外费用，但是不包括收取的销项税额。价外费用，包括价外向购买方收取的手续费、补贴、基金、集资费、返还利润、奖励费、违约金、滞纳金、延期付款利息、赔偿金、代收款项、代垫款项、包装费、包装物租金、储备费、优质费、运输装卸费以及其他各种性质的价外收费。

一般纳税人销售货物或者应税劳务，采用销售额和销项税额合并定价方法的，按下列公式计算销售额：

销售额＝含税销售额÷(1＋税率)

(2)进项税额

纳税人购进货物或者接受应税劳务支付或者负担的增值税额，为进项税额。

2.小规模纳税人应纳增值税的计算

小规模纳税人销售货物或者应税劳务，实行按照销售额和征收率计算应纳税额的简易办法，并不得抵扣进项税额。应纳税额计算公式为：

应纳税额＝销售额×征收率

3.纳税人进口货物应纳增值税的计算

纳税人进口货物，按照组成计税价格和适用的税率计算应纳税额。组成计税价格和应纳税额计算公式为：

组成计税价格＝关税完税价格×税率

值得注意的是，当进口货物属于消费税应税消费品时，其组成计税价格中还应包括消费税税额。

二、消费税法

(一)消费税的概念

消费税是对在我国境内从事生产、委托加工和进口法定消费品的单位和个人，就其销售额和销售数量在特定环节征收的一种税。

(二)消费税的纳税主体

消费税的纳税主体是在我国境内从事生产、委托加工和进口法定消费品的单位和个人。

(三)消费税的征税范围

消费税的征税范围包括五种类型的产品：

第一类：一些过度消费会对人类健康、社会秩序、生态环境等方面造成危害的特殊消费品，如烟、酒、鞭炮、焰火等；

第二类：奢侈品、非生活必需品，如贵重首饰、化妆品、高尔夫球及球具、高档手表等；

第三类：高能耗及高档消费品，如小轿车、摩托车、游艇等；

第四类：不可再生和替代的石油类消费品，如汽油、柴油、木制一次性筷子、实木地板等；

第五类：具有一定财政意义的产品，如汽车轮胎等。

【例 10－12】 下列属于消费税征税范围的是(　　)。

A. 将自产的烟丝用于连续生产卷烟

B. 将自产的卷烟用于对外销售

C. 将自产的白酒用于生产糕点

D. 将自产的高档化妆品赞助某模特大赛

(四)消费税的税率

消费税采用比例税率和定额税率两种形式，以适应不同应税消费品的实际情况。消费税根据不同的税目或子目确定相应的税率和单位税额。例如，白酒税率为 20%；黄酒、啤酒和成品油则分别按单位重量或单位体积确定单位税额，如黄酒每吨为 240 元，柴油每升为 1.2 元等。这些应税消费品之所以按数量或体积确定单位税额，而不采用按价格确定税率的办法，主要考虑到其用量大，计量单位规范，同类产品价格差异不大，以销售数量和单位税额来计算纳税，计税方便易行。消费税税目、税率如表 10－3 所示。

表 10－3　　消费税税目、税率表

税　目	税　率
一、烟	
1. 卷烟	
(1)甲类卷烟[调拨价 70 元(不含增值税)/条及以上]	56%加 0.003 元/支
(2)乙类卷烟[调拨价 70 元(不含增值税)/条以下]	36%加 0.003 元/支
批发环节(批发商批发给零售商缴纳)	11%加 0.005 元/支
2. 雪茄烟	36%

续表

税 目	税 率
3. 烟丝	30%
二、酒	
1. 白酒	20%加 0.5 元/500 克（或 500 毫升）
2. 黄酒	240 元/吨
3. 啤酒	
(1)甲类啤酒[每吨出厂价 3 000 元及以上，含包装物及押金]	250 元/吨
(2)乙类啤酒[每吨出厂价 3 000 元(不含增值税)以下]	220 元/吨
4. 其他酒	10%
三、高档化妆品	15%
四、贵重首饰及珠宝玉石	
1. 金银首饰、铂金首饰和钻石及钻石饰品(零售环节征)	5%
2. 其他贵重首饰和珠宝玉石	10%
五、鞭炮、焰火	15%
六、成品油	
1. 汽油、石脑油、溶剂油、润滑油	1.52 元/升
2. 柴油、航空煤油、燃料油	1.2 元/升
七、摩托车	
1. 气缸容量(排气量，下同)在 250 毫升以下(含 250 毫升)的	3%
2. 气缸容量在 250 毫升以上的	10%
八、小汽车	
1. 乘用车	
(1)气缸容量(排气量，下同)在 1 升(含 1 升)以下的	1%
(2)气缸容量在 1 升以上至 1.5 升(含 1.5 升)的	3%
(3)气缸容量在 1.5 升以上至 2 升(含 2 升)的	5%
(4)气缸容量在 2 升以上至 2.5 升(含 2.5 升)的	9%

续表

税目	税率
(5)气缸容量在2.5升以上至3升(含3升)的	12%
(6)气缸容量在3升以上至4升(含4升)的	25%
(7)气缸容量在4升以上的	40%
2.中轻型商用客车	5%
3.超豪华小汽车(零售环节加征)	10%
九、高尔夫球及球具	10%
十、高档手表	20%
十一、游艇	10%
十二、木制一次性筷子	5%
十三、实木地板	5%
十四、电池	4%
十五、涂料	4%

(五)消费税的计算

消费税实行从价定率、从量定额,或者从价定率和从量定额复合计税(以下简称"复合计税")的办法计算应纳税额。应纳税额计算公式为:

实行从价定率办法计算的应纳税额=销售额×比例税率

实行从量定额办法计算的应纳税额=销售数量×定额税率

实行复合计税办法计算的应纳税额=销售额×比例税率+销售数量×定额税率

在应税消费品中除黄酒、啤酒和成品油类实行从量定额办法计税,卷烟和白酒实行从价和从量相结合的办法计税以外,其他消费品都实行从价定率的计税办法。

【例10—13】 下列应税消费品中,实行复合计征消费税的有(　　)。

A.卷烟　B.鞭炮　C.高档化妆品　D.白酒

三、关税法律

(一)关税法的概念

关税法是调整进出口关税征纳关系的法律规范的总称。关税是对进出关境的货物、物品征收的一种商品税。为了贯彻对外开放政策,促进对外经济贸易和国民经济的发展,根据《中华人民共和国海关法》(1987年),国务院2003年10月29日制定了《中华人民共和国进出口关税条例》(以下简称《进出口关税条例》)。此外,国务院还制定了《中华人民共和国海关进出口税则》(以下简称《海关进出口税则》)和"中华人民共和国进境物品进口税税率表"(以下简称"进境物品进口税税率表"),规定了关税的税目、税则号列和税率。中华人民共和国准许进出口的货物、进境物品,除法律、行政法规另有规定外,海关依照规定征收进出口关税。

(二)关税征税范围

在征税范围方面,关税的征税范围包括准许进出我国关境的各类货物和物品。其中,货物是指贸易性的进出口商品,物品则包括非贸易性的下列物品:

(1)入境旅客随身携带的行李和物品;

(2)个人邮递物品;

(3)各种运输工具上的服务人员携带进口的自用物品;

(4)馈赠物品以及以其他方式入境的个人物品。

【例10—14】 下列属于关税征税范围的是(　　)。

A. 入境旅客随身携带的行李和物品

B. 个人邮递物品

C. 各种运输工具上的服务人员携带进口的自用物品

D. 馈赠物品以及以其他方式入境的个人物品

(三)关税纳税主体

在纳税主体方面,关税的纳税主体是依法负有缴纳关税义务的单位和个人。就贸易性商品来说,其纳税主体是:进口货物的收货人和出口货物的发货人。就非贸易性物品而言,其纳税主体为进境物品的所有人。

(四)关税税率

在税率方面,我国关税实行差别比例税率,将同一税目的货物分为进口税率和出口税率。其中,进口关税设置最惠国税率、协定税率、特惠税率、普通税率、关税配额税率等税率。对进口货物在一定期限内可以实行暂定税率。出口关税设置出口税率。对出口货物在一定期限内可以实行暂定税率。

在税率的适用方面,上述各类税率分别有各自的适用对象,具体情况由《海关进出口税则》和"进境物品进口税税率表"等规定。按照国家规定实行关税配额管理的进口货物，关税配额内的，适用关税配额税率；关税配额外的，其税率的适用按照《进出口关税条例》第10条、第11条的规定执行。税率如表10—4、表10—5所示。

表10—4　　中华人民共和国进境物品进口税税率表

税目序号	物品名称	税率(%)
1	书报、刊物、教育用影视资料；计算机、视频摄录一体机、数字照相机等信息技术产品；食品、饮料；金银；家具；玩具；游戏品、节日或其他娱乐用品；药品	13
2	运动用品(不含高尔夫球及球具)；钓鱼用品；纺织品及其制成品；电视摄像机及其他电器用具；自行车；税目1、3中未包含的其他商品	20
3	烟、酒；贵重首饰及珠宝玉石；高尔夫球及球具；高档手表；高档化妆品	50

表10—5　　中华人民共和国出境物品出口税税率表

税目序号	物品名称	暂定税率(%)
1	卷材、板材、钢丝等53个税目的钢材产品以及偏钨酸铵、菱镁矿、烧镁等5个税目的资源性产品	5
2	普碳钢条杆、角型材等30个税目的钢材产品以及煤焦油、天然石墨、稀土金属、精炼铅、氧化镝、氧化铽、未锻轧锌及部分有色金属废碎料等21个税目的产品	10
3	焦炭、钢坯、钢锭、生铁、部分铁合金、萤石、非针叶木木片以及镍、铬、钨、锰、钼和稀土金属等国内稀缺的金属原矿共33个税目的产品	15

(五)关税计税依据

在计税依据方面，关税的计税依据是关税的完税价格。在完税价格确定或估定以后，即可计算关税的应纳税额，其计算公式为：

应纳税额＝完税价格×关税税率

应纳税额＝货物数量×单位税额

【例10—15】 2019年9月1日某公司由于承担国家重要工程项目，经批准免税进口了一套电子设备。使用2年后项目完工，2021年8月31日公司将该设备出售给了国内另一家企业。该电子设备的到岸价格为300万元，关税税率为10%，海关规定的监管年限为5年，按规定公司应补缴关税(　　)。

A. 12万元　　B. 15万元　　C. 18万元　　D. 30万元

【课后检测】

1. 流转税的税率分别是怎么定义的?
2. 流转税的征税范围分别是什么?
3. 流转税的计算是怎样的?
4. 流转税的税收优惠有哪些?

【任务实训】

班级之间分小组,分别找出各种流转税的计算案例,计算出各种流转税的税额,在课堂上交流计算时需要注意什么。

课后习题

任务四

财产税法、特定行为税法和资源税法

任务五

税收征管法

项目十一

金融法律制度

学习目标

素质目标

1. 通过本章学习，增强学生的金融素质与金融意识。

2. 树立依法经营公司的意识。

知识目标

1. 了解金融法的概念与体系。

2. 熟悉并掌握支付结算的各种方式。

3. 了解票据的基本知识，掌握票据行为的相关内容。

4. 掌握证券发行制度与证券交易制度。

技能目标

1. 能够运用金融法的法律知识解决金融问题。

2. 通过列举实例讨论，能够运用所学的法律知识分析实际案例。

项目导读

金融法是调整金融活动中发生的社会关系的法律规范的总称。金融是融通货币和货币资金的经济活动，是资金运动的“信用中介”，是现代经济的核心，是宏观调控的重要杠杆。金融调控与财税调控、发展规划调控、产业政策与投资调控、价格总水平调控等各种经济调控手段共同构成了宏观经济调控体系。从这个意义上说，金融调控制度是经济法体系中重要的宏观调控法律制度。近年来，金融创新需求日益旺盛，金融调控在宏观经济调控中的地位更显重要，只有加强金融重点领域立法，才能更多地运用金融法律手段促进和保障国家宏观调控目标的实现。

任务一　金融法概述

【任务导入】

某市机械厂一周内分三次从同一银行的三家分行各获取贷款200万元、300万元、400万元。在贷款时未按规定要求企业提供担保，贷款手续均由各分行行长一手办理，也未按规定向有关规定报备贷款情况，结果这些贷款一半已经被企业投资于房地产，另一半则转贷给房地产公司，从而无法偿还银行贷款。

请思考：

1. 借款企业存在哪些违法行为？
2. 商业银行在贷款中有哪些违法行为？

【法律课堂】

一、金融法的概念及调整对象

（一）金融法的概念

金融法是调整金融关系的法律总称。金融关系包括金融监管关系与金融交易关系。所谓“金融监管关系”，主要是指政府金融主管机关对金融机构、金融市场、金融产品及金融交易的监督管理的关系。所谓“金融交易关系”，主要是指在货币市场、证券市场、保险市场和外汇市场等各种金融市场，金融机构之间，金融机构与大众之间，大众之间进行的各种金融交易的关系。

(二)金融法调整对象

金融法的调整对象是指金融活动中各种主体之间产生的社会关系,即金融关系。这里的金融关系不包括资金的财政分配关系,财政分配关系由财税法调整。

具体来说,金融关系应指五种社会关系,即金融领域内相关主体之间的间接金融关系,直接金融关系,金融中介服务关系,国家金融主管机关与各类金融机构、非金融机构和自然人之间的金融调控和金融监管关系。前三类关系均是发生在平等主体间金融市场上的交易活动中,故又合称金融交易关系。后两类关系发生在国家金融主管机关对金融市场各方主体的金融交易活动进行调节控制和监督管理活动中,故称金融调控监管关系。

【例 11—1】 下列属于金融法调整对象的是( )。

A. 间接金融关系　　B. 直接金融关系

C. 金融监管关系　　D. 金融调控关系

二、金融法的经济地位

金融法在我国整个法律体系中有着不可或缺的重要地位。

一是具有确认金融机构的法律地位,建立、健全金融机构组织体系的重要功能。金融是以银行等金融机构为中心,在信用基础上组织起来的货币流通。金融活动能否正常、有序进行,关键要看金融机构本身是否健全。金融法正是通过立法对各类金融机构的性质、职责权限、业务范围等加以界定,对各类金融机构的组织管理结构、运行机制、设立、变更及终止等给以明确,进而为金融活动的健康开展创造前提条件。

二是具有培育和完善金融市场体系,规范金融市场行为的重要职能。通过金融法的贯彻落实,有效协调并确保金融市场各参与者的合法权益,提高资金运营效益,实现资金融通的个体效益目标和社会整体效益目标的统一。

三是负有确定金融宏观调控目标,规范金融调控、管理、监督行为的特殊使命。在现代社会里,金融业是事关经济全局、事关千家万户的公共性行业,金融市场是瞬息万变、充满不确定性的高风险市场。任何一个金融机构金融活动的开展,其影响都超过了交易个体自身的范围,都在现实地或潜在地对其他市场主体产生影响,也对全社会发生作用。如何在尊重市场机能的前提下,趋利避害,就要求从社会整体利益需要出发,对金融业实行宏观调控和有效监管,而这正是金融法的特殊使命。金融法通过其确认、引导、规范、调节、保障机能,可以明确一国的货币金融政策的总体目标,确定金融监管机构的地位及职权,规范金融监管和调控的方式、方法,规定金融违法行为的惩处、制裁措施等。

三、金融法的体系

金融法体系是指一国由调整不同领域的金融关系的法律规范所组成的有机统一的整体。综合各国的金融立法情况来看,金融法主要由以下几个法律部门组成。

1. 银行法

银行法是调整银行和非银行金融机构的主要组织和业务行为的法律规范的总称。银行法按不同的标准,可以划分成不同的类别:按银行类型的不同,银行法可以分为中央银行法、普通银行法和非银行金融机构法;按银行的运作情况,银行法可以分为银行组织法和银行活动法。目前,我国银行法方面的立法有:《中华人民共和国中国人民银行法》(以下简称《中国人民银行法》)、《中华人民共和国商业银行法》(以下简称《商业银行法》)。

2. 货币法

货币法是关于货币的种类、地位、发行、流通及其管理的法律规范的总称。货币法从不同的角度可以有不同的分类:从静态角度,根据货币的种类及其流通范围和效力不同,可以分为通货法、外汇管理法和金银管理法。从动态角度,根据货币运动的层次和顺序,可以分为货币发行法和货币流通法。

3. 证券法

证券法是调整证券发行和流通中发生的资金融通关系的法律规范的总称。证券法从不同的角度也有不同的分类:从静态上,按证券的种类,可以分为债券法和股票法。从动态上,即从证券融资的运作过程,可以分为证券发行法和证券交易法。

4. 票据法

票据法是规定票据的种类、形式、内容以及调整票据关系的法律规范的总称。

5. 保险法

保险法是调整保险关系的法律规范的总称。保险法通常由保险业法、保险合同法和保险特别法三部分组成。

6. 信托法

信托法是调整金融信托关系的法律规范的总称,主要包括信托机构的设立条件、法律地位、信托业务规范、信托合同制度等内容。

7. 金融租赁法

金融租赁法是调整融资租赁关系的法律规范的总称，主要包括融资租赁公司成立的条件、法律地位和融资租赁合同等内容。

8. 投资基金法

投资基金法是调整投资基金关系的法律规范的总称。投资基金是一种集合投资，涉及的法律关系复杂多样。投资基金法应包括产业投资基金法、证券投资基金法和风险投资基金法。

【例 11－2】 下列关于金融法的描述正确的是(　　)。

A. 金融法具有培育和完善金融市场体系，规范金融市场行为的重要职能

B. 金融法不能规范金融调控、管理、监督行为

C. 货币法是关于货币的种类、地位、发行、流通及其管理的法律规范的总称

D. 票据法是规定票据的种类、形式、内容以及调整票据关系的法律规范的总称

【课后检测】

1. 什么是金融法？金融法的调整对象是什么？
2. 金融法的经济地位是怎样的？
3. 我国金融法的体系是怎样的？

课后习题

【任务实训】

班级之间分小组，了解我国的金融法体系，分析与其他法律的关系。在课堂上讨论，以加深对金融法的理解。

任务二　银行法

【任务导入】

20××年 5 月 28 日，A 企业的财务科长持有关证件到甲银行营业部办理基本存款账户开立手续，甲银行工作人员审查了相关证明文件，办理了基本存款账户开户手续，同日，该财务科长持以上证件和乙银行的贷款合同到乙银行开立了一个一般存款账户。5 月 29 日，该财务科长携带该企业的印鉴到甲银行营业部购买了转账支票一本，并当场签发了金额为

25 000 元的转账支票，填写了进账单，支票和进账单的收款人为在甲银行开户的B企业。甲银行的工作人员审查完毕后当场办理了该支票的转账手续。

请思考：

甲银行的工作人员审查完毕后当场办理了该支票的转账手续是否符合法律规定？

央行是什么？

【法律课堂】

一、中央银行法

（一）中央银行的概念

中央银行，简称央行，是指按照货币政策目标，依法制定和执行货币政策，调控金融市场上的货币流通，实施金融监管，以及确保金融体系稳定的特殊金融机构，居于一国金融体系的核心位置。中央银行一般具有发行的银行、银行的银行、政府的银行、金融调控与监管的银行等重要职能。

中央银行的历史可以追溯到1656年成立的瑞典银行。1694年伦敦成立的英格兰银行被认为是现代中央银行的鼻祖，我国的中央银行是中国人民银行。1983年颁布的《国务院关于中国人民银行专门行使中央银行职能的决定》，规定中国人民银行从1984年1月1日起，专门行使中央银行职能，不再对企业和个人办理金融业务。

（二）中央银行的性质与法律地位

中国人民银行是中华人民共和国的中央银行，其全部资本由国家出资，属国家所有。在性质上，中国人民银行是国务院的组成部门，是特殊的国家机关，但同时接受国家权力机关的指导与监督。《中国人民银行法》第2条及第6条规定，中国人民银行在国务院领导下，制定和执行货币政策，防范和化解金融风险，维护金融稳定；中国人民银行应当向全国人民代表大会常务委员会提出有关货币政策情况和金融业运行情况的工作报告。

中央银行的法律地位是指人民银行在国家机构体系中的地位。中国人民银行的性质以及我国现行的政治体制结构，决定了中国人民银行的法律地位是在国务院领导下具有相对独立性的国家金融调控与监督机关。中国人民银行虽然隶属于国务院，但它作为中央银行，负有制定货币政策、调控宏观经济、维护金融稳定的重大职能，因而决定了它和其他政府部门相比，具有较大的独立性。

（三）中央银行的任务

按照《中国人民银行法》第 2 条第 2 款的规定，中国人民银行在国务院领导下，制定和执行货币政策，防范和化解金融风险，维护金融稳定。该法的第 4 条又规定了中国人民银行的 13 项职责。

根据《中国人民银行法》第 4 条的规定，中国人民银行履行下列 13 项职责：①发布与履行其职责有关的命令和规章；②依法制定和执行货币政策；③发行人民币，管理人民币流通；④监督管理银行间同业拆借市场和银行间债券市场；⑤实施外汇管理，监督管理银行间外汇市场；⑥监督管理黄金市场；⑦持有、管理、经营国家外汇储备、黄金储备；⑧经理国库；⑨维护支付、清算系统的正常运行；⑩指导、部署金融业反洗钱工作，负责反洗钱的资金监测；⑪负责金融业的统计、调查、分析和预测；⑫作为国家的中央银行，从事有关的国际金融活动；⑬国务院规定的其他职责。中国人民银行为执行货币政策，可以依照《中国人民银行法》第四章的有关规定从事金融业务活动。

在上述规定中，第②③⑦项职责是中国人民银行调控职能、发行的银行的具体体现；第④⑤⑥⑩⑪项职责是金融监管职能的体现；第①⑧项职责是政府的银行的职能的体现；第⑨项职责则反映了银行的银行的职能。

二、商业银行法

（一）商业银行的概念与性质

商业银行是指主要经营对象为资产和负债，主要经营原则为效益性、安全性和流动性的信用机构。《商业银行法》第 2 条规定："本法所称的商业银行是指依照本法和《中华人民共和国公司法》设立的吸收公众存款、发放贷款、办理结算等业务的企业法人。"

目前，我国商业银行主要分为四大类：第一类是国有独资商业银行，包括中国工商银行、中国农业银行、中国建设银行和中国银行；第二类是股份制商业银行，如交通银行、招商银行、中国光大银行、华夏银行、中国民生银行、中信实业银行、深圳发展银行、兴业银行（原福建兴业银行）、上海浦东发展银行等；第三类是城市商业银行和农村商业银行；第四类是外资银行、中外合资银行和外国银行分行。

商业银行首先是企业，具备一般工商企业的盈利目的及一般企业法人的基本特点；但其金融企业的特性决定了其与一般公司企业法人有如下几个方面的区别：第一，商业银行的设立不仅要符合《公司法》，还需要符合《商业银行法》所规定的条件和程序，并经过国务院银行业监督管理机构审查批准。而在法律适用上，应当先适用《商业银行法》的规定，只有在其尚未规定的情况下才适用《公司法》。第二，商业银行经营的不是一般商品，而是充当一般等价物的货币。第三，商业银行经营货币只转让货币的使用权。

商业银行的法律特征如下：①资金来源主要是吸收的各种存款，又被称为存款银行；②业务范围十分广泛，基本上不受专业分工限制，又被称为百货公司式的银行；③经营目标：利润最大化；④业务发展国际化；⑤受主管机关严格监管。

（二）商业银行的经营原则

商业银行的经营原则是商业银行开展金融业务所必须遵循的指导思想，同时也是保障商业银行规范、稳健运作的行为准则。

1. 安全性、效益性、流动性原则

安全性、效益性、流动性原则，是各国商业银行开展业务活动应当普遍遵循的经营原则，同时也是我国《商业银行法》规定的首要、基本的经营原则。这是《商业银行法》第 4 条所明确规定的。

（1）安全性原则：主要针对商业银行的资产业务而言，是指商业银行在进行业务活动时，应当充分考虑按期收回资本本息的可靠程度，确保资产的安全。商业银行的自有资本在银行资产中的比例很小，其发放贷款、进行投资的资金主要是其吸收的存款或者其他负债，而吸收存款必须保证客户随时提取，其他负债到期也要归还本息。因此，商业银行必须保证资金安全，贷款和其他投资能够按时、足额收回。为了防范和控制各种风险，保证银行资产的安全，必须重点关注借款者的信用状态、资产负债的规模和结构、利率汇率变动及政治、经济形势。

（2）效益性原则：商业银行的企业性质，决定了商业银行在从事资产负债等业务过程中，必须以盈利为目标，并追求最佳的经济效益。商业银行作为一种特殊的企业，其经营目标就是最大限度地创造利润，实现盈利的最大化。

（3）流动性原则：包括资产的流动性和负债的流动性两个方面。资产的流动性是指商业银行的资金运用可以随时变为现金，以便及时、充分地满足存款者提取存款和发放正常贷款的需求。这要求商业银行持有一定比例的现金资产及变现能力强的资产，如短期票据和短期债券等。负债的流动性是指商业银行能够以较低的成本随时获得所需的资金。这就要求银行发展主动型负债，向中央银行、同业或国际金融市场借款，发行金融证券、大额可转让定期存单等，以保持负债的流动性。

2. 自主经营、自担风险、自负盈亏、自我约束的原则

《商业银行法》第 4 条规定："商业银行以安全性、流动性、效益性为经营原则，实行自主经营，自担风险，自负盈亏，自我约束。商业银行依法开展业务，不受任何单位和个人的干涉。商业银行以其全部法人财产独立承担民事责任。"

3. 业务往来遵循平等、自愿、公平和诚实信用的原则

《商业银行法》第 5 条规定："商业银行与客户的业务往来，应当遵循平等、自愿、公平和诚实信用的原则。"

4. 保障存款人的合法权益不受侵犯的原则

《商业银行法》第 6 条规定："商业银行应当保障存款人的合法权益不受任何单位和个人的侵犯。"这同时也是宪法精神的体现，商业银行有义务保护公民个人合法储蓄存款的所有权不受侵犯。这一原则要求商业银行在办理个人储蓄存款业务时，应当遵循存款自愿、取款自由、存款有息、为存款人保密的原则；对个人和单位的存款，有权拒绝任何其他单位或者个人查询、冻结、扣划，法律另有规定的除外；按照中国人民银行的规定，缴存存款准备金、留足备付金；按照中国人民银行规定的存款利率的上下限确定存款利率，并予以公告；保证存款本金和利息的支付，不得拖延、拒绝支付存款本金和利息；商业银行破产清算时，在支付清算费用、所欠职工工资和劳动保险费后，应当优先支付个人储蓄存款的本金和利息。

5. 严格贷款的资信担保、依法按期收回贷款本息的原则

《商业银行法》第 7 条规定："商业银行开展信贷业务，应当严格审查借款人的资信，实行担保，保障按期收回贷款。商业银行依法向借款人收回到期贷款的本金和利息，受法律保护。"商业银行在发放贷款时，应当对借款人的借款用途、偿还能力、还款方式等资信情况进行严格审查，除经审查、评估、确认借款人资信良好确能偿还贷款，可以不提供担保者外，一般要求借款人提供担保，即要以保证、抵押、质押等形式对贷款设定担保。

6. 依法营业，不得损害社会公益的原则

《商业银行法》第 8 条规定："商业银行开展业务，应当遵守法律、行政法规的有关规定，不得损害国家利益、社会公共利益。"商业银行作为金融企业，其开展业务活动，不仅关系到银行本身的盈利和存续，更关系到其客户——人民大众和工商企业的生活、生产能否顺利进行，进而关系到整个社会、国家的经济秩序和社会秩序的稳定。

7. 公平竞争原则

《商业银行法》第9条规定："商业银行开展业务，应当遵守公平竞争的原则，不得从事不正当竞争。"金融行业的竞争必须是有序竞争、正当竞争，商业银行开展业务须遵循公平竞争的原则，应当在国家法律、行政法规和金融主管机关监管规定许可的范围内开展业务，不得违反规定提高或者降低利率以及采取其他不正当手段吸收存款、发放贷款，损害其他银行的正当合法权益。

8. 依法接受国务院银行业监督管理机构的监督管理的原则

《商业银行法》第10条规定："商业银行依法接受国务院银行业监督管理机构的监督管理，但法律规定其有关业务接受其他监督管理部门或者机构监督管理的，依照其规定。"商业银行依法接受国务院银行业监督管理机构和其他有权部门的监督管理，遵守各种监管规定，其设立、变更、终止及业务范围改变需经国务院银行业监督管理机构审批，其存款、贷款、结算等情况需随时接受国务院银行业监督管理机构的稽核、检查和监督，并按照规定向国务院银行业监督管理机构、中国人民银行报送资产负债表、利润表及其他财务会计、统计报表和资料。国务院银行业监督管理机构有权依法随时对商业银行的存款、贷款、结算等情况进行检查监督，商业银行应当按照国务院银行业监督管理机构的要求，提供财务会计资料、业务合同和有关经营管理方面的其他信息。此外，商业银行还应当依法接受审计机关的审计监督。

（三）商业银行的经营范围

《商业银行法》第3条规定："商业银行可以经营下列部分或者全部业务：①吸收公众存款；②发放短期、中期和长期贷款；③办理国内外结算；④办理票据承兑与贴现；⑤发行金融债券；⑥代理发行、代理兑付、承销政府债券；⑦买卖政府债券、金融债券；⑧从事同业拆借；⑨买卖、代理买卖外汇；⑩从事银行卡业务；⑪提供信用证服务及担保；⑫代理收付款项及代理保险业务；⑬提供保管箱服务；⑭经国务院银行业监督管理机构批准的其他业务。经营范围由商业银行章程规定，报国务院银行业监督管理机构批准。商业银行经中国人民银行批准，可以经营结汇、售汇业务。"

随着商业银行的产生和发展，商业银行的业务可以根据其资金的来源和用途，归纳为三类：负债业务、资产业务和中间业务。

三、银行结算账户

（一）银行结算账户的概念

银行结算账户是指银行为存款人开立的办理资金收付结算的活期存款账户。其中，“银行”是指在中国境内经批准经营支付结算业务的银行业金融机构；“存款人”是指在中国境内开立银行结算账户的机关、团体、部队、企业、事业单位、其他组织（以下统称“单位”）、个体工商户和自然人。

（二）银行结算账户的开立、变更和撤销

1. 银行结算账户的开立

存款人应在注册地或住所地开立银行结算账户。符合异地（跨省、市、县）开户条件的，也可以在异地开立银行结算账户。

存款人申请开立银行结算账户时，应填写开立银行结算账户申请书。开立单位银行结算账户时，应填写开立单位银行结算账户申请书，并加盖单位公章和法定代表人（单位负责人）或其授权代理人的签名或者盖章。

银行应对存款人的开户申请书填写的事项和相关证明文件的真实性、完整性、合规性进行认真审查。开户申请书填写的事项齐全，符合开立核准类账户条件的，银行应将存款人的开户申请书、相关的证明文件和银行审核意见等开户资料报送中国人民银行当地分支行，经其核准并核发开户许可证后办理开户手续。需要中国人民银行核准的账户包括基本存款账户、临时存款账户（因注册验资和增资验资开立的除外）、预算单位专用存款账户、合格境外机构投资者在境内从事证券投资开立的人民币特殊账户和人民币结算资金账户（以下简称“QFII专用存款账户”）。

符合开立一般存款账户、其他专用存款账户和个人银行结算账户条件的，银行应办理开户手续，并于开户之日起5个工作日内向中国人民银行当地分支行备案。上述结算账户统称备案类结算账户，备案类结算账户的变更和撤销也应于2个工作日内通过账户管理系统向中国人民银行当地分支行报备。中国人民银行当地分支行应于2个工作日内对开户银行报送的核准类账户的开户资料的合规性予以审核，符合开户条件的，予以核准，颁发基本（或临时或专用）存款账户开户许可证。不符合开户条件的，应在开户申请书上签署意见，连同有关证明文件一并退回报送银行，由报送银行转送存款人。

2. 银行结算账户的变更

银行结算账户的变更是指存款人的账户信息资料发生变化或改变。根据账户管理的要求，存款人变更账户名称、单位的法定代表人或主要负责人、地址等其他开户资料后，应及时向开户银行办理变更手续，填写变更银行结算账户申请书。属于申请变更单位银行结算账户的，应加盖单位公章和法定代表人(单位负责人)或其授权代理人的签名或者盖章;属于申请变更个人银行结算账户的，应加其个人签章。

存款人更改名称，但不改变开户银行及账号的，应于5个工作日内向开户银行提出银行结算账户的变更申请，并出具有关部门的证明文件;单位的法定代表人或主要负责人、住址以及其他开户资料发生变更时，应于5个工作日内书面通知开户银行并提供有关证明;属于变更开户许可证记载事项的，存款人办理变更手续时，应交回开户许可证，由中国人民银行当地分支行换发新的开户许可证。

3. 银行结算账户的撤销

银行结算账户的撤销是指存款人因开户资格或其他原因终止银行结算账户使用的行为。存款人申请撤销银行结算账户时，应填写撤销银行结算账户申请书。属于申请撤销单位银行结算账户的，应加盖单位公章和法定代表人(单位负责人)或其授权代理人的签名或者盖章;属于申请撤销个人银行结算账户的，应加其个人签章。银行在收到存款人撤销银行结算账户的申请后，对于符合销户条件的，应在2个工作日内办理撤销手续。存款人撤销银行结算账户，必须与开户银行核对银行结算账户存款余额，交回各种重要空白票据及结算凭证和开户许可证，银行核对无误后方可办理销户手续。

【例11—3】 下列关于银行结算账户的论述，正确的是(　　)。

A. 银行结算账户是指银行为存款人开立的办理资金收付结算的活期存款账户

B. 银行结算账户按存款人不同分为单位银行结算账户和个人银行结算账户

C. 银行结算账户的变更是指存款人的账户信息资料发生变化或改变

D. 银行结算账户的撤销是指存款人因开户资格或其他原因终止银行结算账户使用的行为

四、银行卡

(一)银行卡的概念

银行卡是指经批准由商业银行(含邮政金融机构)向社会发行的具

有消费信用、转账结算、存取现金等全部或部分功能的信用支付工具。

(二)银行卡的分类

银行卡按不同标准，可以分为以下几类。

(1)按是否具有透支功能分为信用卡和借记卡。前者可以透支，后者不具备透支功能。信用卡按是否向发卡银行交存备用金分为贷记卡、准贷记卡两类。

(2)按币种不同分为人民币卡、外币卡。外币卡是持卡人与发卡银行以除人民币以外的货币作为清算货币的银行卡。目前国内商户可受理 VISA(维萨)、MasterCard(万事达)、American Express(美国运通)等信用卡组织发行的外卡。

(3)按发行对象不同分为单位卡(商务卡)、个人卡。

(4)按信息载体不同分为磁条卡、芯片(IC)卡。芯片卡既可应用于单一的银行卡品种，又可应用于组合的银行卡品种。

【例 11－4】 银行卡按照币种可以分为(　　)。

A. 人民币卡　　B. 外币卡　　C. 信用卡　　D. 借记卡

出借银行卡也违法？当心触犯“帮信罪”！

(三)银行卡账户和交易

1. 银行卡申领、注销和丧失

(1)银行卡申领

单位或个人申领信用卡，应按规定填制申请表，连同有关资料一并送交发卡银行。发卡银行可根据申请人的资信程度，要求其提供担保。担保的方式可采用保证、抵押或质押。凡在中国境内金融机构开立基本存款账户的单位，应当凭中国人民银行核发的开户许可证申领单位卡；个人申领银行卡(储值卡除外)，应当向发卡银行提供公安部门规定的本人有效身份证件，经发卡银行审查合格后，为其开立记名账户。银行卡及其账户只限经发卡银行批准的持卡人本人使用，不得出租和转借。

(2)银行卡注销

信用卡持卡人在还清全部交易款项、透支本息和有关费用后，可申请办理销户。发卡行受理注销申请业务之日起 45 天后，被注销的信用卡账户方能清户。单位借记卡销户时，单位人民币卡账户的资金应当转入其基本存款账户，单位外币卡账户的资金应当转回相应的外汇账户，不得提取现金。个人借记卡销户时，提供办卡时的身份证件到银行柜台进行办理即可，对于持卡人因死亡等原因而需办理的注销和清户，应按照我国的继承法和公证法等法规办理。

(3)银行卡丧失

持卡人丧失银行卡,应立即持本人身份证件或其他有效证明,并按规定提供有关情况,向发卡银行或代办银行申请挂失,发卡银行或代办银行审核后办理挂失手续。

2.银行卡交易的基本规定

(1)单位人民币卡可办理商品交易和劳务供应款项的结算,但不得透支。单位卡不得支取现金。

(2)发卡银行对贷记卡的取现应当每笔授权,每卡每日累计取现不得超过2 000元人民币。发卡银行应当对借记卡持卡人在自动柜员机(ATM机)取款设定交易上限,每卡每日累计提款不得超过2万元人民币。储值卡的面值或卡内币值不得超过1 000元人民币。

(3)准贷记卡的透支期限最长为60天。贷记卡的首月最低还款额不得低于其当月透支余额的10%。

(4)发卡银行通过下列途径追偿透支款项和诈骗款项:扣减持卡人保证金、依法处理抵押物和质物;向保证人追索透支款项;通过司法机关的诉讼程序进行追偿。

(四)银行卡计息

发卡银行对准贷记卡及借记卡(不含储值卡)账户内的存款,按照中国人民银行规定的同期同档次存款利率及计息办法计付利息。发卡银行对贷记卡账户的存款、储值卡(含IC卡的电子钱包)内的币值不计付利息。

五、预付卡

(一)预付卡的概念

预付卡是指发卡机构以盈利为目的,通过特定载体和形式发行的,可在特定机构购买商品或服务的预付凭证。按是否记载持卡人身份信息分为记名预付卡和不记名预付卡;按信息载体不同分为磁条卡、芯片卡。

(二)发行流程

预付卡主要由第三方发卡机构发行,它是一个新兴行业、发卡量动辄数亿、数十亿元,毛利率在10%以上,成为第三方发卡机构需要解决以下几个问题:(1)当地税务政策;(2)清算系统,最好是准银行准金融级系统;(3)受理终端:POS机具,好的厂商需要专业人士去洽谈;(4)签约商户,特别是与当地大型商场、超市的合作;(5)预付卡的销售:必须在当地有很强的社会沟通能力;(6)一个专业的团队,或者专业的顾问。

六、汇兑

(一)汇兑的概念和种类

汇兑是汇款人委托银行将其款项支付给收款人的结算方式。汇兑分为信汇、电汇两种。信汇是以邮寄方式将汇款凭证转给外地收款人指定的汇入行;电汇是以电报方式将汇款凭证转发给收款人指定的汇入行。信汇、电汇由汇款人选择使用。随着网络化进程的推进,目前主要的汇兑方式是电汇。单位和个人的各种款项的结算,均可使用汇兑结算方式。

(二)办理汇兑的程序

1. 签发汇兑凭证

签发汇兑凭证必须记载下列事项:表明“信汇”或“电汇”的字样;无条件支付的委托;确定的金额;收款人名称;汇款人名称;汇入地点、汇入行名称;汇出地点、汇出行名称;委托日期;汇款人签章。汇兑凭证记载的汇款人、收款人在银行开立存款账户的,必须记载其账号。汇款人和收款人均为个人,需要在汇入银行支取现金的,应在信汇、电汇凭证的“汇款金额”大写栏内,先填写“现金”字样,后填写汇款金额。

2. 银行受理

汇出银行受理汇款人签发的汇兑凭证,经审查无误后,应及时向汇入银行办理汇款,并向汇款人签发汇款回单。汇款回单只能作为汇出银行受理汇款的依据,不能作为该笔汇款已转入收款人账户的证明。

3. 汇入处理

汇入银行对开立存款账户的收款人,应将汇入的款项直接转入收款人账户,并向其发出收账通知。收账通知是银行将款项确已转入收款人账户的凭据。支取现金的,信汇、电汇凭证上必须有按规定填明的“现金”字样,才能办理。未填明“现金”字样需要支取现金的,由汇入银行按照国家现金管理规定审查支付。转账支付的,应由原收款人填制支款凭证,并由本人向银行交验其身份证件办理支付款项。

(三)汇兑的撤销和退汇

汇款人对汇出银行尚未汇出的款项可以申请撤销。申请撤销时,应出具正式函件或本人身份证件及原信、电汇回单。汇入银行对于收款人拒绝接受的汇款,应立即办理退汇。汇入银行对于向收款人发出取款通知,经过 2 个月无法交付的汇款,应主动办理退汇。

【例 11—5】 汇入银行对于向收款人发出取款通知，经过（　　）个月无法交付的汇款，应主动办理退汇。

A. 2　　B. 3　　C. 4　　D. 5

七、委托收款

（一）委托收款的概念和适用范围

委托收款是收款人委托银行向付款人收取款项的结算方式。单位和个人凭已承兑商业汇票、债券、存单等付款人债务证明办理款项的结算，均可以使用委托收款结算方式。委托收款在同城、异地均可以使用。

（二）办理委托收款的程序

1. 签发托收凭证

签发托收凭证必须记载下列事项：表明“托收”的字样；确定的金额；付款人名称；收款人名称；委托收款凭据名称及附寄单证张数；委托日期；收款人签章。委托收款以银行以外的单位为付款人的，委托收款凭证必须记载付款人开户银行名称；以银行以外的单位或在银行开立存款账户的个人为收款人的，委托收款凭证必须记载收款人开户银行名称；未在银行开立存款账户的个人为收款人的，委托收款凭证必须记载被委托银行名称。

2. 委托

收款人办理委托收款应向银行提交委托收款凭证和有关的债务证明。

3. 付款

银行接到寄来的委托收款凭证及债务证明，审查无误后办理付款。

（1）以银行为付款人的，银行应当在当日将款项主动支付给收款人。

（2）以单位为付款人的，银行应及时通知付款人，需要将有关债务证明交给付款人的应交给付款人。付款人应于接到通知的当日书面通知银行付款。付款人未在接到通知日的次日起 3 日内通知银行付款的，视同付款人同意付款，银行应于付款人接到通知日的次日起第 4 日上午开始营业时，将款项划给收款人。银行在办理划款时，付款人存款账户不足支付的，应通过被委托银行向收款人发出未付款项通知书。

（3）拒绝付款。付款人审查有关债务证明后，对收款人委托收取的款项需要拒绝付款的，可以办理拒绝付款。以银行为付款人的，应自收到委托收款及债务证明的次日起3日内出具拒绝证明，连同有关债务证明、凭证寄给被委托银行，转交收款人；以单位为付款人的，应在付款人接到通知日的次日起3日内出具拒绝证明，持有债务证明的，应将其送交开户银行。银行应将拒绝证明、债务证明和有关凭证一并寄给被委托银行，转交收款人。

【课后检测】

课后习题

1. 银行结算账户的种类有哪些？
2. 银行卡有哪些种类？
3. 预付卡的发行流程需要注意什么问题？
4. 汇兑办理的程序是什么？
5. 委托收款的程序是什么？

【任务实训】

班级之间分小组讨论不同类型的银行结算账户之间的异同。

任务三　票据法

【任务导入】

20××年10月20日，G市甲公司签发了一张银行承兑汇票，该汇票经G市A银行承兑，收款人为H市乙公司。乙公司获得承兑汇票后背书转让给了丙公司，丙公司因购买生产原料未背书即将汇票交付丁公司，之后，丁公司又将汇票背书转让给了H市戊公司。2014年8月26日汇票到期后，戊公司填写了委托收款凭证并附上承兑汇票，经H市其开户银行B银行向G市A银行发出委托收款，G市A银行收到委托收款凭证和银行承兑汇票后，以“该承兑汇票背书不连续”为由予以退票。

请思考：

A银行的做法是否正确？

【法律课堂】

一、票据的基础知识

（一）票据的含义和种类

票据的概念有广义和狭义之分。广义上的票据包括各种有价证券和凭证，如股票、企业债券、发票、提单等；狭义上的票据，即《中华人民共和国票据法》(以下简称《票据法》)中规定的“票据”，包括汇票、银行本票和支票，是指由出票人签发的，约定自己或者委托付款人在见票时或指定的日期向收款人或持票人无条件支付一定金额的有价证券。

(二)票据当事人

票据当事人是指在票据法律关系中，享有票据权利、承担票据义务的主体。票据当事人分为基本当事人和非基本当事人。票据基本当事人是指在票据做成和交付时就已经存在的当事人，包括出票人、付款人和收款人三种。汇票和支票的基本当事人有出票人、收款人与付款人；本票的基本当事人有出票人与收款人。

1.基本当事人

(1)出票人是指依法定方式签发票据并将票据交付给收款人的人。银行汇票的出票人为银行；商业汇票的出票人为银行以外的企业和其他组织；银行本票的出票人为出票银行；支票的出票人，为在银行开立支票存款账户的企业、其他组织和个人。

(2)收款人是指票据正面记载的到期后有权收取票据所载金额的人。

(3)付款人是指由出票人委托付款或自行承担付款责任的人。商业承兑汇票的付款人是合同中应给付款项的一方当事人，也是该汇票的承兑人；银行承兑汇票的付款人是承兑银行；支票的付款人是出票人的开户银行；本票的付款人是出票人。

2.非基本当事人

非基本当事人是指在票据做成并交付后，通过一定的票据行为加入票据关系而享有一定权利、承担一定义务的当事人，包括承兑人、背书人、被背书人、保证人等。

(1)承兑人是指接受汇票出票人的付款委托，同意承担支付票款义务的人，是汇票主债务人。

(2)背书人与被背书人。背书人是指在转让票据时，在票据背面或粘单上签字或盖章，并将该票据交付给受让人的票据收款人或持有人。被背书人，是指被记名受让票据或接受票据转让的人。背书后，被背书人成为票据新的持有人，享有票据的所有权利。

(3)保证人是指为票据债务提供担保的人，由票据债务人以外的第三人担当。保证人在被保证人不能履行票据付款责任时，以自己的金钱履行票据付款义务，然后取得持票人的权利，向票据债务人追索。

【例 11－6】 下列不属于票据的基本当事人的是(　　)。

A. 出票人　　B. 背书人　　C. 承兑人　　D. 保证人

二、票据的权利

(一)票据权利的概念

票据权利是指票据持票人向票据债务人请求支付票据金额的权利,包括付款请求权和追索权。

付款请求权是指持票人向汇票的承兑人、本票的出票人、支票的付款人出示票据要求付款的权利,是第一顺序权利。行使付款请求权的持票人可以是票据记载的收款人或最后的被背书人;担负付款请求权付款义务的主要是主债务人。

追索权是指票据当事人行使付款请求权遭到拒绝或有其他法定原因存在时,向其前手请求偿还票据金额及其他法定费用的权利,是第二顺序权利。行使追索权的当事人除票据记载的收款人和最后被背书人外,还可能是代为清偿票据债务的保证人、背书人。

持票人可以不按照票据债务人的先后顺序,对其中任何一人、数人或者全体行使追索权。持票人对票据债务人中的一人或者数人已经进行追索的,对其他票据债务人仍可以行使追索权。被追索人清偿债务后,与持票人享有同一权利。

【例 11－7】 票据权利包括(　　)。

A. 付款请求权　　B. 利益返还请求权

C. 追索权　　D. 票据返还请求权

【例 11－8】 下列各项中,可以行使票据的追索权的是(　　)。

A. 票据的收款人　　B. 代为清偿票据债务的保证人

C. 最后被背书人　　D. 代为清偿票据债务的背书人

(二)票据权利的取得

1. 基本规定

签发、取得和转让票据,应当遵守诚实信用的原则,具有真实的交易关系和债权债务关系。票据的取得,必须给付对价,即应当给付票据双方当事人认可的相对应的代价。但也有例外的情形,即如果是因为税收、继承、赠与可以依法无偿取得票据的,则不受给付对价的限制,但是所享有的票据权利不得优于其前手的权利。

2. 取得票据享有票据权利的情形

(1)依法接受出票人签发的票据。

(2)依法接受背书转让的票据。

(3)因税收、继承、赠与可以依法无偿取得票据。

3. 取得票据不享有票据权利的情形

(1)以欺诈、偷盗或者胁迫等手段取得票据的,或者明知有上述情形,出于恶意取得票据的。

(2)持票人因重大过失取得不符合《票据法》规定的票据的。

【例 11-9】 下列情况下取得的票据,享有票据权利的有(　　)。

A. 赵某明知张某偷来一张支票,张某向其转让,赵某欣然接受

B. A 公司以支票形式向地震灾区某小学捐款,该小学接受该支票

C. 作为收款人,李某依法接受一张银行本票

D. 作为最后持票人,王某持有一张银行汇票且背书连续

三、票据行为

票据行为是指票据当事人以发生票据债务为目的、以在票据上签名或盖章为权利义务成立要件的法律行为。票据行为包括出票、背书、承兑和保证。

(一)出票

1. 出票的概念

出票是指出票人签发票据并将其交付给收款人的票据行为。出票包括两种行为:一是出票人依照《票据法》的规定作成票据,即在原始票据上记载法定事项并签章;二是交付票据,即将作成的票据交付给他人占有。这两者缺一不可。

2. 出票的基本要求

出票人必须与付款人具有真实的委托付款关系,并且具有支付票据金额的可靠资金来源,不得签发无对价的票据用以骗取银行或者其他票据当事人的资金。

3. 票据的记载事项

票据的记载事项是指依法在票据上记载的票据相关内容。票据记载事项一般分为必须记载事项、相对记载事项、任意记载事项和不产生法律效力的记载事项等。

(1)必须记载事项,也称必要记载事项或绝对记载事项,是指《票据法》明文规定必须记载的,如不记载,票据行为即为无效的事项。

(2)相对记载事项是指除了必须记载事项外,《票据法》规定的其他应记载的事项,这些事项如果未记载,由法律另作相应规定予以明确,并不影响票据的效力。

(3)任意记载事项是指《票据法》不强制当事人必须记载而允许当事人自行选择,不记载时不影响票据效力,记载时则产生票据效力的事项。

(4)不产生法律效力的记载事项是指除了绝对记载事项、相对记载事项、任意记载事项外,票据上还可以记载其他一些事项,但这些事项不具有票据效力,银行不负审查责任。

4. 出票的效力

票据出票人制作票据,应当按照法定条件在票据上签章,并按照所记载的事项承担票据责任。出票人签发票据后,即承担该票据承兑或付款的责任。

【例 11—10】 下列票据记载事项中,属于绝对记载事项的有(　　)。

A. 出票地　　B. 付款地　　C. 付款日期　　D. 出票人签章

(二)背书

1. 概念和种类

背书是在票据背面或者粘单上记载有关事项并签章的行为。以背书的目的为标准,将背书分为转让背书和非转让背书。

转让背书是指以转让票据权利为目的的背书;非转让背书是指以授予他人行使一定的票据权利为目的的背书。非转让背书包括委托收款背书和质押背书。

委托收款背书是背书人委托被背书人行使票据权利的背书。委托收款背书的被背书人有权代背书人行使被委托的票据权利。但是,被背书人不得再以背书转让票据权利。质押背书是以担保债务而在票据上设定质权为目的的背书。被背书人依法实现其质权时,可以行使票据权利。

2. 背书记载事项

背书由背书人签章并记载背书日期。背书未记载日期的,视为在票据到期日前背书。以背书转让或者以背书将一定的票据权利授予他人行使时,必须记载被背书人名称。背书人未记载被背书人名称即将票据交付他人的,持票人在票据被背书人栏内记载自己的名称与背书人记载具有同等法律效力。

委托收款背书应记载“委托收款”字样、被背书人和背书人签章。

质押背书应记载“质押”字样、质权人和出质人签章。

票据凭证不能满足背书人记载事项的需要，可以加附粘单。粘单上的第一记载人，应当在票据和粘单的粘接处签章。

3. 背书连续及其效力

背书连续是指在票据转让中，转让票据的背书人与受让票据的被背书人在票据上的签章依次前后衔接。具体来说，第一背书人为票据收款人，最后持票人为最后背书的被背书人，中间的背书人为前手背书的被背书人。背书人在票据上的签章不符合《票据法》等规定的，其签章无效，但不影响其前手符合规定签章的效力。

以背书转让的票据，背书应当连续。持票人以背书的连续，证明其票据权利；非经背书转让，而以其他合法方式取得票据的，依法举证，证明其票据权利。

4. 不得进行的背书

不得进行背书的情形包括条件背书、部分背书、限制背书和期后背书。

(1)条件背书是指背书不得附有条件，背书时附有条件的，所附条件不具有票据上的效力。

(2)部分背书是指将票据金额的一部分转让的背书或者将票据金额分别转让给两人以上的背书，部分背书属于无效背书。

(3)限制背书是指背书内容为“不得转让”，此时票据不得转让，例如，出票人记载“不得转让”的，票据不得背书转让；背书人在票据上记载“不得转让”字样，其后手再背书转让的，原背书人对后手的被背书人不承担保证责任。

(4)期后背书是指票据被拒绝承兑、被拒绝付款或者超过付款提示期限的，不得背书转让；背书转让的，背书人应当承担票据责任。

5. 背书效力

背书人以背书转让票据，即承担保证其后手所持票据承兑和付款责任。

【例 11－11】 下列关于票据背书的说法中，正确的有(　　)。

A. 出票人在汇票上记载“不得转让”字样的，该汇票不得转让

B. 背书未记载日期的，视为无效

C. 汇票以背书转让时应记载被背书人名称

D. 如果背书人不愿意对其后手以后的当事人承担票据责任，即可在背书时记载禁止背书

(三)承兑

1. 承兑的概念

承兑是指汇票付款人承诺在汇票到期日支付汇票金额并签章的行为,仅适用于商业汇票。

2. 承兑程序

承兑程序包括提示承兑、受理承兑、记载承兑事项和承兑效力。

(1)提示承兑是指持票人向付款人出示汇票,并要求付款人承诺付款的行为。对定日付款或者出票后定期付款的汇票,持票人应当在汇票到期日前向付款人提示承兑。对见票后定期付款的汇票,持票人应当自出票日起1个月内向付款人提示承兑。汇票未按照规定期限提示承兑的,持票人丧失对其前手的追索权。

(2)受理承兑。付款人收到持票人提示承兑的汇票时,应当向持票人签发收到汇票的回单。回单上应当记明汇票提示承兑日期并签章。付款人对向其提示承兑的汇票,应当自收到提示承兑的汇票之日起3日内承兑或者拒绝承兑。

(3)记载承兑事项。付款人承兑汇票的,应当在汇票正面记载"承兑"字样和承兑日期并签章;见票后定期付款的汇票,应当在承兑时记载付款日期。汇票上未记载承兑日期的,应当以收到提示承兑的汇票之日起3日内的最后一日为承兑日期。

(4)承兑效力。付款人承兑汇票,不得附有条件;承兑附有条件的,视为拒绝承兑。付款人承兑汇票后,应当承担到期付款的责任。

【例11－12】 下列各项中,属于票据行为的有(　　)。

A. 出票　　B. 背书　　C. 承兑　　D. 保证

(四)保证

1. 保证的概念

保证是指票据债务人以外的人,为担保特定债务人履行票据债务而在票据上记载有关事项并签章的行为。

国家机关、以公益为目的的事业单位、社会团体、企业法人的分支机构和职能部门作为票据保证人的,票据保证无效,但经国务院批准为使用外国政府或者国际经济组织贷款进行转贷,国家机关提供票据保证的,以及企业法人的分支机构在法人书面授权范围内提供票据保证的除外。

2. 保证的记载事项

保证人必须在票据或者粘单上记载下列事项:表明"保证"的字样;

保证人名称和住所；被保证人的名称；保证日期；保证人签章。保证人在票据或者粘单上未记载“被保证人名称”的，已承兑的票据，承兑人为被保证人；未承兑的票据，出票人为被保证人。保证人在票据或者粘单上未记载“保证日期”的，出票日期为保证日期。保证人未在票据或者粘单上记载“保证”字样而另行签订保证合同或者保证条款的，不属于票据保证。

3. 保证责任的承担

被保证的票据，保证人应当与被保证人对持票人承担连带责任。票据到期后得不到付款的，持票人有权向保证人请求付款，保证人应当足额付款。保证人为两人以上的，保证人之间承担连带责任。

4. 保证效力

保证人对合法取得票据的持票人所享有的票据权利，承担保证责任。但是，被保证人的债务因票据记载事项欠缺而无效的除外。保证不得附有条件；附有条件的，不影响对票据的保证责任。保证人清偿票据债务后，可以行使持票人对被保证人及其前手的追索权。

【例 11－13】 下列主体中，不能作为票据保证人的有（　　）。

A. 国家机关

B. 在法人书面授权范围内提供票据保证的企业法人的分支机构

C. 以公益为目的的事业单位

D. 企业法人的职能部门

四、支票

（一）支票的概念和适用范围

1. 支票的概念

支票是指出票人签发的、委托办理支票存款业务的银行在见票时无条件支付确定的金额给收款人或者持票人的票据。

支票的基本当事人包括出票人、付款人和收款人。出票人即存款人，是在批准办理支票业务的银行机构开立可以使用支票的存款账户的单位和个人；付款人是出票人的开户银行；持票人是票面上填明的收款人，也可以是经背书转让的被背书人。

2. 支票的适用范围

单位和个人在同一票据交换区域的各种款项结算，均可以使用支票。全国支票影像系统支持全国使用。

（二）支票付款

1. 提示付款

支票的提示付款期限自出票日起10日。持票人可以委托开户银行收款或直接向付款人提示付款。用于支取现金的支票仅限于收款人向付款人提示付款。持票人委托开户银行收款时，应作委托收款背书，在支票背面“背书人签章”栏签章、记载“委托收款”字样、背书日期，在“被背书人”栏记载开户银行名称，并将支票和填制的进账单送交开户银行。持票人持用于转账的支票向付款人提示付款时，应在支票背面“背书人签章”栏签章，并将支票和填制的进账单送交出票人开户银行。收款人持用于支取现金的支票向付款人提示付款时，应在支票背面“收款人签章”处签章，持票人为个人的，还需交验本人身份证件，并在支票背面注明证件名称、号码及发证机关。

收到空头支票怎么办？

2. 付款

出票人必须按照签发的支票金额承担保证向该持票人付款的责任。出票人在付款人处的存款足以支付支票金额时，付款人应当在见票当日足额付款。付款人依法支付支票金额的，对出票人不再承担受委托付款的责任，对持票人不再承担付款的责任。但付款人以恶意或者有重大过失付款的除外。

【例11－14】 下列关于支票的说法中，正确的有（　　）。

A. 支票的提示付款期限自出票日起10日

B. 支票的出票人预留银行签章是银行审核支票付款的依据，出票人不得签发与其预留银行签章不符的支票

C. 支票的金额、收款人名称，可以由出票人授权补记

D. 出票人签发的支票金额超过其签发时在付款人处实有的存款金额的，为空头支票

五、银行本票

（一）本票的概念和适用范围

本票是指出票人签发的，承诺自己在见票时无条件支付确定的金额给收款人或者持票人的票据。在我国，本票仅限于银行本票，即银行出票、银行付款。银行本票可以用于转账，注明“现金”字样的银行本票可以用于支取现金。单位和个人在同一票据交换区域需要支付的各种款项，均可使用银行本票。

（二）银行本票的付款

银行本票的提示付款期限自出票日起最长不得超过2个月。本票

的出票人在持票人提示见票时，必须承担付款的责任。持票人超过提示付款期限不获付款的，在票据权利时效内向出票银行作出说明，并提供本人身份证件或单位证明，可持银行本票向出票银行请求付款。

在银行开立存款账户的持票人向开户银行提示付款时，应在银行本票背面"持票人向银行提示付款签章"处签章，签章须与预留银行签章相同，并将银行本票、进账单送交开户银行。银行审查无误后办理转账。

未在银行开立存款账户的个人持票人，凭注明"现金"字样的银行本票向出票银行支取现金的，应在银行本票背面签章，记载本人身份证件名称、号码及发证机关，并交验本人身份证件及其复印件。

(三)银行本票的退款和丧失

申请人因银行本票超过提示付款期限或其他原因要求退款时，应将银行本票提交到出票银行。申请人为单位的，应出具该单位的证明；申请人为个人的，应出具该本人的身份证件。出票银行对于在本行开立存款账户的申请人，只能将款项转入原申请人账户；对于现金银行本票和未在本行开立存款账户的申请人，才能退付现金。

银行本票丧失，失票人可以凭人民法院出具的其享有票据权利的证明，向出票银行请求付款或退款。

【例 11—15】 下列关于银行本票的说法中，正确的有(　　)。

A. 银行本票的提示付款期限自出票日起最长不得超过 1 个月

B. 申请人或收款人为单位的，银行不得为其签发现金银行本票

C. 银行本票见票即付

D. 单位存款人向自己的开户银行提示付款时，应在银行本票背面"持票人向银行提示付款签章"处签章，签章须与预留银行签章相同

六、银行汇票

(一) 银行汇票的概念和适用范围

银行汇票是出票银行签发的，由其在见票时按照实际结算金额无条件支付给收款人或者持票人的票据。出票银行为银行汇票的付款人。银行汇票可以用于转账，填明"现金"字样的银行汇票也可以用于支取现金。单位和个人各种款项结算，均可使用银行汇票。

(二)银行汇票背书

被背书人受理银行汇票时，除按照收款人接受银行汇票进行相应的审查外，还应审查下列事项：

（1）银行汇票是否记载实际结算金额，有无更改，其金额是否超过出票金额。

（2）背书是否连续，背书人签章是否符合规定，背书使用粘单的是否按规定签章。

（3）背书人为个人的身份证件。

银行汇票的背书转让以不超过出票金额的实际结算金额为准。未填写实际结算金额或实际结算金额超过出票金额的银行汇票不得背书转让。

（三）银行汇票提示付款

银行汇票的提示付款期限自出票日起 1 个月。持票人超过付款期限提示付款的，代理付款人不予受理。持票人向银行提示付款时，须同时提交银行汇票和解讫通知，若缺少任何一联，则银行不予受理。持票人超过期限向代理付款银行提示付款不获付款的，须在票据权利时效内向出票银行作出说明，并提供本人身份证件或单位证明，持银行汇票和解讫通知向出票银行请求付款。

在银行开立存款账户的持票人向开户银行提示付款时，应在汇票背面“持票人向银行提示付款签章”处签章，签章须与预留银行签章相同，并将银行汇票和解讫通知、进账单送交开户银行。未在银行开立存款账户的个人持票人，可以向任何一家银行机构提示付款。提示付款时，应在汇票背面“持票人向银行提示付款签章”处签章，并填明本人身份证件名称、号码及发证机关，由其本人向银行提交身份证件及其复印件。

（四）银行汇票退款和丧失

申请人因银行汇票超过付款提示期限或其他原因要求退款时，应将银行汇票和解讫通知同时提交到出票银行。申请人为单位的，应出具该单位的证明；申请人为个人的，应出具该本人的身份证件。对于代理付款银行查询的该张银行汇票，应在汇票提示付款期满后方能办理退款。出票银行对于转账银行汇票的退款，只能转入原申请人账户；对于符合规定填明“现金”字样银行汇票的退款，才能退付现金。申请人缺少解讫通知要求退款的，出票银行应于银行汇票提示付款期满 1 个月后办理。银行汇票丧失，失票人可以凭人民法院出具的其享有票据权利的证明，向出票银行请求付款或退款。

【例 11—16】 下列关于银行汇票的表述中，正确的有（　　）。

A. 银行汇票的实际结算金额不得更改，且不得超过出票金额

B. 持票人向银行提示付款时，须同时提交银行汇票和解讫通知

C. 银行汇票的提示付款期限自出票日起 2 个月

D. 申请人或者收款人为单位的，可以申请使用现金银行汇票

七、商业汇票

（一）商业汇票的概念、种类和适用范围

商业汇票是出票人签发的，委托付款人在指定日期无条件支付确定的金额给收款人或者持票人的票据。商业汇票按照承兑人的不同分为商业承兑汇票和银行承兑汇票。商业汇票的付款人为承兑人。在银行开立存款账户的法人以及其他组织之间，必须具有真实的交易关系或债权债务关系，才能使用商业汇票。

（二）商业汇票的承兑

银行承兑汇票由银行承兑，商业承兑汇票由银行以外的付款人承兑。电子银行承兑汇票由银行业金融机构、财务公司承兑；电子商业承兑汇票由金融机构以外的法人或其他组织承兑。商业汇票可以在出票时向付款人提示承兑后使用，也可以在出票后先使用再向付款人提示承兑。付款人拒绝承兑的，必须出具拒绝承兑的证明。付款人承兑汇票后，应当承担到期付款的责任。

银行承兑汇票的出票人或持票人向银行提示承兑时，银行的信贷部门负责按照有关规定和审批程序，对出票人的资格、资信、购销合同和汇票记载的内容进行认真审查，必要时可由出票人提供担保。符合规定和承兑条件的，与出票人签订承兑协议。银行承兑汇票的承兑银行，应按票面金额向出票人收取 0.5‰的手续费。

（三）商业汇票的付款

1. 提示付款

商业汇票的提示付款期限，自汇票到期日起 10 日。持票人应在提示付款期限内通过开户银行委托收款或直接向付款人提示付款。对异地委托收款的，持票人可匡算邮程，提前通过开户银行委托收款。持票人超过提示付款期限提示付款的，持票人开户银行不予受理，但在作出说明后，承兑人或者付款人仍应当继续对持票人承担付款责任。电子商业汇票的提示付款日是指提示付款申请的指令进入人民银行电子商业汇票系统的日期。持票人依照规定提示付款的，付款人必须在当日

足额付款。

2.办理付款或拒绝付款

(1)商业承兑汇票的付款

商业承兑汇票的付款人开户银行收到通过委托收款寄来的商业承兑汇票,将商业承兑汇票留存,并及时通知付款人。付款人收到开户银行的付款通知,应在当日通知银行付款。付款人在接到通知日的次日起3日内(遇法定休假日顺延,下同)未通知银行付款的,视同付款人承诺付款。付款人提前收到由其承兑的商业汇票,应通知银行于汇票到期日付款。银行应于汇票到期日将票款划给持票人。

电子商业汇票的拒绝付款日是指驳回提示付款申请的指令进入人民银行电子商业汇票系统的日期。电子商业汇票的追索行为的发生日是指追索通知的指令进入人民银行电子商业汇票系统的日期。电子商业汇票的承兑、背书、保证、质押解除、付款和追索清偿行为的发生日是指相应的签收指令进入人民银行电子商业汇票系统的日期。

付款人存在合法抗辩事由拒绝支付的,应自接到通知的次日起3日内,作成拒绝付款证明送交开户银行,银行将拒绝付款证明和商业承兑汇票邮寄持票人开户银行转交持票人。

(2)银行承兑汇票的付款。

银行承兑汇票的出票人应于汇票到期前将票款足额交存其开户银行。承兑银行应在汇票到期日或到期日后的见票当日支付票款。承兑银行存在合法抗辩事由拒绝支付的,应自接到商业汇票的次日起3日内,作成拒绝付款证明,连同银行承兑汇票邮寄持票人开户银行转交持票人。

银行承兑汇票的出票人于汇票到期日未能足额交存票款时,承兑银行除凭票向持票人无条件付款外,对出票人尚未支付的汇票金额按照每天0.5‰计收利息。银行承兑汇票的付款人存在合法抗辩事由拒绝支付的,应自接到汇票的次日起3日内,作成拒绝付款证明,连同银行承兑汇票邮寄持票人开户银行转交持票人。

电子银行承兑汇票承兑后,出票人可以通过渠道发出提示收票申请,在票据提示付款期截止前将票据交付收款人。

【课后检测】

课后习题

1.票据的种类有哪些?

2.承兑程序包括哪些?

3.保证的记载事项有哪些内容?

4. 银行本票的适用范围是什么?

【任务实训】

比较分析各种票据的优缺点并在课堂上交流，以加深对票据的了解。

任务四　货币与结算制度

【任务导入】

振辉机械厂财务部8月15日开出两张票据：一张为面额10 000元的支票，用于向甲宾馆支付会议费，另一张为面额200 000元的银行承兑汇票，到期日为9月5日，用于向乙公司支付材料款，该汇票已经银行承兑。

8月20日，甲宾馆向银行提示付款。银行发行该支票为空头支票，遂予以退票，并对振辉机械厂处以1 000元罚款。甲宾馆要求振辉机械厂除支付其10 000元会议费外，还需另支付其2 000元赔偿金。

9月5日，乙公司向银行提示付款时，得知振辉机械厂的账户余额不足200 000元。

请思考：

1. 银行对振辉机械厂签发空头支票处以1 000元罚款是否符合法律规定?

2. 甲宾馆能否以振辉机械厂签发空头支票为由要求其支付2 000元赔偿金? 简要说明理由。

【法律课堂】

一、人民币法律制度

了解人民币

(一)人民币概述

人民币是中华人民共和国的法定货币，是中国经济主权的象征。由中国人民银行主要管理，中国人民银行负责人民币的设计、印制和发行。人民币的单位为元，人民币的辅币单位为角、分。

(二)人民币法律地位

中华人民共和国的法定货币是人民币。以人民币支付中华人民共和国境内的一切公共的和私人的债务，任何单位和个人不得拒收。

人民币与其他货币一样具有价值尺度、流通手段、贮藏手段、支付手段和世界货币五种职能。法定货币是国家以法律形式赋予强制性通用的货币。每个国家都有自己的法定货币，如美国的法定货币是美元；日本的法定货币是日元等；我国的法定货币是人民币。

（三）人民币发行原则

《中国人民银行法》第18条规定："人民币由中国人民银行统一印制、发行。"第20条规定："任何单位和个人不得印制、发售代币票券，以代替人民币在市场上流通。"我国人民币发行的原则主要有三条，即坚持经济发行，坚持计划发行，坚持集中统一。

坚持经济发行就是根据国民经济发展情况，按照商品流通的实际需要，通过银行信贷的渠道来发行，这是人民币发行的最基本原则。与经济发行原则相对应的是财政发行，即根据财政收支情况发行货币，财政发行虽然能起到弥补财政赤字的作用，但是它破坏了币值的稳定，是一种非理智的发行方法，所以必须坚持经济发行原则。

坚持计划发行就是货币的发行必须纳入整个国家的计划体系之中，按计划办理，以保证币值和物价的稳定，具体由中国人民银行总行提出，货币发行计划报国务院批准后实施。

坚持集中统一原则，意味着中国人民银行是我国唯一的货币发行机构，集中管理货币发行基金，无论是纸币还是硬币，无论是主币还是辅币均统一集中由中国人民银行发行，中国人民银行具有垄断的货币发行权。除此之外，财政部、其他金融机构以及任何单位和个人均无权发行货币和代用货币。

【例11－17】 下列关于人民币的论述中正确的是（　　）。

A. 人民币是中华人民共和国的法定货币

B. 人民币由中国商业银行管理

C. 以人民币支付中华人民共和国境内的一切公共的和私人的债务，任何单位和个人不得拒收

D. 我国人民币发行的原则主要有三条，坚持经济发行，坚持计划发行，坚持集中统一

二、结算制度

（一）支付结算的概念

支付结算是指单位、个人在社会经济活动中使用票据、银行卡和汇兑、托收承付、委托收款等结算方式进行货币给付及其资金清算的

行为。

银行(含城乡信用合作社,下同)以及单位(含个体工商户,下同)和个人是办理支付结算的主体。其中,银行是支付结算和资金清算的中介机构。未经中国人民银行批准的非银行金融机构和其他单位不得作为中介机构办理支付结算业务。

(二)结算方式

1. 现金结算

现金结算是转账结算的对称。指在商品交易、劳务供应等经济往来中直接使用现金进行应收应付款结算的行为,是货币结算的形式之一。在我国主要适用于单位与个人之间的款项收付,以及单位之间在转账结算起点金额以下的零星小额收付。

现金结算主要有两种渠道:一种是付款人直接将现金支付给收款人,不通过银行等中介机构;另一种是付款人委托银行和非银行金融机构或非金融机构,如邮局,将现金支付给收款人。

现金结算具有如下特点:

(1)直接和便利。在现金结算方式下,买卖双方一手交钱,一手交货,当面钱货两清,无须通过中介,因而对买卖双方来说是最为直接和便利的。同样在劳务供应、信贷存放和资金调拨方面,现金结算也是最为直接和便利的,因而广泛地被社会大众所接受。

(2)不安全性。由于现金使用极为广泛和便利,因而便成为不法分子觊觎的主要目标,很容易被偷盗、贪污、挪用。在现实经济生活中,大多数的经济犯罪活动和现金有关。此外,现金还容易因火灾、虫蛀、鼠咬等发生损失。

(3)不易宏观控制和管理。由于现金结算大部分不通过银行进行,因而使国家很难对其进行控制。过多的现金结算会使流通中的现钞过多,从而容易造成通货膨胀,增大对物价的压力。

(4)费用较高。使用现金结算各单位虽然可以减少银行的手续费用,但其清点、运送、保管的费用很大。对于整个国家来说,过多的现金结算会增大整个国家印制、保管、运送现金和回收废旧现钞等工作的费用和损失,浪费人力、物力和财力。因此国家实行现金管理,限制现金结算的范围。

【例 11－18】　关于现金结算,论述正确的是(　　)。

A. 现金结算又称转账结算

B. 现金结算主要有两种渠道

C. 现金结算具有安全性的特点

D. 现金结算容易进行宏观控制和管理

2. 汇兑结算

汇兑是汇款人委托银行将其款项支付给收款人的结算方式。汇兑分为电汇和信汇两种,由汇款人自行选择。单位和个人的各种款项的结算,均可使用汇兑结算方式。这种方式便于汇款人向异地的收款人主动付款,适用范围十分广泛。简而言之,汇兑即委托银行作为付款人进行付款。

信汇是汇款人向银行提出申请,同时交存一定金额及手续费,汇出行将信汇委托书以邮寄方式寄给汇入行,授权汇入行向收款人解付一定金额的一种汇兑结算方式。

电汇是汇款人将一定款项交存汇款银行,汇款银行通过电报或电传给目的地的分行或代理行(汇入行),指示汇入行向收款人支付一定金额的一种汇款方式。

在这两种汇兑结算方式中,信汇费用较低,但速度相对较慢,而电汇具有速度快的优点,但汇款人要负担较高的电报电传费用,因而通常只在紧急情况下或者金额较大时适用。另外,为了确保电报的真实性,汇出行在电报上加注双方约定的密码;而信汇则不须加密码,签字即可。

【例 11－19】　汇款人委托银行将其款项支付给收款人的结算方式称(　　)。

A. 现金结算　　B. 汇兑　　C. 委托收款　　D. 第三方支付

3. 委托收款结算

委托收款结算是收款单位(或销货单位)主动委托银行代向外地的付款单位(或购货单位)收取款项的结算方式。这种结算方式适用于各企业、事业单位之间的商品交易、劳务供应或其他应收款项。委托收款结算不受金额起点限制,只要付款单位同意就可以收款。银行不承担审查拒付和代收款单位扣款的责任。在付款单位账户存款不足支付或提出异议时,付款单位开户银行即将委托收款凭证退回,由收付双方自行解决,银行只代收款项,不负监督责任。

现已对这种结算方式进行改进,使其更加灵活方便。为此,银行为付款单位提供信用担保的做法,即保付委托收款结算,以利于收款单位发货或提供劳务后能及时收到价款。采用保付委托收款结算,应为收付双方互守信用的经济往来,双方必须在经济合同中说明,由付款单位到其开户银行申请担保付款证明并转交收款单位。收款单位发货或提供劳务后即可办理结算,付款单位开户银行应保证按期付款。如到期时付款单位无款支付,可由银行贷款解决。为解决收款单位采用委托收款结算先发货后收款的在途资金需要,经银行审查同意,可给予结算贷款支持。

4.第三方支付结算

第三方支付是指具备一定实力和信誉保障的独立机构,通过与银联或网联对接而促成交易双方进行交易的网络支付模式。

在第三方支付模式,买方选购商品后,使用第三方平台提供的账户进行货款支付(支付给第三方),并由第三方通知卖家货款到账、要求发货;买方收到货物,检验货物,并且进行确认后,再通知第三方付款;第三方再将款项转至卖家账户。

第三方支付具有显著的特点:

第一,第三方支付平台提供一系列的应用接口程序,将多种银行卡支付方式整合到一个界面上,负责交易结算中与银行的对接,使网上购物更加快捷、便利。消费者和商家不需要在不同的银行开设不同的账户,可以帮助消费者降低网上购物的成本,帮助商家降低运营成本;同时,还可以帮助银行节省网关开发费用,并为银行带来一定的潜在利润。

第二,较之 SSL、SET 等支付协议,利用第三方支付平台进行支付操作更加简单而易于接受。SSL 是应用比较广泛的安全协议,在 SSL 中只需要验证商家的身份。SET 协议是发展的基于信用卡支付系统的比较成熟的技术。但在 SET 中,各方的身份都需要通过 CA 进行认证,程序复杂,手续繁多,速度慢且实现成本高。有了第三方支付平台,商家和客户之间的交涉由第三方来完成,使网上交易变得更加简单。

第三,第三方支付平台本身依附于大型的门户网站,且以与其合作的银行的信用作为信用依托,因此第三方支付平台能够较好地突破网上交易中的信用问题,有利于推动电子商务的快速发展。

在通过第三方平台的交易中,买方选购商品后,使用第三方平台提供的账户进行货款支付,由对方通知卖家货款到达、进行发货;买方检验物品后,就可以通知付款给卖家。第三方支付平台的出现,从理论上讲，杜绝了电子交易中的欺诈行为，这也是由它的以上特点决定的。

【课后检测】

课后习题

1. 什么是支付结算？
2. 支付结算有哪些方式？

【任务实训】

任务五

证券法

班级之间分小组讨论各种支付方式的优缺点，然后在课堂上交流。

项目十二
会计和审计法

学习目标

素质目标

1. 通过对会计法的学习，提高学生的会计素养。
2. 通过对审计法的学习，提高学生的审计素养。

知识目标

1. 了解会计法律制度与审计法律制度的概念和构成。
2. 掌握有关会计管理体制、会计核算、会计监督、会计机构和会计人员的法律规定。
3. 掌握违反会计法律制度与审计法律制度的法律规定。
4. 掌握有关审计机关职责与权限的法律规定。

技能目标

1. 对我国会计规范体系，如会计法、会计准则、会计制度的实践应用和掌握。
2. 对单位内部的会计工作管理，主要包括对会计人员的管理规定和对单位负责人的管理规定的案例分析、应用。
3. 对会计法律责任与审计法律责任的种类，违反会计法律制度和审计法律制度规定行为应承担的法律责任的案例分析、应用。

项目导读

建立完善的社会主义市场经济体制，要求依法加强和规范会计工作，提高会计信息质量，为实现资源合理配置，提高经营决策、投资决策和宏观经济决策的科学性提供基础依据；要求加强财务会计监管和内部会计控制，促进会计信息的真实完整和充分披露，有效防范和化解经营风险、财务风险与金融风险，有效制止经济舞弊和违法犯罪，有效促进收益的合理分配和利益关系的协调顺畅，维护社会公众利益；要求加强会计标准的国际协调，切实发挥会计信息作为国际通用的商业语言的桥梁、纽带作用，促进扩大对外开放水平，增强我国经济的国际竞争力。而《中华人民共和国审计法》(以下简称《审计法》)的修订和颁布施行，是我国审计事业发展进程中的一件大事，有利于审计机关依法全面履行审计监督职责，规范审计行为，提高审计质量，防范审计风险，推动新时代审计工作高质量发展，更好发挥审计在党和国家监督体系中的重要作用，推进国家治理体系和治理能力现代化。

任务一　会计法

【任务导入】

A有限责任公司是一家中法合资经营企业，2010年8月11日，公司接到市财政局通知，市财政局将要来公司检查会计工作情况。公司董事长兼总经理胡某认为，公司作为中外合资经营企业，不应受《会计法》的约束，财政部门无权来检查。3月5日，公司会计科一名档案管理人员生病临时交接工作，胡某委托单位出纳员李某临时保管会计档案。6月30日，公司有一批保存期满的会计档案，按规定需要进行销毁。公司档案管理部门编制了会计档案销毁清册，档案管理部门的负责人在会计档案销毁清册上签了字，并于当天销毁。

请思考：

1. 公司董事长兼总经理胡某认为中外合资经营企业不受《会计法》约束的观点是否正确？

2. 该公司由出纳员临时保管会计档案的做法是否符合法律规定？

3. 该公司销毁会计档案的做法是否符合法律规定？

【法律课堂】

一、会计法概述

(一)会计法的概念

会计法是调整会计关系的法律规范的总称。所谓会计关系，是指企业、事业单位、国家机关、社会团体开展的经济活动和财务收支进行核算、分析、检查的一种经济管理关系。第六届全国人大常委会第九次会议于1985年1月21日通过《中华人民共和国会计法》(以下简称《会计法》)。该法1993年12月29日在第八届全国人大常委会第五次会议上进行了修订。1999年10月31日在第九届全国人大常委会第十二次会议上再次进行了修订。2017年11月4日在第十二届全国人大常委会第三十次会议上进行了第三次修订。广义的会计法还包括国家有关机关颁布的一切会计法规、规章等，如《会计人员职权条例》《企业财务通则》《企业会计准则》《关于惩治违反会计法犯罪的决定》等。

(二)会计法的适用

《会计法》规定：国家机关、社会团体、公司、企业、事业单位和其他组织(以下统称"单位")必须依照本法办理会计事务。根据《会计法》的规定，会计法适用于国家机关、社会团体、公司、企业、事业单位和其他组织。这里的"企业、事业单位"既包括国有企业、事业单位，也包括集体所有制企业和外商投资企业、在我国境内的外国企业。由于个体工商户在经营管理和会计核算上有一定的特殊性，《会计法》的适用范围不包括这些企业，但《会计法》的基本原则是适用的，对个体工商户会计核算的具体管理办法，由国务院专门规定。

二、会计核算的法律规定

(一)会计核算的概念

会计核算是会计的基本职能之一，是会计工作的重要环节。会计核算有广义和狭义之分。广义的会计核算是对国家机关、社会团体、公司、企业、事业单位和其他组织的经济活动全过程的核算，包括对经济活动全过程的记录、计算、预测、决策、控制、分析、考核等全部内容。狭义的会计核算是指以货币为主要计量单位，通过专门的程序和方法，对国家机关、公司、企业、事业单位等组织的经济活动和财务收支情况进行审核和计算。它只对经济活动和财务收支情况进行连续、系统、全面、综合的记录、计算、分析，并根据记录和计算的资料，编制会计报表，不包括预测、决策、控制等其他方面的内容。根据《会计法》的相关规定，各单位必须根据实际发生的经济业务事项进行会计核算，填制会计凭证，登记会计账簿，编制财务会计报告。任何单位不得以虚假的经济业务事项或者资料进行会计核算。

(二)会计核算的内容

《会计法》规定，下列经济业务事项，应当办理会计手续，进行会计核算：

(1)款项和有价证券的收付；

(2)财物的收发、增减和使用；

(3)债权债务的发生和结算；

(4)资本、基金的增减；

(5)收入、支出、费用、成本的计算；

(6)财务成果的计算和处理；

(7)需要办理会计手续、进行会计核算的其他事项。

(三)会计年度与记账本位币

会计年度是指以年度为单位进行会计核算的时间区间。我国《会计法》规定，会计年度自公历1月1日起至12月31日止。记账本位币是指日常登记账簿和编制财务会计报告用以计量的货币，也就是单位进行会计核算业务时所使用的货币。《会计法》规定，会计核算以人民币为记账本位币。业务收支以人民币以外的货币为主的单位，可以选定其中一种货币作为记账本位币，但是编报的财务会计报告应当折算为人民币。

(四)会计核算的方法、程序

1.一般要求

会计凭证、会计账簿、财务会计报告和其他会计资料，必须符合国家统一的会计制度的规定。使用电子计算机进行会计核算的，其软件及其生成的会计凭证、会计账簿、财务会计报告和其他会计资料，也必须符合国家统一的会计制度的规定。任何单位和个人不得伪造、变造会计凭证、会计账簿及其他会计资料，不得提供虚假的财务会计报告。

2.填制和审核会计凭证

会计凭证包括原始凭证和记账凭证。办理需要进行会计核算的经济业务事项，必须填制或者取得原始凭证并及时送交会计机构。

会计机构、会计人员必须按照国家统一的会计制度的规定对原始凭证进行审核，对不真实、不合法的原始凭证有权不予接受，并向单位负责人报告；对记载不准确、不完整的原始凭证予以退回，并要求按照国家统一的会计制度的规定更正、补充。

原始凭证记载的各项内容均不得涂改;原始凭证有错误的,应当由出具单位重开或者更正,更正处应当加盖出具单位印章。原始凭证金额有错误的,应当由出具单位重开,不得在原始凭证上更正。记账凭证应当根据经过审核的原始凭证及有关资料编制。

3. 会计账簿登记

会计账簿登记,必须以经过审核的会计凭证为依据,并符合有关法律、行政法规和国家统一的会计制度的规定。会计账簿包括总账、明细账、日记账和其他辅助性账簿。

会计账簿应当按照连续编号的页码顺序登记。会计账簿记录发生错误或者隔页、缺号、跳行的,应当按照国家统一的会计制度规定的方法更正,并由会计人员和会计机构负责人(会计主管人员)在更正处盖章。使用电子计算机进行会计核算的,其会计账簿的登记、更正,应当符合国家统一的会计制度的规定。

4. 会计核算的规则要求

(1)各单位发生的各项经济业务事项应当在依法设置的会计账簿上统一登记、核算,不得违反《会计法》和国家统一的会计制度的规定私设会计账簿和登记、核算。各单位应当定期将会计账簿记录与实物、款项及有关资料相互核对,保证会计账簿记录与实物及款项的实有数额相符、会计账簿记录与会计凭证的有关内容相符、会计账簿之间相对应的记录相符、会计账簿记录与会计报表的有关内容相符。

(2)各单位采用的会计处理方法,前后各期应当一致,不得随意变更;确有必要变更的,应当按照国家统一的会计制度的规定变更,并将变更的原因、情况及影响在财务会计报告中说明。单位提供的担保、未决诉讼等或有事项,应当按照国家统一的会计制度的规定,在财务会计报告中予以说明。

(3)财务会计报告应当根据经过审核的会计账簿记录和有关资料编制,并符合《会计法》和国家统一的会计制度关于财务会计报告的编制要求、提供对象和提供期限的规定;其他法律、行政法规另有规定的,从其规定。财务会计报告由会计报表、会计报表附注和财务情况说明书组成。向不同的会计资料使用者提供的财务会计报告,其编制依据应当一致。有关法律、行政法规规定会计报表、会计报表附注和财务情况说明书须经注册会计师审计的,注册会计师及其所在的会计师事务所出具的审计报告应当随同财务会计报告一并提供。

(4)财务会计报告应当由单位负责人和主管会计工作的负责人、会计机构负责人（会计主管人员）签名并盖章；设置总会计师的单位，还须由总会计师签名并盖章。单位负责人应当保证财务会计报告真实、完整。

（5）会计记录的文字应当使用中文。在民族自治地方，会计记录可以同时使用当地通用的一种民族文字。在中国境内的外商投资企业、外国企业和其他外国组织的会计记录可以同时使用一种外国文字。

会计档案管理

5. 会计档案的保管

各单位每年形成的会计档案，都应由财务会计部门按照归档要求，负责整理立卷或装订成册。档案部门接受保管的会计档案，原则上应当保持原卷册的封装，个别需要拆封重新整理的，应当会同原财务会计部门和经办人员共同拆封整理，以分清责任。向外单位提供时，档案原件原则上不得借出，如有特殊需要，须报经上级主管单位批准，但不得拆散卷册，并应限期归还。会计档案保管期满需要销毁时，由本单位档案部门提供销毁意见，会同财务会计部门共同鉴定，严格审查，编制会计档案销毁清册。

各种会计档案的保管期限，根据其特点分为永久、定期两类。定期保管期又分为10年和30年两类（新《会计档案管理办法》将会计档案定期保管期限由原来的3年、5年、10年、15年、25年五类调整为10年和30年两类，其中会计凭证及会计账簿等主要会计档案的最低保管期限延长至30年，其他辅助会计资料最低保管期限延长至10年）。《会计档案管理办法》还按预算会计、银行会计、企业会计和建设单位会计，具体规定了会计档案保管期限表，以适应不同专业会计特点的需要。

（五）公司、企业会计核算的特别规定

公司、企业进行会计核算，除应当遵守《会计法》关于会计核算的规定外，还必须根据实际发生的经济业务事项，按照国家统一的会计制度的规定确认、计量和记录资产、负债、所有者权益、收入、费用、成本和利润。公司、企业进行会计核算不得有下列行为：

（1）随意改变资产、负债、所有者权益的确认标准或者计量方法，虚列、多列、不列或者少列资产、负债、所有者权益；

（2）虚列或者隐瞒收入，推迟或者提前确认收入；

（3）随意改变费用、成本的确认标准或者计量方法，虚列、多列、不列或者少列费用、成本；

（4）随意调整利润的计算、分配方法，编造虚假利润或者隐瞒利润；

（5）违反国家统一的会计制度规定的其他行为。

三、会计监督的法律规定

(一)会计监督的概念

会计监督是指会计机构、会计人员在办理财务会计事务过程中，对本单位执行国家财政制度和财务制度的情况以及生产经营活动所实行的监察和督促。会计监督是会计工作的又一重要职能。会计监督的机构和人员，可分为内部和外部。内部监督机构和人员，是指各单位的会计机构、会计人员，他们对本单位实行会计监督；外部监督机构和人员，是指本单位以外的负有监督职权的国家机关、部门和人员。

(二)内部会计监督机构和人员

单位内部会计监督制度应当符合下列要求：

(1)记账人员与经济业务事项和会计事项的审批人员、经办人员、财务保管人员的职责权限应当明确，并相互分离、相互制约；

(2)重大对外投资、资产处置、资金调度和其他重要经济业务的决策和执行的相互监督、相互制约程序应当明确；

(3)财产清查的范围、期限和组织程序应当明确；

(4)对会计资料定期进行内部审计的办法和程序应当明确。

单位负责人应当保证会计机构、会计人员依法履行职责，不得授意、指使、强令会计机构、会计人员违法办理会计事项。会计机构、会计人员对违反《会计法》和国家统一的会计制度规定的会计事项，有权拒绝办理或者按照职权予以纠正。

会计机构、会计人员发现会计账簿记录与实物、款项及有关资料不相符的，按照国家统一的会计制度的规定有权自行处理的，应当及时处理；无权处理的，应当立即向单位负责人报告，请求查明原因，作出处理。

任何单位和个人对违反《会计法》和国家统一的会计制度规定的行为，有权检举。收到检举的部门有权处理的，应当依法按照职责分工及时处理；无权处理的，应当及时移送有权处理的部门处理。收到检举的部门、负责处理的部门应当为检举人保密，不得将检举人姓名和检举材料转给被检举单位和被检举人个人。

(三)会计工作的国家监督

财政部门有权对会计师事务所出具审计报告的程序和内容进行监督。财政部门对各单位的下列情况实施监督：

(1)是否依法设置会计账簿；

(2)会计凭证、会计账簿、财务会计报告和其他会计资料是否真实、完整；

(3)会计核算是否符合《会计法》和国家统一的会计制度的规定；

(4)从事会计工作的人员是否具备专业能力、遵守职业道德。

在对前述第(2)项所列事项实施监督，发现重大违法嫌疑时，国务院财政部门及其派出机构可以向与被监督单位有经济业务往来的单位和被监督单位开立账户的金融机构查询有关情况，有关单位和金融机构应当给予支持。

除财政部门的监督外，审计、税务、人民银行、证券监管、保险监管等部门也应当依照有关法律、行政法规规定的职责，对有关单位的会计资料实施监督检查。上述所列监督检查部门对有关单位的会计资料依法实施监督检查后，应当出具检查结论。有关监督检查部门已经做出的检查结论能够满足其他监督检查部门履行本部门职责需要的，其他监督检查部门应当加以利用，避免重复查账。

依法对有关单位的会计资料实施监督检查的部门及其工作人员对在监督检查中知悉的国家秘密和商业秘密负有保密义务。

各单位必须依照有关法律、行政法规的规定，接受有关监督检查部门依法实施的监督检查，如实提供会计凭证、会计账簿、财务会计报告和其他会计资料以及有关情况，不得拒绝、隐匿、谎报。

(四)会计工作的社会监督

会计工作的社会监督，主要是指由注册会计师及其所在的会计师事务所依法对受托单位的经济活动进行审计、鉴证的一种监督制度。

根据《会计法》的规定，有关法律、行政法规规定，须经注册会计师进行审计的单位，应当向受委托的会计师事务所如实提供会计凭证、会计账簿、财务会计报告和其他会计资料以及有关情况。任何单位或者个人不得以任何方式要求或者示意注册会计师及其所在的会计师事务所出具不实或者不当的审计报告。

四、会计机构和会计人员的法律规定

(一)会计机构和会计人员设置

各单位应当根据会计业务的需要，设置会计机构，或者在有关机构中设置会计人员并指定会计主管人员；不具备设置条件的，应当委托经批准设立从事会计代理记账业务的中介机构代理记账。国有的和国有资产占控股地位或者主导地位的大、中型企业必须设置总会计师。总会计师的任职资格、任免程序、职责权限由国务院规定。

会计机构内部应当建立稽核制度。出纳人员不得兼任稽核、会计档案保管和收入、支出、费用、债权债务账目的登记工作。

(二)会计人员的资格

会计人员应当具备从事会计工作所需要的专业能力。担任单位会计机构负责人(会计主管人员)的,除取得会计从业资格证书外,还应当具备会计师以上专业技术职务资格或者从事会计工作3年以上经历。会计人员的范围由国务院财政部门规定。因有提供虚假财务会计报告,做假账,隐匿或者故意销毁会计凭证、会计账簿、财务会计报告,贪污,挪用公款,职务侵占等与会计职务有关的违法行为被依法追究刑事责任的人员,不得再从事会计工作。会计人员应当遵守职业道德,提高业务素质。

(三)会计人员的工作交接

会计人员调动工作或者离职,必须与接管人员办清交接手续。

一般会计人员办理交接手续,由会计机构负责人(会计主管人员)监交;会计机构负责人(会计主管人员)办理交接手续,由单位负责人监交,必要时主管单位可以派人会同监交。

会计工作交接

五、会计法律责任

(一)违反会计核算规定的法律责任

有下列行为之一的,由县级以上人民政府财政部门责令限期改正,可以对单位并处3 000元以上、5万元以下的罚款;对其直接负责的主管人员和其他直接责任人员,可以处2 000元以上、2万元以下的罚款;属于国家工作人员的,还应当由其所在单位或者有关单位依法给予行政处分:

(1)不依法设置会计账簿的;

(2)私设会计账簿的;

(3)未按照规定填制、取得原始凭证或者填制、取得的原始凭证不符合规定的;

(4)以未经审核的会计凭证为依据登记会计账簿或者登记会计账簿不符合规定的;

(5)随意变更会计处理方法的;

(6)向不同的会计资料使用者提供的财务会计报告编制依据不一致的;

(7)未按照规定使用会计记录文字或者记账本位币的;

(8)未按照规定保管会计资料,致使会计资料毁损、灭失的;

(9)未按照规定建立并实施单位内部会计监督制度或者拒绝依法实施的监督或者不如实提供有关会计资料及有关情况的;

(10)任用会计人员不符合《会计法》规定的。

有前述所列行为之一,构成犯罪的,依法追究刑事责任。

(二)违反会计监督的法律责任

(1)伪造、变造会计凭证、会计账簿,编制虚假财务会计报告,构成犯罪的,依法追究刑事责任。有上述行为,尚不构成犯罪的,由县级以上人民政府财政部门予以通报,可以对单位并处5 000元以上、10万元以下的罚款;对其直接负责的主管人员和其他直接责任人员,可以处3 000元以上、5万元以下的罚款;属于国家工作人员的,还应当由其所在单位或者有关单位依法给予撤职直至开除的行政处分;其中的会计人员,5年内不得从事会计工作。

(2)隐匿或者故意销毁依法应当保存的会计凭证、会计账簿、财务会计报告,构成犯罪的,依法追究刑事责任。有上述行为,尚不构成犯罪的,由县级以上人民政府财政部门予以通报,可以对单位并处5 000元以上、10万元以下的罚款;对其直接负责的主管人员和其他直接责任人员,可以处3 000元以上、5万元以下的罚款;属于国家工作人员的,还应当由其所在单位或者有关单位依法给予撤职直至开除的行政处分;对其中的会计人员,5年内不得从事会计工作。

(3)授意、指使、强令会计机构、会计人员及其他人员伪造、变造会计凭证、会计账簿,编制虚假财务会计报告或者隐匿、故意销毁依法应当保存的会计凭证、会计账簿、财务会计报告,构成犯罪的,依法追究刑事责任;尚不构成犯罪的,可以处5 000元以上、5万元以下的罚款;属于国家工作人员的,还应当由其所在单位或者有关单位依法给予降级、撤职、开除的行政处分。

【例12－1】 下列情形中,不违背《会计法》规定的是(　　)。

A. 由出纳人员保管签发支票所需的全部印章

B. 由出纳人员兼任费用总账和明细账的登记工作

C. 由出纳人员兼任会计档案保管工作

D. 由出纳人员兼任固定资产明细账登记工作

案例分析

【例 12—2】 2003 年 5 月，某市财政局对某服装公司进行例行检查，发现服装公司在 2003 年 4 月发生以下事项：

(1)主管债权、债务账目登记的会计人员丁某休产假，公司一时找不到合适人选，决定由出纳杨某兼任。

(2)存货计价方法发生了变更，原 1 月到 3 月为先进先出法，4 月起改为后进先出法，在财务会计报告中也未说明变更原因。

(3)处理生产服装剩余的边角料，取得收入 2 000 元，出纳杨某将该笔收入在公司会计账册之外另立账册登记保管。

(4)有一张已入账购货发票，大写金额为叁仟伍佰陆拾元整，小写金额由原来的 3 650 元更正为 3 560 元。

(5)3 月份会计报告由公司负责人和主管会计工作的负责人、会计机构负责人盖章后向外报送。

(6)录用小王为会计人员，从事公司应收账款的登记工作，小王尚未取得会计从业资格证书。

请问：

根据上述资料和《会计法》有关规定，分析以上哪些事项不符合《会计法》规定，并说明理由。

(三)侵犯会计人员职权的法律责任

单位负责人对依法履行职责、抵制违反《会计法》规定行为的会计人员以降级、撤职、调离工作岗位、解聘或者开除等方式实行打击报复，构成犯罪的，依法追究刑事责任；尚不构成犯罪的，由其所在单位或者有关单位依法给予行政处分。对受打击报复的会计人员，应当恢复其名誉和原有职务、级别。

【课后检测】

1. 会计核算的法律规定有哪些内容？
2. 会计监督的法律规定有哪些内容？
3. 违反《会计法》的法律责任分别有哪些？

课后习题

【任务实训】

2019 年，某市财政局派出检查组对市属某国有冷饮厂的会计工作进行检查。了解到以下情况：

(1)2018 年 12 月，该厂从现金收入中直接支取 5 万元用于职工福利，会计科长刘某称，当时曾口头向厂长反映这样做不妥，但厂长仍要求其办理。

（2）2018 年 11 月，该厂档案科会同其他部门销毁无用会计档案，经厂长签字后，按规定进行了监销。经查，销毁的会计档案中有一些是保管期满但未及时结清的债权债务原始凭证。

请问：

上述情况中哪些行为不符合《会计法》的规定？班级分组讨论。

任务二　审计法

【任务导入】

注册会计师王红通过对 CA 公司存货项目的相关内部控制制度进行分析评价后，发现该公司存在下列五种可能导致出现错误的状况：

（1）期末存货未经认真盘点；

（2）接近资产负债表日前入库的 A 产品可能已记入存货项目，但可能未进行相关的会计记录；

（3）由×××公司代管的甲材料可能并不存在；

（4）×××公司存放在 CA 公司仓库的乙材料可能已记入 CA 公司的存货项目；

（5）本次审计为 CA 公司成立以来的首次审计。

请思考：

根据上述情况分别指出各自的审计程序、审计目标和应收集哪些审计证据。

【法律课堂】

一、审计法概述

《审计法》是为了加强国家的审计监督，维护国家财政经济秩序，提高财政资金使用效益，促进廉政建设，保障国民经济和社会健康发展，根据《宪法》制定的法律。1994 年 8 月 31 日第八届全国人民代表大会常务委员会第九次会议通过。

根据 2006 年 2 月 28 日第十届全国人民代表大会常务委员会第二十次会议《关于修改〈中华人民共和国审计法〉的决定》第一次修正。

根据 2021 年 10 月 23 日第十三届全国人民代表大会常务委员会

第三十一次会议《关于修改〈中华人民共和国审计法〉的决定》第二次修正。并于2022年1月1日施行。

二、审计机关的职责与权限

(一)审计机关职责

根据《审计法》的规定,审计机关的职责如下:

(1)审计机关对本级各部门(含直属单位)和下级政府预算的执行情况和决算以及其他财政收支情况,进行审计监督。

(2)审计署在国务院总理领导下,对中央预算执行情况、决算草案以及其他财政收支情况进行审计监督,向国务院总理提出审计结果报告。地方各级审计机关分别在省长、自治区主席、市长、州长、县长、区长和上一级审计机关的领导下,对本级预算执行情况、决算草案以及其他财政收支情况进行审计监督,向本级人民政府和上一级审计机关提出审计结果报告。

(3)审计署对中央银行的财务收支,进行审计监督。审计机关对国家的事业组织和使用财政资金的其他事业组织的财务收支,进行审计监督。

(4)审计机关对国有企业、国有金融机构和国有资本占控股地位或者主导地位的企业、金融机构的资产、负债、损益以及其他财务收支情况,进行审计监督。遇有涉及国家财政金融重大利益情形,为维护国家经济安全,经国务院批准,审计署可以对前款规定以外的金融机构进行专项审计调查或者审计。

(5)审计机关对政府投资和以政府投资为主的建设项目的预算执行情况和决算,对其他关系国家利益和公共利益的重大公共工程项目的资金管理使用和建设运营情况,进行审计监督。

(6)审计机关对国有资源、国有资产,进行审计监督。审计机关对政府部门管理的和其他单位受政府委托管理的社会保险基金、全国社会保障基金、社会捐赠资金以及其他公共资金的财务收支,进行审计监督。

(7)审计机关对国际组织和外国政府援助、贷款项目的财务收支,进行审计监督。

(8)根据经批准的审计项目计划安排,审计机关可以对被审计单位贯彻落实国家重大经济社会政策措施情况进行审计监督。

(9)除本法规定的审计事项外,审计机关对其他法律、行政法规规定应当由审计机关进行审计的事项,依照本法和有关法律、行政法规的规定进行审计监督。

(10)审计机关可以对被审计单位依法应当接受审计的事项进行全面审计,也可以对其中的特定事项进行专项审计。

(11)审计机关有权对与国家财政收支有关的特定事项,向有关地方、部门、单位进行专项审计调查,并向本级人民政府和上一级审计机关报告审计调查结果。

(12)审计机关履行审计监督职责,发现经济社会运行中存在风险隐患的,应当及时向本级人民政府报告或者向有关主管机关、单位通报。

(13)审计机关根据被审计单位的财政、财务隶属关系或者国有资源、国有资产监督管理关系,确定审计管辖范围。审计机关之间对审计管辖范围有争议的,由其共同的上级审计机关确定。上级审计机关对其审计管辖范围内的审计事项,可以授权下级审计机关进行审计,但本法第 18 条至第 20 条规定的审计事项不得进行授权;上级审计机关对下级审计机关审计管辖范围内的重大审计事项,可以直接进行审计,但是应当防止不必要的重复审计。

(14)被审计单位应当加强对内部审计工作的领导,按照国家有关规定建立健全内部审计制度。审计机关应当对被审计单位的内部审计工作进行业务指导和监督。

(15)社会审计机构审计的单位依法属于被审计单位的,审计机关按照国务院的规定,有权对该社会审计机构出具的相关审计报告进行核查。

(二)审计机关的权限

根据《审计法》的规定,审计机关的权限如下:

(1)审计机关有权要求被审计单位按照审计机关的规定提供财务、会计资料以及与财政收支、财务收支有关的业务、管理等资料,包括电子数据和有关文档。被审计单位不得拒绝、拖延、谎报。被审计单位负责人应当对本单位提供资料的及时性、真实性和完整性负责。审计机关对取得的电子数据等资料进行综合分析,需要向被审计单位核实有关情况的,被审计单位应当予以配合。

(2)国家政务信息系统和数据共享平台应当按照规定向审计机关开放。审计机关通过政务信息系统和数据共享平台取得的电子数据等资料能够满足需要的,不得要求被审计单位重复提供。

(3)审计机关进行审计时,有权检查被审计单位的财务、会计资料以及与财政收支、财务收支有关的业务、管理等资料和资产,有权检查被审计单位信息系统的安全性、可靠性、经济性，被审计单位不得拒绝。

(4)审计机关进行审计时，有权就审计事项的有关问题向有关单位和个人进行调查，并取得有关证明材料。有关单位和个人应当支持、协助审计机关工作，如实向审计机关反映情况，提供有关证明材料。

审计机关经县级以上人民政府审计机关负责人批准，有权查询被审计单位在金融机构的账户。

审计机关有证据证明被审计单位违反国家规定将公款转入其他单位、个人在金融机构账户的，经县级以上人民政府审计机关主要负责人批准，有权查询有关单位、个人在金融机构与审计事项相关的存款。

(5)审计机关进行审计时，被审计单位不得转移、隐匿、篡改、毁弃财务、会计资料以及与财政收支、财务收支有关的业务、管理等资料，不得转移、隐匿、故意毁损所持有的违反国家规定取得的资产。

审计机关对被审计单位违反前款规定的行为，有权予以制止；必要时，经县级以上人民政府审计机关负责人批准，有权封存有关资料和违反国家规定取得的资产；对其中在金融机构的有关存款需要予以冻结的，应当向人民法院提出申请。

审计机关对被审计单位正在进行的违反国家规定的财政收支、财务收支行为，有权予以制止；制止无效的，经县级以上人民政府审计机关负责人批准，通知财政部门和有关主管机关、单位暂停拨付与违反国家规定的财政收支、财务收支行为直接有关的款项，已经拨付的，暂停使用。

审计机关采取前两款规定的措施不得影响被审计单位合法的业务活动和生产经营活动。

(6)审计机关认为被审计单位所执行的上级主管机关、单位有关财政收支、财务收支的规定与法律、行政法规相抵触的，应当建议有关主管机关、单位纠正；有关主管机关、单位不予纠正的，审计机关应当提请有权处理的机关、单位依法处理。

(7)审计机关可以向政府有关部门通报或者向社会公布审计结果。审计机关通报或者公布审计结果，应当保守国家秘密、工作秘密、商业秘密、个人隐私和个人信息，遵守法律、行政法规和国务院的有关规定。

(8)审计机关履行审计监督职责，可以提请公安、财政、自然资源、生态环境、海关、税务、市场监督管理等机关予以协助。有关机关应当依法予以配合。

【例 12—3】 审计机关应当建设(　　)的高素质专业化审计队伍。审计机关应当加强(　　)的监督，督促审计人员(　　)。审计机关和审计人员应当(　　)。

A. 信念坚定、为民服务、业务精通、作风务实、敢于担当、清正廉洁

B. 对审计人员遵守法律和执行职务情况

C. 依法履职尽责

D. 依法接受监督

三、审计程序

根据《审计法》，审计程序的相关规定如下：

(1)审计机关根据经批准的审计项目计划确定的审计事项组成审计组，并应当在实施审计 3 日前，向被审计单位送达审计通知书；遇有特殊情况，经县级以上人民政府审计机关负责人批准，可以直接持审计通知书实施审计。

被审计单位应当配合审计机关的工作，并提供必要的工作条件。审计机关应当提高审计工作效率。

(2)审计人员通过审查财务、会计资料，查阅与审计事项有关的文件、资料，检查现金、实物、有价证券和信息系统，向有关单位和个人调查等方式进行审计，并取得证明材料。

向有关单位和个人进行调查时，审计人员应当不少于 2 人，并出示其工作证件和审计通知书副本。

(3)审计组对审计事项实施审计后，应当向审计机关提出审计组的审计报告。审计组的审计报告报送审计机关前，应当征求被审计单位的意见。被审计单位应当自接到审计组的审计报告之日起 10 日内，将其书面意见送交审计组。审计组应当将被审计单位的书面意见一并报送审计机关。

(4)审计机关按照审计署规定的程序对审计组的审计报告进行审议，并对被审计单位对审计组的审计报告提出的意见一并研究后，出具审计机关的审计报告。对违反国家规定的财政收支、财务收支行为，依法应当给予处理、处罚的，审计机关在法定职权范围内作出审计决定；需要移送有关主管机关、单位处理、处罚的，审计机关应当依法移送。

审计机关应当将审计机关的审计报告和审计决定送达被审计单位和有关主管机关、单位，并报上一级审计机关。审计决定自送达之日起生效。

(5)上级审计机关认为下级审计机关作出的审计决定违反国家有关规定的,可以责成下级审计机关予以变更或者撤销,必要时也可以直接作出变更或者撤销的决定。

四、审计法律责任

根据《审计法》的规定,审计法律责任如下:

(1)被审计单位违反本法规定,拒绝、拖延提供与审计事项有关的资料的,或者提供的资料不真实、不完整的,或者拒绝、阻碍检查、调查、核实有关情况的,由审计机关责令改正,可以通报批评,给予警告;拒不改正的,依法追究法律责任。

(2)被审计单位违反本法规定,转移、隐匿、篡改、毁弃财务、会计资料以及与财政收支、财务收支有关的业务、管理等资料,或者转移、隐匿、故意毁损所持有的违反国家规定取得的资产,审计机关认为对直接负责的主管人员和其他直接责任人员依法应当给予处分的,应当向被审计单位提出处理建议,或者移送监察机关和有关主管机关、单位处理,有关机关、单位应当将处理结果书面告知审计机关;构成犯罪的,依法追究刑事责任。

(3)对本级各部门(含直属单位)和下级政府违反预算的行为或者其他违反国家规定的财政收支行为,审计机关、人民政府或者有关主管机关、单位在法定职权范围内,依照法律、行政法规的规定,区别情况采取下列处理措施:①责令限期缴纳应当上缴的款项;②责令限期退还被侵占的国有资产;③责令限期退还违法所得;④责令按照国家统一的财务、会计制度的有关规定进行处理;⑤其他处理措施。

(4)对被审计单位违反国家规定的财务收支行为,审计机关、人民政府或者有关主管机关、单位在法定职权范围内,依照法律、行政法规的规定,区别情况采取前条规定的处理措施,并可以依法给予处罚。

(5)审计机关在法定职权范围内作出的审计决定,被审计单位应当执行。

审计机关依法责令被审计单位缴纳应当上缴的款项,被审计单位拒不执行的,审计机关应当通报有关主管机关、单位,有关主管机关、单位应当依照有关法律、行政法规的规定予以扣缴或者采取其他处理措施,并将处理结果书面告知审计机关。

(6)被审计单位应当按照规定时间整改审计查出的问题,将整改情况报告审计机关,同时向本级人民政府或者有关主管机关、单位报告,并按照规定向社会公布。

各级人民政府和有关主管机关、单位应当督促被审计单位整改审计查出的问题。审计机关应当对被审计单位整改情况进行跟踪检查。

审计结果以及整改情况应当作为考核、任免、奖惩领导干部和制定政策、完善制度的重要参考；拒不整改或者整改时弄虚作假的，依法追究法律责任。

(7)被审计单位对审计机关作出的有关财务收支的审计决定不服的，可以依法申请行政复议或者提起行政诉讼。

被审计单位对审计机关作出的有关财政收支的审计决定不服的，可以提请审计机关的本级人民政府裁决，本级人民政府的裁决为最终决定。

(8)被审计单位的财政收支、财务收支违反国家规定，审计机关认为对直接负责的主管人员和其他直接责任人员依法应当给予处分的，应当向被审计单位提出处理建议，或者移送监察机关和有关主管机关、单位处理，有关机关、单位应当将处理结果书面告知审计机关。

(9)被审计单位的财政收支、财务收支违反法律、行政法规的规定，构成犯罪的，依法追究刑事责任。

(10)报复陷害审计人员的，依法给予处分；构成犯罪的，依法追究刑事责任。

(11)审计人员滥用职权、徇私舞弊、玩忽职守或者泄露、向他人非法提供所知悉的国家秘密、工作秘密、商业秘密、个人隐私和个人信息的，依法给予处分；构成犯罪的，依法追究刑事责任。

【例12－4】《审计法》的修订和颁布施行，有利于审计机关(　　)，推动新时代审计工作高质量发展，更好发挥审计在党和国家监督体系中的重要作用，推进国家治理体系和治理能力现代化。

A. 依法全面履行审计监督职责

B. 规范审计行为

C. 提高审计质量

D. 防范审计风险

案例分析

【例12－5】 甲公司为一家房地产上市公司，是ABC会计师事务所常年审计客户，2014年甲公司继续聘请ABC会计师事务所为其审计2013年财务报表，在审计的过程中，ABC会计师事务所遇到下列与职业道德相关的事项：

(1)ABC会计师事务所委派A注册会计师担任甲公司2013年度财务报表审计项目合伙人。A注册会计师曾担任2007年度至2011年度财务报表审计项目合伙人,但未担任甲公司2012年度财务报表审计项目合伙人。

(2)审计项目组成员B的父亲与甲公司董事长C于2013年初共同投资了一家餐饮企业,二人各持股50%。

(3)甲公司总经理D于2012年12月离开ABC会计师事务所加入甲公司,离开前曾作为审计合伙人负责甲公司2012年财务报表审计工作。

(4)审计项目组成员E今年结婚欲购买一套婚房,甲公司得知该情况,以内部员工价销售给E一套房产,市场价值为260万元。

(5)甲公司与ABC会计师事务所洽谈,除提供报表审计服务之外,另为其提供评估服务,报酬另付,以帮助其履行纳税申报义务。该评估结果不对财务报表产生直接影响。

(6)乙公司为甲公司的母公司,审计项目组成员F的妻子在乙公司担任副经理。

请问:

针对上述(1)至(6)项,逐项指出ABC会计师事务所及其人员是否违反中国注册会计师职业道德守则,并简要说明理由。

【课后检测】

课后习题

1. 什么是审计法?
2. 审计机关的职责与权限分别有哪些?
3. 我国《审计法》对审计程序有哪些规定?
4. 违反《审计法》的法律责任有哪些?

【任务实训】

认真学习会计法与审计法,比较二者的侧重点有什么不同,在课堂上交流。

参考文献

[1]国家司法考试辅导用书编辑委员会. 国家司法考试辅导用书[M]. 北京:法律出版社,2012.

[2]李昌麒. 经济法学 (第 3 版)[M]. 北京:法律出版社,2016.

[3]财政部会计资格评价中心. 2010 年度全国会计专业技术资格考试辅导教材:经济法[M]. 北京:中国财政经济出版社,2010.

[4]杨紫烜. 经济法 [M]. 北京:北京大学出版社,2015.

[5]刘泽海,新编经济法教程[M]. 北京:清华大学出版社,2011.

[6]漆多俊. 经济法基础理论 (第 5 版)[M]. 北京:法律出版社,2017.

[7]殷洁. 经济法 (第 6 版)[M]. 北京:法律出版社,2017.

[8]柯新华. 经济法原理与实务[M]. 上海:上海财经大学出版社,2010.

[9]顾功耘. 经济法教程 (第 3 版)[M]. 上海:上海人民出版社,2016.

[10]赵威. 经济法 (第 6 版)[M]. 北京:中国人民大学出版社,2017.

[11]郭若愚. 经济法 [M]. 北京:清华大学出版社,2014.

[12]陈践,梁静,张丹,李杰. 经济法概论 [M]. 北京:清华大学出版社,2017.

[13]曲振涛. 经济法教程 (第 3 版)[M]. 北京:高等教育出版社,2015.

[14]周艳军,于彤. 经济法 (第 2 版)[M]. 上海:上海财经大学出版社,2016.

[15]国务院法制办公室. 中华人民共和国合伙企业法[M]. 北京:中国法制出版社,2010.

[16]中国注册会计师协会. 经济法 [M]. 北京:中国财政经济出版社,2017.

[17]国务院法制办公室. 中华人民共和国个人独资企业法[M]. 北

京:法律出版社,1999.

[18]财政部会计资格评价中心.经济法基础[M].北京:经济科学出版社,2017.

[19]法律出版社法规中心,中华人民共和国反垄断法(注释本)[M].北京:法律出版社,2008.

[20]黄洁洵.经济法基础[M].上海:上海财经大学出版社,2017.

[21]国务院法制办公室.中华人民共和国反不正当竞争法(实用版)[M].北京:中国法制出版社,2010.

[22]田春苗.经济法案例分析[M].北京:中国政法大学出版社,2013.

[23]张艳兵,白丽丽.经济法案例教程[M].成都:四川大学出版社,2014.

[24]邸晨霞,陈秀芹.经济法案例分析指导[M].保定:河北大学出版社,2014.

[25]法规应用研究中心.中华人民共和国产品质量法、消费者权益保护法一本通(第三版)[M].北京:中国法制出版社,2011.